류달영 박사의
생애와 사상

류달영 박사의 생애와 사상

2021년 4월 25일 초판 1쇄 인쇄
2021년 5월 10일 초판 1쇄 발행

지은이 | 김홍근
펴낸이 | 황성혜
펴낸곳 | 상상의숲

등록 | 2007년 9월 5일 제313-2007-000179호
주소 | (우) 03168 서울시 종로구 사직로8길 4, 202동 1215호
전화 | (02) 332-3515   전송 | (02) 332-3763
e-mail | ss_wood@hanmail.net
ISBN | 979-11-85756-04-2   03910

• 잘못 만들어진 책은 바꾸어 드립니다.
• 값은 뒤표지에 있습니다.

류달영 박사의
생애와 사상

폐허의 땅에 덴마크 부흥 모델을 제시하다

김홍근 지음

발간사

나는 매일 아침이면 집 앞에 있는 공원을 지나간다. 아버님은 타계하시기 3달 전까지 20년간 매일 새벽에 참새와 비둘기들에게 모이를 주셨다. 아버님이 모이 봉지를 들고 나타나면 참새들은 아버님의 팔과 손에 내려앉고, 비둘기들은 발치에 몰려들어 모이를 얻어먹었다. 아버님의 사랑은 인간을 넘어 새들에게도 미쳤다.

나는 아버님이 편찮으신 동안 몇 번 모이를 주다가 중단해 버렸다. '대체로 자식들이란 부모의 작은 뜻도 이어받지 못하는구나.' 하는 자책감이 있다.

아버님이 떠나시기 2달 전 어느 날 새벽 2시, 아버님이 전화를 하셨다. "애비야!" 하며 비명같이 부르는 소리에 놀라서 달려가 보니 별일은 아니고 뒤를 약간 흘리신 것이다. 간병부도 며느리도 곁에 있었지만, 당신의 지저분한 꼴은 아들에게만 보이시려는 배려에 나는 부자유친 즉 천륜이란 것의 엄중함을 배웠다.

아버님이 내게 가르쳐 주신 것이 많지만 특히 마지막 순간에 '아들아, 사람은 이렇게 죽는 것이다.' 하는 것을 보여 주신 것이 마음에 가장 남는다. 그분의 의연하고 평화로운 임종은 참으로 아름다웠다고 생각한다. 자식에게 이보다 더 큰 교육이 어디 있으랴….

아버님의 일생은 나라 사랑으로 일관하셨다. 특히 농촌 계몽과 교육에 대한 헌신은 눈부셨다. 전국농업기술자협회를 이끌며 나타내신 농민 사랑, 호수돈고등여학교에서 보이신 첫사랑 같은 제자 사랑, 수원고등농림학교에서 집을 개방하여 가르침을 이어 가신 제자 사랑, 이렇게 나라 사랑으로 일생을 살아오신 것이다.

또한 조국이 전쟁에 휩쓸려 희망이라고는 없던 시절에《새 역사를 위하여》를 저술하여 우리나라 젊은이들에게 희망을 불어넣은 크나큰 나라 사랑의 단심(丹心)을 지적하지 않을 수 없다.

아버님은 청년 시절부터 '브 나로드' 운동을 시작으로 문맹 퇴치와 농촌 운동, 국가재건국민운동과 새마을 운동 등에서 나라 사랑을 잠시도 멈춘 적이 없었다. 새마을 운동은 2006년부터 인구 십삼억의 중국에서 대대적으로 실행되었다고 한다. 아버님의 고귀한 뜻이 국경을 넘어 이웃 나라로 번져 가는 것을 느낀다.

아버님은 정치적이거나 종교적인 비판의 소리도 들으셨지만 그분의 크나큰 나라 사랑은 그런 일에 전혀 구애받지 않으셨다.

나는 이 책에서 드러난 아버님의 나라 사랑하는 뜻이 개인주의가 만연한 우리 조국의 현실을 개선하는 데 조금이나마 기여한다면 이 책의 발간 목적을 이룬 것이라 생각한다. 아버님을 곁에서 15년간 모셨던 김홍근 박사가 전기를 쓰느라 수고가 많았다. 그에게 깊은 감사를 드린다.

일생 동안 나라를 짝사랑하다가 가신 아버님을 그리워하며 이에 발간사를 갈음하고자 한다.

2021. 5.
성천문화재단 이사장, 不肖 小子 인걸

추천사

성천이 그리워진다.

　성천 선생께서 우리 곁을 떠난 지 벌써 17년의 세월이 지났습니다. 지금도 재단 이사회에 참석하면 옆자리에 앉아 계신 것 같은 착각을 하곤 합니다. 선생께서는 구상 시인과 문화재단을 창설했고 구 선생이 떠난 후에는 나와 마음의 친분이 두터웠던 것 같습니다. 세상을 떠나기 얼마 전 나에게 "내 아들이 이사장직을 계승하더라도 좀 도와 달라."는 부탁을 했습니다. 그 뜻을 따라 이사의 한 사람으로 남게 되었는데, 지금은 내가 102살이 되었습니다. 나도 성천 선생같이 90살이 넘도록 사는 것이 소원이었는데, 부끄럽게도 내가 덕택으로 더 장수의 복을 받은 것 같습니다. 밖에 나가면 내가 아직 이사라는 말을 하지 못합니다. 모르는 사람은 믿어 주지 않고 아는 사람은 '체면도 없지 그 나이에 부끄럽지도 않나….' 하고 흉보는 것 같아지기도 합니다. 내 체면을 위해서라도 이번 임기가 끝나면 선생의 부탁을 끝낼까 합니다.
　선생은 인생을 재미있고도 풍요롭게 사셨습니다. 그 어려운 역사적 시련 속에서도 수필을 통해, 유머러스한 말씀으로 항상 우리에게 즐거움을 나눠 주었습니다. 한번은 나에게 "김 선생, 강원용 목사 잘 아시지요? 목소리 크게 떠들기도 하고 자기가 제일인 체 앞장서곤 하잖아요? 오래전 우리들 동년배의 지도자들이 모였을 때, 내가 '참 여러분이 모이셨는데 내가 항상 강 목사님께 물어보고 싶은 것이 있습니다.'라고 했지요? 다들 심각하게 내 말에 귀를 기울였습니다. 내가 '강 목사님의 본이 어디 강씨입니까?' 하고 물었어요. 강 목사가 '저요? 진주 강씹니다.' 하고 대답하데요. 그래서 내가 '예상대로 맞았습니다. 우리 집에 키우는 강아지가 있는데, 그놈

이 목소리도 크고 잘 짖어 대곤 합니다. 그 강아지도 진주에서 왔어요. 진주 강씨거든요.'라고 했지요? 모두 함께 웃었지요. 그다음부터는 내 앞에 서는 조용해졌습니다." 하면서 함께 웃었습니다. 내가 선생으로부터 들은 비슷한 유머만도 10개쯤은 될 것입니다.

그러나 선생은 우리를 그렇게 웃기면서도 구 시인과 강 목사를 사랑하고 존경하는 마음이었습니다.

선생은 겉으로는 그렇게 즐겁게 사시는 것 같아도 마음속은 바닷물같이 넓고 깊은 애국심으로 가득 차 있었습니다. 그 뜻이 계셨기에 현충원에 잠들어 계십니다. 어떤 사람들은 선생이 박정희 정권을 도왔다고 해서 비판을 했습니다. 그러나 내가 알기에는 4·19 혁명 이후의 혼란기에 누군가가 나라 일을 수습해야겠다는 남모르는 걱정을 했습니다. 6·25 전쟁을 겪은 우리 세대는 내부적 혼란보다도 공산 정권의 이념과 물리적 남침을 더 걱정하던 때였습니다. 그때 저에게 남겨 준 뜻은 어떤 정권이든 대한민국에 도움이 되는 정책을 지지하고, 피해와 고통을 주는 정치는 반대하는 것이 탈 정치적인 애국심이라는 뜻이었습니다. 그 배후에는 김교신·유영모 등의 정신이 잠재해 있지 않았나 생각되기도 했습니다.

좌우의 대립이 심하거나 지금과 같이 편 가르기를 일삼는 정치계를 볼 때는 국민들의 편견 없고 정치 이념에 빠지지 않는, 정의와 불의, 선과 악을 구별하는 애국 시민이 더 필요할 것 같다는 생각을 하게 됩니다. 긴 역사와 넓은 사회를 위한 애국심이었을 것입니다.

성천 선생을 회고할 때마다 그분의 애국심과 인생을 지혜롭고 즐겁게 해 주는 스승이 그리워지곤 합니다. 이번에 출간되는 저서가 그 일을 대신해 주리라고 믿습니다.

2021. 5.
김 형 석 (연세대학교 명예 교수)

추천사

한 사람을 만나고자 한다.

　한 사람의 생애를 책 한 권에 다 담을 수는 없다. 도서관 하나로도 부족할 것이다. 이름 없이 살다 간 사람이라도 그 사람을 형성하는 것은 평생에 걸친 삶의 경험만 있는 것은 아니다. 세세 대대 수많은 조상의 생물학적 유전자와 더불어 정신적·문화적 유전자도 있다. 이와 함께 이전 세대들이 거쳐 온 세월의 시공간적 배경과 그 안의 다른 생명들의 조력까지도 포함한다. 따라서 한 사람의 생애란 온 우주를 품고 있다 해도 무방할 것이다. 하물며 민족의 격동기에 암울한 시대를 견뎌 내고, 많은 이에게 용기와 희망을 준 인물이라면 더더욱 책 한 권에 그의 일생을 다 담는다는 것은 무리다. 그런데도 우리는 이 책을 통해 한 사람을 만나고자 한다.

　류달영 선생. 그와의 인연은 30년 전 내가 초대 문화부 장관으로 재직할 때다. 기업인도 아니고 재벌도 아닌, 게다가 자본과는 거리가 먼 농대 원예학과 교수 한 사람이 사재를 털어 재단을 설립한다는 소식에 놀라지 않을 수 없었다. 그리고 그의 이상에 공감한 여러 뜻있는 분들이 힘을 더한다는 소식은 우리나라 문화 행정을 맡고 있던 나에게 무척 반가운 일이었다. 고마운 마음을 담아 나는 1991년 선생이 설립한 문화재단의 계간지 창간호에 격려사를 기고했었다.

　그때 우리나라는 산업화를 완성해 가던 시기였다. 이후 정보화 및 금융 자본 시대를 거치며 과거엔 상상하기 어려운 경제적 풍요를 누렸다. 하지만 문화의 토대인 정신적 가치와 창조성을 잃어버린 번영은 결국 우리를 병들게 한다는 사실을 경험했다. 또한 우리는 거친 시대를 거치며 민주화도 성취했다. 그런데 행복하지 않다면 진정한 민주주의를 이뤘다고 할 수 있을까? 산업 사회로의 진입 이후 물질과 정신, 디지털과 아날로그, 물리적 거리와 사회적 거리 … 시대에 따라 매번 새롭게 직면하는 불균형 사이에서 조화와 균형의 추를 맞추며 우리의 약동하는 생명을 지켜 왔다. 코로나 시대를 관통하고 있는 지금은 이렇게 지켜 온 '생명'이 바로 자본이 되고 '문화'가 행복의 토대가 되는 시대다. 이 시대에 민주주의의 완성은 제도 개혁을 넘어 누구나 '문화'를 통해 약동하는 생명과 존엄한 자기 정체성을 발현하고, 나누며 즐기는 문화 민주주의 및 문화 복지주의의 실현 여부에 달려 있다.

선생은 이를 예견한 것일까? 산업 사회의 성숙기에 그는 '호학위공(好學爲公)'을 모토로 하는 공익 재단을 설립하여 정신적 가치를 드높이는 인문학 교육 및 문화 사업을 시작했고, 그의 사후 오늘날까지도 여전히 그의 유산은 한국인의 정신을 일구고 마음 밭에 씨를 뿌리고 있다. 군사력이나 경제력으로는 사람의 마음을 꽃피울 수 없다. 하지만 문화의 빛은 저마다 품고 있는 아름다운 마음 씨앗들을 싹 틔우고, 활짝 꽃 피우고, 전쟁도, 굶주림도, 소외와 분열도 잠재울 수 있다.

오늘날 우리가 누리는 문화적 결실, 나아가 세계인의 마음에 불 지핀 한류는 류달영 선생처럼 인간 정신의 가치를 드높인 이들의 문화적 안목과 통찰이 큰 몫을 했다는 사실을 기억해야 한다. 그 점에서 우리는 무엇이 그러한 안목과 통찰을 가능케 했는지 살펴봐야 한다. 이 한 권의 책에서 독자는 가시적인 업적들 이면에 숨겨진, 어쩌면 그러한 것들의 원동력이 된 인간 류달영의 고뇌와 눈물을 행간에서 찾아 읽어 내기를 바란다. 분명 무엇이 문화의 빛을 밝히는 심지가 되는지 발견할 것이다.

2021. 5.
이 어 령(이화여대 석좌 교수)

차 례

발간사
추천사_ 김형석(연세대 명예 교수)
추천사_ 이어령(이화여대 석좌 교수)

1 나의 삶, 사람 노릇 잘하기 ___유년기에서 죽남보통학교 시절 33

사랑의 실천가
역사의 거센 소용돌이
동냥젖 먹고 자란 아이
책임감 강한 아버지
어머니의 눈물
아버지와 아들의 정
죽을 고비를 넘다
거짓말을 모르는 농심
산을 지키는 마을 사람들
9살 소년의 '독립 만세!'
아들의 신식 교육
공부 열정과 진로 변경

2 인생관, 인간은 만남으로 자란다 ___양정고등보통학교 시절 60

김교신 선생을 만나다
자긍심과 독립 정신
이순신을 알게 되다
스승은 인생을 가르친다
명 질문에 명 대답
독서 생활의 시작
독립 의지와 냉수마찰
거지 울음소리와 양심의 소리
나의 친한 친구, 검둥이 개
대장부의 호기와 정신적 성숙
'농촌 운동' 서원을 세우다

3 독립운동과 농촌 운동 ___수원고등농림학교 시절 79

자족적인 삶을 버리다
선후배가 독립운동 동지가 되다
불사조 같은 독립 정신
김교신, 사토, 소노다
여성 애국자 최용신을 만나다
맏딸이 태어나다
총독부로 가지 않겠습니다

4 여성 교육에 젊은 열정을 쏟다 ___호수돈고등여학교 교사 시절 95

여성 교육을 선택하다
젊은 정열을 불태우다
수요회에서 동지를 기르다
무감독 시험과 자부심
개성의 독립 정신과 자부심
일본의 탄압과 빛나는 교가
33인, 백두산에 오르다
헬렌 켈러의 열차 연설
도산, 춘원, 백범
최용신의 전기를 쓰다
눈물 밥이 가장 맛있다
기도의 사람
류달영은 교육자다
역사의식, 민족의식을 깨우다
아버지의 나라 잃은 설움

5 독립을 향한 저항의 불꽃 ___감옥 생활에서 해방 전후까지 129

짙은 어둠의 식민지
감옥에서 마음을 수련하다
요행을 바라지 마라
하심(下心)을 배우다
공자, 열심히 배운 사람

감옥에서 쓴 편지
일본인 검사의 뜻밖의 처분
전쟁 말기, 여주에 은신하다
무식과 가난
김삿갓의 글씨
흥남 일본질소연료주식회사
장사 김교신 계장
거목이 쓰러지다
재운 좋은 종묘회사 전무
해방과 조선 이야기
인재 양성과 보이 스카우트 운동
개성 시대의 막이 내리다

6 이 땅에 덴마크 부흥을 실현하자 ___ 서울대 농대 교수 시절 167

수원 농대 교수가 되다
폐허로 만든 6·25 전쟁
잿더미가 된 서울
새 역사를 위하여
국민의 부유, 건강, 교육, 복지 사회
그룬트비의 국민 교육
크리스텐 콜
달가스와 황무지 협회
미국의 교육 지원
학문의 바다 미네소타대학교
한국의 밤
코넬대학교와 한국의 들잔디
영국과 독일의 인상
덴마크를 찾아가다

7 나라의 부름을 받고 ___ 국가재건국민운동본부장 시절과 이후 196

박 의장과 조건부 수락
국가재건국민운동본부 본부장 취임
동양의 덴마크 건설

국민운동의 네 기둥
공과 사
김두한의 사과
혁명 정부에 부치는 직언
군사 정부와 국민운동 해산
박정희에 대한 평가
새마을 운동
평화 농장과 농민 운동
전국농업기술자협회
농업진흥관 건립
농민 대학
한국유기농업협회
한국농산물유통연구회
초인적인 사회봉사 활동
나라꽃 무궁화

8 마지막 필생의 사업 ___성천문화재단을 세우고 241

성천문화재단의 창립
생활문화아카데미의 동서인문고전강좌
보람찬 노년
아내 이창수 여사
만능인
유머는 인생의 맛을 내는 향신료
극진한 건강 관리
참 잘 되었구만
누구와도 흉금 트고

후기 268

성천 류달영의 사상 ___김홍근 271

부록
밟아온 날들을 돌아보며 330
류달영 연보 338
류달영 저서 341
류달영 작사 노래 343

젊은 하루

그대
아끼게나 靑春을
이름 없는 들풀로 사라져 버림도
永遠에 빛날
삶의 光榮도
젊은 時間의
쓰임새에 달렸거니
오늘도
가슴에 큰뜻을 품고
젊은 하루를
뉘우침 없이 살게나

星泉 류달영

죽남공립보통학교 시절
(1922~1928)

(위) 수원 이천시의 죽남공립보통학교 졸업식. 세 번째 줄 가운데가 류달영이다. 류달영은 한학자 아버지에게서 한문 공부를 하다가 신식 교육을 받기 위해 좀 늦은 나이에 초등학교를 다녔다. '사람이 누에를 먹으면 누에처럼 천재가 된다.'는 외숙모의 말을 듣고 그 큰 누에를 삼켰을 만큼 배움에 대한 열정이 대단했다.

양정고등보통학교 시절
(1928~1933)

(아래) 검은 두루마기를 입고 서 있는 학생이 류달영이다. 당시 고등보통학교는 현재의 중고등 과정을 합친 것과 같다고 볼 수 있다. 서울의 사립 양정고등보통학교(현 양정고등학교)에 입학할 당시 류달영은 만 16세였다. 그의 표정과 자세에서 내면세계가 단단함을 알 수 있다.

양정고등보통학교 시절
(위 왼쪽) 오른쪽이 류달영이다. (위 오른쪽) 앞줄 왼쪽이 류달영이고, 옆은 담임인 김교신 선생이다. 류달영이 입학할 때 김 선생은 일본의 동경고등사범학교를 졸업하고 첫 발령을 받아 부임했다. 김 선생은 사람을 만들려면 1년은 부족하다며 이때 맡은 학생들이 졸업할 때까지 5년간 계속 담임을 맡았다. 류달영과 김교신은 둘 다 '신입'으로 만나 깊은 사제지간이 되었다. (아래) 왼쪽에서 두 번째가 류달영이다.

양정고등보통학교 시절 (왼쪽) 맨 위가 류달영이다. (위) 가운데가 류달영이다. 졸업을 앞둔 시점에 서울역(당시 경성역) 앞에서 포즈를 취했다. (아래) 양정고등보통학교 졸업식. 맨 앞줄에 김교신 선생이 있고, 두 번째 줄 가운데에 류달영이 있다. 류달영은 김교신 선생으로부터 한국의 역사, 문화, 지리 등을 5년 내내 배우면서 한국인으로서 자긍심이 불타올랐다.

수원고등농림학교 시절
(1933~1936)
(위 왼쪽) 수원고등농림학교(현 서울대 농업생명과학대) 졸업반 때 모습
(위 오른쪽) 가운데 앉은 사람이 류달영이다. 농촌 마을에서 농촌 계몽 운동을 하고 있다. 류달영은 양정고등보통학교 상급반 때 참여했으며 수원고등농림학교 시절에도 계속했다.

호수돈고등여학교 시절
(1936~1942)
(아래) 개성의 호수돈고등여학교에 부임한 해 여름 방학 때 조선일보사가 주최한 백두산 과학 탐험단 일원으로 백두산에 올랐다. 과학 탐험은 표면적인 것일 뿐 사업 의도는 민족 의식을 고취하는 것이었다.
(오른쪽) 호수돈고등여학교 제자들과 함께 산에 오른 류달영. 류달영은 수원고등농림학교 때 《덴마크의 이야기》를 읽고 청년 교육과 협동 운동이 '광복'을 위한 최선의 방법이라 확신했다. 그래서 인재 양성을 위해 당시 암흑천지였던 여성 교육을 선택했다.

호수돈고등여학교 시절
(위 왼쪽) 류달영은 학교를 설득해 화훼 원예 과목을 개설했다. 류달영이 제자들에게 화훼 원예를 가르치고 있다.
(위 오른쪽) 류달영과 제자들

(오른쪽) 여주로 피신한 류달영(가운데). 김교신 선생이 발간하는 잡지 〈성서조선〉 사건으로 1942년에 투옥되어 1943년 봄에 출옥했다. 류달영은 일제의 감시와 징용을 피해 여주로 갔다.   (아래) 앞줄 가운데가 류달영. 해방 직후 조국을 위한 일로 인재 양성을 위해 보이 스카우트를 지인들과 함께 조직했다.

서울대 농대 교수 시절(1946~1976)

(위 왼쪽과 오른쪽) 해방 후 수원고등농림학교는 서울대 농과대학으로 바뀌었고, 류달영은 교수로 초빙되었다. 류달영과 가족은 정든 개성을 떠나 수원의 교수 관사로 이사했다. 그는 농대 교수로 30여 년 재직하면서 화훼원예학을 가르쳤다. 6·25 전쟁이 발발하고 대구로 피난했을 때, 류달영은 조국의 부흥을 위해 덴마크 부흥사를 주제로 한 《새 역사를 위하여》를 집필했고, 이 책은 개인적으로, 국가적으로 중요한 책이 되었다.

(아래) 미국 미네소타대학교의 화훼 실습실. 한국 전쟁이 끝난 뒤 한국 대학의 수준을 국제적으로 높이려는 미국의 도움으로 서울대 교수들이 미국 유학을 떠났다. 류달영은 대학 강의를 장기간 멈출 수 없어 6개월 교환 교수로 갔다.

서울대 농대 교수 시절

(위) 서울대 농대 졸업식 (오른쪽) 서울대 농대 강의실. 류달영은 덴마크의 교육에 주목했다. 뜨거운 인격 교육이란 명확한 교육 목표, 교사 양성의 철저함, 형식을 뛰어넘은 실천적인 교재, 실질적인 능력 배양 등 실사구시하고 무실역행한 모습에서 큰 감동을 받았다. 사실상 그의 전 인생은 덴마크식 교육을 한국에서 실현하는 것이었다.

6개월 교환 교수로 미국을 갔을 때 미국 교수 가족과 함께 있는 류달영. 그는 미국 대학 도서관에는 전 세계의 웬만한 도서는 물론이고, 심지어 교재까지 충분히 비치되어 있어 그야말로 학문의 천국에 온 것 같았고, 세계적인 석학들과 만나고 공부하면서 우물 안 개구리가 큰 바다로 나온 것 같았다고 술회했다.

국가재건국민운동본부 본부장 시절(1961.9~1963.5)

(위와 왼쪽) 류달영은 국가재건국민운동본부 본부장 취임사에서 국민운동이 삼천만 민족의 운명과 직결되어 있다고 강조했다. 그는 동양의 덴마크를 건설하는 것이 목표였다. 가장 먼저 교육 사업부터 시작했다. 모든 일은 사람의 신념과 능력에 달렸으므로 덴마크 국민 교육을 따라잡아 청년들의 정신 교육을 위해 전국에 교육원을 설치했고, 국민 의식 교육은 대성공을 거뒀다.

(아래) 안암동 본부장 집에서 회의를 하고 있다. 류달영 옆자리에 이창수 여사가 있다. 본부장이 되자 관사로 서대문의 큰 건물이 배정되었지만 호화 건물은 국민운동의 본뜻과 맞지 않다며 안암동의 작은 목조 건물을 전세 내어 들어갔다. 류달영은 집에서도 회의를 이어 나가며 국가 재건을 위해 일했다.

국가재건국민운동본부 본부장 시절

(위와 오른쪽) 류달영은 전국의 재건 청년회와 재건 부녀회를 주축으로 살기 좋은 향토 건설에 힘썼다. 도시에도 각 기관마다 촉진회를 조직해 도시 재건을 추진했다. 류달영은 전국 각지를 누비고 다니며 혼을 다해 일했고, 국민운동의 네 기둥인 국민 교육, 향토 개발, 생활 혁신, 사회 협동 분야에서 놀라운 성과를 계속 이뤄 나갔다.

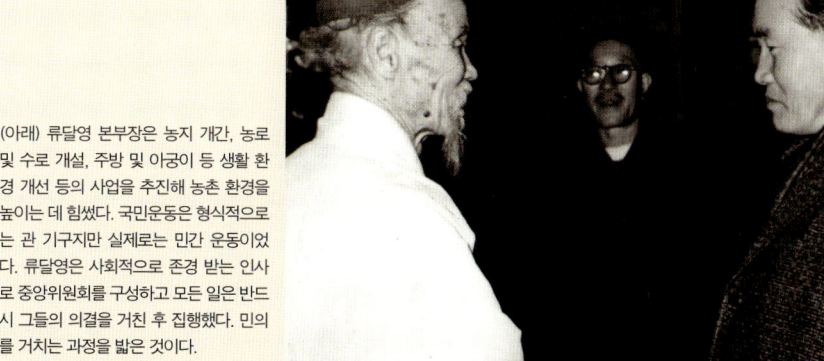

(아래) 류달영 본부장은 농지 개간, 농로 및 수로 개설, 주방 및 아궁이 등 생활 환경 개선 등의 사업을 추진해 농촌 환경을 높이는 데 힘썼다. 국민운동은 형식적으로는 관 기구지만 실제로는 민간 운동이었다. 류달영은 사회적으로 존경 받는 인사로 중앙위원회를 구성하고 모든 일은 반드시 그들의 의결을 거친 후 집행했다. 민의를 거치는 과정을 밟은 것이다.

재건국민운동중앙회 시절

(위) 군사 정부의 사퇴 압력을 받은 류달영은 1963년 5월 본부장 직을 내려놓았다. 그리고 1964년 국민운동을 계속 이어 가기 위해 뜻을 같이하는 지인들과 함께 민간단체인 사단법인 재건국민운동중앙회를 발족했다. 중앙회는 《국민신문》을 발간했고, 재건 학교와 마을금고 사업을 역점 사업으로 추진했다. 마을금고는 큰 성과를 내 1995년에는 20조 원이 훨씬 넘는 금융 기관으로 크게 성장했다. 이후 마을금고는 새마을 금고로 이름이 바뀌었다.

전국농업기술자협회 총재 시절

(아래) 1972년 류달영은 전국농업기술자협회 제2대 총재가 되었다. 농업진흥관 건립을 완성하고, 진흥관 내에 농민대학을 설치해 전국의 농민들에게 최신 농업 기술을 가르쳤다. 또한 한국유기농업협회를 독립 기구로 두었고, 농민의 실질 소득을 높이기 위해 한국농산물유통연구회를 개설해 유통 교육을 실시했다. 유통 정보지 《유통정보》를 발간했고, 이후 《한국농어민신문》으로 발전했다.

(위) 전국농업기술자협회 농장에서 함께 모심기를 한 뒤의 모습니다.
(아래) 류달영은 국가재건국민운동본부 본부장 시절에 농민 운동을 위해 스스로 농민이 되어야 농민들과 함께할 수 있다고 판단하고 평화 농장을 가꾸었다. 이때부터 만년에 이르기까지 부인과 함께 평화 농장에서 여러 가지 작물을 가꾸었다.

성천문화재단 시절

(위) 1991년 봄에 재단법인 성천문화재단을 설립하여 인문고전 교육을 통해 한국인의 가슴을 일구며 마음 밭에 씨를 뿌리기 시작했다. 인류 문화의 꽃인 고전을 정성껏 배운 후에는 각자의 생활 속에서 실천하여 문화로 승화시키자는 뜻을 펼치고자 했다.

(왼쪽) 성천문화재단은 고전 교육의 효과를 높이기 위해 고전 현장을 답사하는 해외강좌여행도 해마다 실시해 오고 있다.

(아래) 성천문화재단은 1991년부터 3년간 비무장 지대 생태계 학술 조사를 실시해 그 보고서인 《〈야생의 보고〉 비무장 지대》를 출간하였다. 막대한 비용은 사업가 박덕준 사장이 기부했으며, 학술 조사단에는 각 분야의 전문가들이 참여해 강화도 교동 끝섬에서 동해안의 간성과 고성 명호리에 이르는 지구촌 최대 자연 보호 실험장이 된 비무장 지대에 대한 종합 학술 조사를 실시했다.

(위) 서울대 농대 도서관 입구에는 류달영의 시 '젊은 하루'가 그의 글씨로 새겨져 있다. 가슴에 큰 뜻을 품고 젊은 하루를 보내라고 격려하는 글이다.

(아래 왼쪽) 일제 강점기에 보이는 족족 일본 경찰이 뽑아 버린 무궁화. 일본인은 우리에게 쓸모없는 나무라 속이고 몰래 일본으로 가져가 연구하고 있었다. 류달영은 일본으로 건너가 무궁화 품종을 들여와 새 품종을 개발해 나갔다. 이 모든 일은 사재를 털어 이뤄졌고 자신의 농장에서 직접 가꾸었다.

(아래 오른쪽) 류달영이 졸업한 설성초등학교(옛 죽남공립보통학교)에 세워진 류달영 기념비에는 류달영의 좌우명 '好學爲公'이 류달영의 글씨로 새겨져 있다. '好學爲公'은 '열심히 배우고 사회에 보답하자.'는 뜻이다. 류달영은 일제 강점기과 한국 전쟁을 헤쳐 오면서 언제나 역사적 사명을 먼저 생각했고, 그의 나라 사랑은 자신의 위치에서 사회에 이바지하는 최선의 길이었다.

류달영은 유머스러한 사람이었다.
만년의 환한 미소가 아름답다.

1

나의 삶, 사람 노릇 잘하기
― 유년기에서 죽남보통학교 시절

사랑의 실천가

인간은 살려고 태어났다. 생명! 살라는 명령! 이보다 더 준엄한 가치가 또 있을까? 옆에서 지켜본 성천(星泉) 류달영 선생의 삶은 더도 덜도 말고 자신에게 주어진 생명을 최대한 꽃피우는 모습, 그것이었다. 언젠가 나란히 길을 걷다가 선생에게 물어본 적이 있다.

"선생님이 가시고 나면 어떤 한마디 말로 기억하면 좋겠습니까?"
"나의 삶은 그저 사람 노릇 잘해 보려 했던 것뿐이지."

선생은 '도리의 사람'이었다. 가장 평범한 것 같은 이 한마디보다 그의 인물됨을 잘 보여 주는 말이 또 있을까? 사람 노릇! 아들로서, 친구로서, 제자로서, 선생으로서, 남편으로서, 아버지로서, 한국인으로서…. 그중에서도 '생명체로서의 도리'에 가장 충실했던 인간으로 기억하고 싶다.

선생은 허약하게 태어났다. 어머니 젖을 제대로 먹어 보지 못하고 자란 것이다. 하지만 타고난 생명에의 의욕으로 자신을 갈고 닦았다. 만년에도 스스로 건강을 챙기는 모습은 놀라울 정도였다. 그런 정성이면 저절로 장수하지 않을 수 없을 것이라고 느껴졌으니까. 실제로 선생은 94세로 천수를 다하고 갔다.

자신의 생명을 최대로 꽃피우는 방법은 무엇일까? 선생을 옆에서 지켜보니 자연히 그 비결을 알게 되었다. 바로 최선을 다해 다른 생명들이 꽃피도록 돕는 것. 언제나 자신보다 남을 앞세우는 생활, 그것이 바로 자신을 키우는 최선의 방법인 것이다. 나를 키우려면 먼저 남을 도와 그가 크도록 도와준다. 그러면 상대는 고마워서 몇 배로 되갚아 주는 것이다. 사람은 자기를 알아주는 사람을 위해 모든 것을 바친다. 선생은 이 원리를 잘 알고 실천한 사람이다.

만년의 선생 모습은 이랬다. 새벽에는 동네 공원에 나가 참새와 비둘기에게 모이를 주었다. 선생이 나타나면 참새와 비둘기 떼가 모여들었다. 새들이 열심히 모이를 먹는 모습을 보는 선생의 얼굴에 아침 햇살과 함께 환한 미소가 번졌다. '살림'은 말 그대로 생명을 살리는 일이다. 생명체의 연쇄 속에 살면서 살림만큼 보람 있는 일이 있을까?

내 손에 의해 다른 생명이 자라는 모습을 보면 엔도르핀이 막 솟아나지 않을 수 없다. 어쩌면 선생은 새들보다 자신을 위해 모이를 주는지도 모른다. 아름다운 생명체들의 동거. 선생은 평소 '하늘은 서로 돕는 자를 돕는다(相助者天助).'를 강조했다. 그 말을 보다 넓은 관점에서 실현한 것이다.

만년의 류달영은 매일 동네 공원에서 새들에게 모이를 주며 환하게 웃었다.

    그리고 아침에는 자신이 평생을 바쳐 가꾼 평화 농장에 들릴 때가 많았다. 농대 교수로 농촌 운동을 할 때 자신도 농민이 되어야 그들과 격의 없이 어울릴 수 있다는 판단하에 손수 농장을 가꾸며 흙과 나무를 매만졌던 것이다. 봄철이 되면 수원 평화 농장의 딸기 맛을 보러 멀리 서울에서 일부러 찾아오는 사람들도 많았다. 선생은 이 농장에서 특히 무궁화를 가꾸는 데 심혈을 기울였다. 선생에게 무궁화 가꾸기는 곧 나라 사랑과 동의어였다. 수많은 아름다운 신품종의 무궁화가 여기서 태어났다. 그 무궁화들은 지금 선생의 고향인 이천의 설봉 공원에 옮겨져 피어나고 있다.

    이렇게 농장에서 직접 나무를 가꾸며 살아온 환경 또한 선생이 자신의 생명을 꽃피우는 데 결정적인 도움을 주었다. 농장의 나무 하나하나마다 선생의 땀방울을 먹고 자라지 않은 것이 없다. 이렇게 생명을 아끼며 가꾸

1. 나의 삶, 사람 노릇 잘하기

수원 평화 농장에서 일본인들이 보이는 족족 뽑아 버린 무궁화를 가꾸는 데 심혈을 기울였다.

어 왔는데 어찌 본인의 생명이 활짝 피어나지 않을 수 있으랴.

오후에는 매일같이 손수 설립한 성천문화재단의 고전아카데미에 나갔다. 정신적으로 삭막하기 짝이 없는 서울 도심에 마련한 오아시스 샘터. 인류 최고의 문화유산인 고전을 해당 분야 최고의 교수를 초빙해 가르쳤던 것이다. 인간성을 회복하는 데 목마른 많은 사람들이 선생 주변으로 모였다. 마치 아침에 참새들이 선생 주변에 모여들듯이.

선생은 고전아카데미의 교장 선생이었다. 강의 시간 전후에 짬을 내어 수강생들에게 훈시를 들려주었고, 대부분의 과목을 직접 선정하여 교수를 초빙하고 또 솔선수범하여 맨 앞자리에 앉아 들었다. 성천은 자신의 좌우명을 바탕으로 '호학 친교 위공(好學 親交 爲公: 배우자 사귀자 이바지하자)'을 고전아카데미의 원훈(院訓)으로 정했다. 그리고 스스로 그 실천에

재산을 사회에 환원해 설립한 성천문화재단의 고전아카데미 강좌는 지금까지 계속 열리고 있다.

앞장섰다.

자신의 재산을 사회에 환원하여 성천문화재단을 설립하고 각계각층의 사회인들에게 인류 최고의 정신 양식인 고전을 익히게 하는 일은 성천의 만년을 참으로 보람되게 해 주었다. 새벽에는 새들에게 모이를 주고, 오전에는 나무들을 가꾸고, 오후에는 고전 강의를 통해 지친 도시인들에게 정신의 감로수를 제공하는 생활. 한 인간의 노년의 삶이 이보다 더 아름다울 수 있을까?

건강, 장수, 부귀, 명예, 우정, 가족, 지식, 스승, 제자, 재능 등 과연 선생에게 모자라는 것이 무엇일까? 장점이 너무 많은 것이 오히려 단점이라면 단점이라고 생각될 정도다. 구태여 옥의 티라도 잡아내려 한다면 이상주의적 성격이 강해서 가끔 현실에 어두운 점이 있었던 것이랄까. 자신보다 공동체를 먼저 생각해 가장 가까운 사람들을 희생시켰던 것 정도랄까.

선생은 자신에게 주어진 천부의 생명력을 완전히 자연 연소시켜 마치 선승(禪僧)이 열반에 들듯이 편안하게 눈을 감았다. 누가 봐도 완벽한 적멸이었다. 과연 어떤 힘이 이런 알찬 인생을 만들어 낸 걸까? 그가 남긴 삶의 발자국을 따라가 보면 그 비밀을 엿볼 수 있을 것이다.

역사의 거센 소용돌이

류달영은 1911년 5월 6일 경기도 이천시 대월면 고담리에서 태어났다. 그날은 음력 4월 초파일로 석가탄신일이었다. 류달영은 부처님과 같은 날에 태어난 인연을 늘 자랑스럽게 생각했다. 젊은 시절 스승의 영향으로 크리스천이 되었지만 만년에는 모든 성현의 가르침을 긍정하고 종교를 초월했다. 비록 젊은 나이로 돌아가신 스승이 정통파 종교인이었지만 만일 자신처럼 오래 산다면 틀림없이 한 종교의 우월성에 집착하지는 않았을 것이라고 생각했다.

그의 방에는 십자가와 더불어 불상이 많았는데, 왜냐하면 불상에서 인간의 순수한 정성을 보았기 때문이다. 그는 조각에서 인간을 보았지 종교의 분별을 보지 않았다. 그는 붓글씨를 쓸 때, '불심(佛心)'이란 휘호도 즐겨 썼다. 그의 방에는 터키 여행에서 선물 받은 이슬람의 코란 구절이 새겨진 액자도 소중히 간직되어 있다.

류달영이 즐겨 인용하던 다석(多夕) 유영모(柳永模)의 일화는 그대로 그의 종교관을 보여 준다. "다석 선생이 생전에 이런 말을 하곤 했지요. 설날을 맞아 세배를 드리기 위해 예수 그리스도를 찾아갔더니, 스승 예수님이 여러 분과 빙 둘러앉아 담소를 나누고 계시는 거요. 파안대소하며 즐거워하는 면면들을 보니까, 아 글쎄 석가모니와 노자와 공자와 소크라테스 같

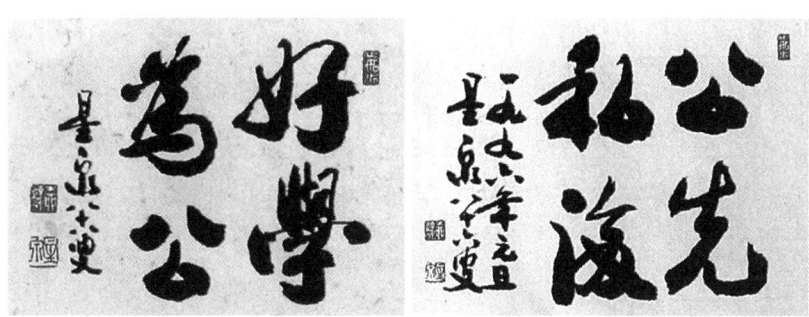

성천 류달영의 글씨. 호학위공(好學爲公), 공선사후(公先私後)

은 성현들이 아닙니까? 그중에서 예수님은 가장 젊은 축이었지요. 그 자리에서 어찌 예수님께만 절을 드리고 나오나요. 모든 분들께 일일이 다 세배를 드렸다는 거지요."

류달영의 삶의 태도는 공자에 가장 가까웠다. 그의 좌우명은 '배우자 이바지하자(好學爲公)'였는데, 이것은 기본적으로 공자 정신이라고 할 수 있다. 언젠가 그에게 종교를 물어보았더니 "굳이 내 종교를 말하자면, 나라 사랑이 곧 내 종교라고 할 수 있겠지." 하고 대답했다. 종교는 어디까지나 인간을 사랑하기 위한 방편이었다.

젊을 때는 누구나 특정한 종교나 이념에 빠지기 쉽지만 원숙해지면 모든 것이 인간 위주로 돌아오는 것 같다. 일제 치하와 6·25 전쟁을 거쳐 근대화라는 격동의 시대를 헤쳐 오면서 언제나 역사적 사명을 먼저 생각하며 살았던 류달영에게는 나라 사랑이야말로 자신의 위치에서 사회에 이바지하는 최선의 길이었다. 그는 '애국 애민 애농' 정신으로 평생을 보냈다. 그리고 그 방법론으로 교육입국과 농업 진흥을 택했다.

류달영이 나라 사랑을 자신의 종교로 삼은 이유는 그가 태어난 시기에 기인한다. 어머니 배 속에서 잉태되었을 때는 대한제국 시대였는데, 태어나 보니 일본의 식민지 백성으로 호적에 오르게 되었던 것이다. 류달영은 이 사실을 운명적으로 받아들였다. 우리나라 반만년 역사에서 가장 어두운 시기 중의 하나인 일제 치하에 태어나 어쩔 수 없이 역사의 거센 소용돌이에 휩쓸려 살게 되면서 모든 가치를 자신보다 먼저 나라를 위하는 데 두지 않을 수 없었다.

그는 철두철미 '나라 먼저 나는 나중(公先私後)'의 삶을 살았다. 우리나라가 세계 속의 어엿한 국가로 어깨를 겨루는 오늘날의 기준으로는 이런 삶이 잘 이해되지 않을지 모른다. 하지만 나라 잃은 식민지 백성이라는 굴욕과 설움을 직접 겪어 본 사람으로서 지각 있는 자라면 나라 사랑 정신이 골수에 박히지 않을 수 없을 것이다. '인물은 시대의 산물이다.'는 말은 이런 면에서 타당하다. 그리고 어려운 시대에 오히려 큰 인물들이 많이 나온 것도 역사적 사실이다. 고생은 사람을 기르는 좋은 약이다.

동냥젖 먹고 자란 아이

류달영의 조상이 대대로 살았던 곳은 경기도 안성시 죽산면이다. 그곳에는 송문주 장군이 몽골의 3차 침입(1236년) 때 몽고군을 격퇴시킨 죽주산성이 있다. 또한 의적 임꺽정이 갖바치 스님의 지도하에 수도했던 칠장사가 있다. 칠장사라는 이름은 11세기에 혜소국사가 일곱 산적을 모두 현인으로 구제해 이곳에 오래 머물게 했다고 하여 붙여졌는데, 그 현인들을 모신 나한전에서 박문수가 기도를 드리고 장원 급제해 유명해진 곳이기도 하다.

류달영의 12대조 할아버지는 성균관 진사였는데, 폭군 광해군 때에 벼슬을 거절하고 죽산으로 낙향한 이후 자손들은 대대로 그 땅에서 살아왔다. 지금도 조상들의 산소는 죽산면 용설 저수지 인근 용설리 마을에 있다. 류달영 자신은 일제 치하에서 독립운동을 한 사실이 인정되어 독립 유공자로서 국립대전현충원 애국지사 묘역에 묻혔다. 계룡산 문필봉 자락의 명당이다.

류달영의 아들 인걸은 조상들이 대대로 묻혀 있는 선산에서 유독 선친의 묏자리에 묘가 없는 이유를 기념비에 기록해 묏자리에 세웠다. 기념비의 하단엔 무궁화가 조각되어 있다. 앞면은 류달영 자신이 쓴 중후한 필체의 좌우명 '호학위공(好學爲公)'이 새겨져 있고 뒷면엔 기념비를 세운 내력이 며느리 흰샘 남우정의 궁체로 새겨져 있다.

류달영의 아버지 호정(湖亭) 류흥구(柳興九)

한편 류달영의 아버지 대에 이르러 온 가족은 죽산을 떠나 경기도 이천시 대월면 고담리로 이사했고, 그는 그곳에서 아버지가 42세 되던 해에 태어났다. 그래서 웃으며 "나는 이천 사람 노릇도 하고, 안성 사람 노릇도 해야 한다."고 말하곤 했다. 아버지의 첫 부인은 딸 하나를 낳고 별세했고, 류달영은 아버지의 두 번째 부인인 강릉 유(劉)씨의 독자로 태어났다. 태어날 때부터 머리털이 거의 없고 민숭민숭해 '민숭이'라는 아명으로 불렸다.

어머니는 30세에 초산으로 어렵게 아들을 낳았다. 그런데 젖이 나오지 않아 아기는 어머니의 젖을 한 모금도 빨아 보지 못하고 자랐다. 당시 농촌은 당연히 우유가 없어 아버지는 크게 난감했다. 보채는 갓난아기를 안고

1. 나의 삶, 사람 노릇 잘하기 41

류달영의 어머니 강릉 유(劉)씨

이 집으로 저 집으로, 때론 이웃 동네까지 동냥젖을 찾아 나선 시골 선비의 모습이 선하게 떠오른다. 다행히 평소 덕망이 높고 인심이 후했던 아버지 덕분에 아기는 굶주림을 면하고 살아남았다.

류달영은 후에 개성 호수돈 고등여학교 교사 시절 아기 때 신(申)씨 댁 아주머니가 남달리 집으로 찾아와 젖을 먹여 주곤 했다는 말을 어머니에게서 듣고 고향 마을로 찾아갔다. 하지만 젖어머니는 이미 세상을 떠나고 없었다. 대신 같은 젖꼭지를 물고 자란 그분의 아들을 만나 형이라고 부르며 가깝게 지냈다. 형은 류달영의 아버지에게 글을 배워서 후일 서당의 훈장이 되었다. 당시는 영아 사망률이 엄청나게 높았다. 홍역이나 마마 등 유행병이 마을에 들어오면 살아남는 아기가 거의 없을 정도였다. 젖도 제대로 먹지 못한 류달영이 살아남은 것은 천행이었다. 또한 류씨 댁과 신씨 댁이 서로의 자식을 돌보고 가르친 것은 당시의 아름다운 풍습으로 기억될 것이다.

책임감 강한 아버지

류달영의 할아버지 류득기(柳得基)는 대한제국이 일제에 병탄될 때 격렬히 반대했던 한규설 대신과 친교가 있어 고담리에 있던 그의 토지를 관리했다. 할아버지가 일찍 돌아가시자 4형제 중 장남인 아버지 호정(湖亭) 류흥구(柳興九)가 집안을 맡아 꾸렸다. 류달영은 5세 때 출생지 고담리에서 남쪽으로 12킬로미터쯤 떨어진 모가면 소리울(松谷里)로 이사를 갔다.

아버지는 성실한 사람이다. 죽산 집은 바로 아래 첫째 동생에게 물려주고, 고담리 땅을 개간해 농지를 불린 뒤에 다시 그 아래 둘째 동생에게 물려주었다. 그리고 본인은 막냇동생을 데리고 소리울로 이사해 다시 열심히 개간했다. 후에 아버지는 힘써 개간한 소리울 땅을 막냇동생에게 물려주고, 또다시 아들 류달영을 따라 수원으로 이사한다. 본인이 개척한 땅을 남동생 3명에게 차례차례 나눠 주고 정착시킨 맏형으로서의 면모를 외아들 류달영이 눈여겨보고 배웠을 것이 틀림없다.

고담리에서 소리울로 이사할 때 짐을 나눠진 마을 사람들 뒤에서 어머니의 등에 업혀 시골길을 걷던 장면이 류달영의 가장 오래된 기억 중의 하나다. 동네 뒷산 마옥산에서 두 줄기로 흘러내린 시내가 하나로 합쳐지는 오목한 명당에 자리 잡은 소리울에는 70여 채가량의 농가가 모여 살았다.

이렇게 양수(兩水)가 합쳐지는 형국의 땅은 대개 마을에서 우물을 파지 않고 주위의 냇물을 길어다 먹었다. 마을이 놓인 땅 모양이 배가 물을 헤치고 나가는 모양새라 우물을 파면 배 밑창에 구멍을 내는 격이어서 마을이 가라앉는다고 생각했다. 한편으론 우물을 파지 않아도 될 만큼 시냇물의 수질이 깨끗하고 양이 풍부해 식수로 충분했다는 것이다. 이처럼 배 같은 모양의 마을에는 삿대 역할을 하는 큰 나무가 있는데, 과연 300년가량 된 은행나무 세 그루가 멀리서 보면 마치 한 그루인 양 나란히 서 있었고, 이 은행나무는 온 마을 사람들이 받드는 신목(神木)이었다.

또한 마을 앞에는 오리나무와 버드나무가 우거져 있어 넓은 신작로 쪽에서 바라보면 마을이 보이지 않을 정도였다. 우리나라의 옛 마을에는 이렇게 바람을 막고 물을 얻어 사람이 살기 좋은 땅으로 만들려는 비보 풍수의 지혜가 스며 있다. 교통의 요지인 이천시에서 겨우 16킬로미터 떨어졌고 마을 앞으로 신작로가 뚫렸으며 동남쪽으로 넓은 들이 펼쳐지고 마을에 농악대가 조직되어 있는 등 살기 좋은 마을에서 류달영은 평온한 어린 시절을 보냈다.

온 마을이 농가라서 지식인이라곤 한학자였던 류달영의 아버지가 유일했다. 그는 천대받고 살던 이웃 상민들을 세심하게 돌봐주어 주위로부터 존경을 받았다. 온 마을 사람들이 문맹이어서 편지 대필은 당연히 그의 몫이었다. 가난했던 시절이라 아이들은 맨발로 다녔고 아랫도리도 변변히 입지 못했다. 가을에 추수한 쌀은 겨울이 지나고 봄이 오면 바닥이 드러났고, 보리를 수확하기 전에 식량이 떨어져 보릿고개를 근근이 넘겨야 했다. 가을과 겨울에도 저녁 끼니는 거의 죽이었다. 집안 형편에 따라 죽의 묽기만 차이가 날 뿐이었다.

류달영의 집은 전형적인 경기도 가옥이었다. 안채는 ㄴ자 형이고 바깥채는 ㄱ자 형으로 두 채가 맞물린 ㅁ자 모양의 초가였다. 대문 바깥 큰 마당에는 벼를 찧는 연자방앗간이 있고, 안마당 한 모퉁이에는 돼지우리와 닭장이 있었으며, 집 뒤의 울안에는 장독대와 터주, 대추나무, 배나무, 살구나무 등 과일나무들이 자라고 있었다. 집에서 제법 떨어진 곳에 논이 있었고, 담장 밖으로 3~4백 평가량의 채마밭이 딸린 여유로운 집이었다.

어머니의 눈물

류달영이 6세 무렵인 어느 날, 아버지의 친구가 멀리서 찾아왔다. 한가로운 시골 생활에서 오랜만에 한자리에 모인 한학자들의 만남은 공자가 말한 인생의 세 가지 즐거움에 꼽힐 만큼 반가운 일이다. 꼬마 류달영은 평소에 배운 대로 손님에게 공손히 절을 하고 꿇어앉았다. 마침 아버지와 술을 주고받으면서 잔을 나누던 손님은 어린 류달영을 보고 "아, 그놈 참 똑똑하게 잘 생겼다!" 하고 칭찬을 하고는 안주로 나온 삶은 계란 반쪽을 집어 주었다.

겸손히 사양하는 꼬마에게 아버지가 괜찮으니 이번만은 받으라고 허락했다. 그는 두 손으로 받아 가지고 밖으로 나왔다. 당시는 달걀이 귀하던 시절이라 아이가 계란을 맛보기란 아주 어려웠다. 아이는 마당에 들어서다가 어머니와 딱 마주쳤다. 어머니는 아들이 두 손으로 감싸 쥔 것을 보고 무엇이냐고 물었다. 꼬마는 이러쿵저러쿵 사실대로 대답했다. 어머니는 아무 말 않고 따라오라고 했다.

어리둥절한 아들은 어머니를 따라 집 뒤로 갔다. 울안에 정한수를 떠 놓고 북두칠성께 비는 바윗돌 앞에 멈춰 선 어머니는 새끼줄로 아들의 두 손을 뒤로 묶어 옆의 대추나무에 동여맸다. 그리고 몽둥이를 가지고 와서 한동안 말없이 아들을 바라보았다. 주위에는 아무도 없었다. 부릅뜬 눈으로 쳐다보는 어머니의 손이 가늘게 떨리고 있었다. 아들은 겁에 질려 잘못했다는 말 한마디조차 할 수 없었다. '그냥 이대로 죽는구나.' 하는 생각이 스쳐 지나갔다. 어머니는 그렁그렁한 눈으로 조약돌 같은 말을 뱉어 내었다.

"민숭아, 이놈! 큰집의 장손이 그 꼴로 어떻게 '사람 노릇'을 할래?"

차라리 두들겨 맞으면 나으련만 어머니는 눈물을 흘리며 내려다보고만 있는 것이다. 그 얼굴을 어찌 대하랴. 그저 가슴만 뛰었다. 한참을 지켜보던 어머니는 결국 한 대도 매질을 하지 않고 등 뒤로 묶은 새끼줄을 풀어 주었다. 그리고 붉게 눌린 손목을 쓰다듬어 주었다, 말없이.

흔히 한국인들은 엄한 아버지와 인자한 어머니 밑에서 자란다고 말한다. 대개 아버지가 매를 들고 그러면 어머니가 말린다. 그런데 류달영의 경우는 반대였다. 모든 사람에게 자상한 어머니가 아들에게만은 엄하기 그지

없었다. 이 일화는 류달영의 '사람 노릇' 철학이 어머니로부터도 물려받은 소중한 유산이라는 것을 알게 해 준다.

후에 류달영의 가족이 서울로 이사 온 뒤에 이 광경을 지켜본 대추나무는 늙어서 없어졌겠지만, 그가 생애 최후의 순간까지 이때의 교훈을 실천하고 간 것으로 보아 대추나무는 그의 가슴에서 상록수로 변해 자라고 있었던 것이 틀림없다. 나중에 류달영이 '인간 상록수'로 추대되는 것도 그 씨앗이 대추나무와의 인연 속에서 자라나고 있었다고 봐야 할 것이다.

아버지와 아들의 정

엄한 어머니와 달리 자상한 아버지는 아들에게 손수 《천자문》을 가르쳐 주었다. 등에 업힌 외아들이 "하늘천 따지~" 하며 큰소리로 외우면 "어, 잘한다, 우리 민승이!" 하며 추켜세웠다. 한학자이면서 독농가였던 아버지는 천성이 인자했다. 인근에서 아버지의 온정과 격려를 받지 않은 사람이 드물 정도였다.

당시의 풍습으로 아이들은 대개 할아버지, 할머니와 함께 지냈다. 하지만 류달영은 할아버지, 할머니가 일찍 별세해 아버지가 그 역할을 겸했다. 식사 때도 류달영은 늘 아버지와 겸상을 했다. 아버지는 아들을 업고 끼고 다니며 사랑을 베풀었다.

어느 여름날, 아버지는 아들을 데리고 인근에서 물이 가장 좋은 말바위 골짜기로 갔다. 두 사람은 시냇가 바위 위에 저고리를 벗어 놓고 물에 들어갔다. 아버지는 아들의 온몸을 구석구석 닦아 주었다. 이때 아들은 아버지의 비밀스런 곳까지 다 보게 되었다. 자기 고추와 달라서 너무 놀랐다. 그 모습을 보고 아버지는 웃으면서 어른이 되면 턱에 수염도 나고 사타구니에도 털이 난다고 가르쳐 주었다. 민승이는 아버지를 따라 목욕을 다니며 자연스레 성교육도 받고 부자유친의 정도 배웠다.

후일 류달영은 양정고등보통학교에 진학해 서울 생활을 하게 된다. 방학을 맞아 고향으로 돌아가면서 아버지 생각이 나서 맥주를 두 병 사서 자전거 뒤에 묶었다. 더운 날씨에 땀을 흘리며 자전거를 몰아 집에 도착하자마자 아버지께 절을 올리고 갖고 간 맥주를 사발에 부어 아버지께 드렸다. 귀한 서양 술이니 맛을 보시라고 올린 것이다. 아버지는 조금 맛을 보고는 이내 상을 찌푸리셨다. "야, 이게 쇠오줌이지 무슨 술이냐?" 그저 효심이 앞섰던 아들은 맥주를 차게 해서 마셔야 한다는 것도 몰랐던 것이다.

죽을 고비를 넘다

어린 시절 젖을 제대로 얻어먹지 못해 류달영은 영양실조로 몸이 허약한 편이었다. 친구들은 류달영이 중년이 되기 전까지 호리호리한 체격이었다고 기억한다. 보건 위생에 대한 지식이 빈약하고 치료 약도 전무하던 시절에 시골 생활은 특히 결핵과 기생충에 무방비로 노출되었다. 류달영도 예외가 아니어서 성장하면서 몇 번의 죽을 고비를 넘긴다.

또한 당시 대부분의 사람들은 이가 성치 않았다. 시골에는 칫솔이나 치약이 없었다. 사람들은 천일염 덩어리를 절구에 빻아 손가락에 묻혀서 이를 닦았다. 염전 바닥의 개흙이 섞여 있어서 입에서 서걱서걱할 때가 많았다. 그나마 소금이 떨어졌을 땐 마을 앞 개울가에 가서 고운 모래로 이를 닦았다.

류달영도 이가 성치 않았다. 그는 어릴 때부터 풍치 때문에 매우 고생했는데, 이가 흔들리고 잇몸에서 피가 나오고 곪기도 했다. 음식 먹는 것이 고통스럽고 입에서 냄새도 났다. 류달영이 소년 시절을 보낼 무렵 하루는 아버지가 아주까리 잎에 싼 정체불명의 약을 주면서 이를 잘 닦으라고 했다. 민간요법을 잘 쓰기로 유명한 친구가 준 비방이라는 것이다.

소년은 개울가로 가서 쪼그리고 앉아 약을 살펴보니 고약한 냄새가 코를 찔렀다. 자세히 살펴보니 틀림없는 개똥이었다. 그 안에 희끗한 것은 마늘이고 푸르스름한 것은 찧은 미나리였다. 당장 던져 버리고 싶었지만 눈앞에 아버지의 얼굴이 어른거렸다.

할 수 없이 개똥을 찍어 잇몸에 발랐는데 곧바로 구역질이 터져 나와 견딜 수가 없었다. 오장육부가 뒤틀리고 배 속에 들었던 것을 모두 토해 내고 말았다. 입을 씻고 또 씻었다. 온몸에 진땀이 흐를 때까지. 그때 아버지가 다가와서 이왕이면 잘 닦으라고 하면서 칭찬해 주었다. 소년의 가슴에는 아버지의 따뜻한 정이 봄비처럼 스며들었다.

결국 류달영의 이는 불혹의 나이를 넘기지 못했다. 치과에서 이를 반 이상 뽑아 치료하고 의치를 해 넣은 것이다. 이후 그는 평생 하루에 이를 네 번 닦으며 살았다. 우리나라에서 치아는 예로부터 오복(五福) 중의 하나로 쳤고, 건강과 직결될 만큼 중요하다. 그는 병약한 몸으로 태어났지만 스스로 몸을 잘 관리해 장수를 누렸고, 이도 성치 않았지만 정성껏 돌봐서 장수의 발판으로 삼았다.

자신의 건강을 잘 돌보는 것도 '사람 노릇'의 중요한 요소다. 류달영의 경우를 보면 건강은 선천적으로 타고나는 것 못지않게 후천적으로 노력하는 것도 중요하다는 것을 알 수 있다. 류달영처럼 건강을 위해 노력한 이도 드물 것이다.

거짓말을 모르는 농심

류달영이 어린 시절을 보낸 1910년대의 한국 농촌은 참으로 가난했다. 농민의 대부분이 서울이나 도시의 권세 있는 양반집 소유의 토지를 맡아 경작하는 소작농이었다. 좀 여유 있는 사람이라고 해 봐야 소작논 옆에 자기 논을 약간 가진 정도였다. 가을에 추수를 해도 소작료로 쌀을 주고 나면 남는 양이 적었다. 그래서 남은 쌀은 시장에 내다 팔고 대신 만주에서 들여온 보리, 수수, 조 등 잡곡을 사다가 먹고 살았다.

쌀은 대부분 일본에 팔렸다. 사람들은 그 어려움을 '목구멍에 풀칠한다.'고 표현했다. 죽이 주식이었던 것이다. 하긴 시래기건 산나물이건 콩나물이건 죽에 넣으면 모두 풀어져 형체를 알아볼 수 없으니 죽처럼 공평한 음식도 드물 것이다. 죽은 배만 부르고 실속이 없어 저녁에 먹었다.

멀쩡했던 사람도 일거리가 없으면 어쩔 수 없이 거지가 되던 시절이니 특히 고아들은 말할 것도 없이 거지로 전락했다. 그래서 약간이나마 여유가 있는 집에는 나름대로 거두어 먹이는 고아들이 한둘쯤 있었다. 류달영의 집에도 그보다 나이가 10살쯤 많은 소년이 기거했다. 류달영은 그를 형이라 부르며 자랐다. 어머니는 그 소년을 친절하게 거두어 먹였다. 나중에는 장가들여 집을 사서 세간을 내주고 부모의 무덤도 찾아 주었다.

그때는 사람들이 굶어 죽지만 않아도 다행으로 여기며 살았다. 실제로 굶어 죽는 사람도 간혹 있었는데, 그래도 도둑질만은 하지 않았다고 한다. 자기는 죽더라도 자녀들이 '도둑놈의 자식'이란 말을 듣게 하고 싶지 않았기 때문이다. '사람 노릇'은 거저 되는 것이 아니다. 일말의 양심이라도 남아 있어야 가능하다.

류달영은 우리 민족이 순박하고 어질고 머리도 좋은데 근대화 과정에서 치열한 경쟁 때문에 그만 사기꾼들이 많이 나온 것을 가장 안타까워했다. '차라리 굶어 죽는다.'는 정신은 가난한 농민들의 자세다. 비록 일부지만 부정부패는 소위 배웠다고 하는 사람들의 놀음이다.

우리나라의 근대화, 도시화 과정에서 류달영이 '농심(農心)'을 제창하게 된 뿌리가 여기에 있다. 농사짓는 농부의 마음인 농심은 곧 천심으로 거짓말을 할 줄 모르는 것이다. 그는 후일 '농심낙생(農心樂生)'이라는 휘호를 즐겨 썼다. 그는 '흙을 헤치고 씨앗을 묻는 마음씨, 땅을 파고 어린 묘목을 심는 마음씨, 그것이야말로 참 기쁨과 행복의 토양이다.'고 늘 강조했다. 농심과 함께 살면 인생이 즐거울 수밖에 없다는 것이 그의 신조였다.

당시에는 모두 가난했지만 이웃 간의 정은 참 따스했다. 물고기 몇 마리를 잡아도 나누어 먹고 낯모르는 나그네도 잠을 재워 주는 데 인색하지 않았다. 아이들은 남의 밭에서 콩을 뽑아다가 밭두둑에서 불을 놓고 구워 먹는 콩서리를 했다. 하지만 주인은 보아도 그리 나무라지 않았다. 농민들은 사랑방에 모여 새끼를 꼬다가 출출하면 남의 집에서 배추김치나 동치미를 몰래 가져다가 나누어 먹는 김치 서리도 했다. 참외 서리도 했고, 닭 서리도 했다. 개인이 혼자 먹으려고 몰래 훔치면 도둑질이 되지만 여럿이 모여서 가져가는 것은 '서리'라고 하여 웬만하면 묵인하는 것이 옛 시골 풍속이었다.

늦가을이 되면 감나무에 빨갛게 익은 감이 주렁주렁 달려서 가지가 축축 휘어진다. 사람들은 사다리를 세워 놓고 올라가 한 개씩 조심스레 땄다. 이 즐거운 연중행사를 하면서 높은 가지 꼭대기에 달린 감 몇 알은 따지 않았다. 새들이 먹도록 남겨 놓는 것이다. 들판에서 일하다가 새참을 먹을 때 먼저 '고수레!' 하고 밥을 한 숟갈 떠서 뿌리는 것도 같은 뜻이다. 가난하지만 나누어 먹을 줄 아는 생명 공동체의 모습이다. 어린 류달영은 이런 모습을 보고 자연스럽게 자신도 나누며 살아야겠다고 다짐했을 것이다.

산을 지키는 마을 사람들

일제 치하 초기에 우리나라 농촌은 매우 어려운 형편에 처해 있었다. 사람들이 입는 옷은 대부분 흰옷으로 단벌이었다. 농민뿐 아니라 도시인도 마찬가지여서 그야말로 백의민족이었다. 흰옷은 때가 잘 타서 부인들은 빨래하는 데 많은 시간을 보내야 했다. 솜을 넣은 두툼한 겨울옷은 꿰맨 실을 다 풀어 옷감만 빨았다가 풀을 먹여 다듬어서 다시 꿰매야 하기 때문에 더욱 일손이 많이 갔다. 밤이면 집집마다 다듬이질하는 소리가 널리 울려 퍼졌다.

당시에는 방바닥이고 벽이고 종이를 바르지 않던 때라 장판지도 없고 도배란 것도 없었다. 그래서 방바닥에는 보통 왕골자리를 깔았다. 옷과 머리에는 이가 들끓고 바닥과 벽에는 빈대와 벼룩이 극성이었다. 체질에 따라 물것을 몹시 타는 사람이 있고 그렇지 않은 사람이 있다. 류달영은 빈대와 벼룩에는 저항력이 강했지만 모기는 아주 질색이었다. 한번 물리면 긁어대느라 잠을 설치기 일쑤였다. 근대화가 이뤄지면서 빈대와 벼룩과 이는 거의 박멸되었지만, 도시나 농촌이나 모기는 여전히 극성을 부렸다. 류달영은 도시로 이사 오고 나서도 여름밤에는 모기를 매우 조심했다.

일본이 우리나라를 병탄한 후 목재를 마구잡이로 수탈해 가면서 전국의 산은 민둥산으로 변해 갔고, 추운 겨울을 나기 위해 사람들이 사용해 온 땔감이 부족해졌다. 류달영의 마을 인근에는 설성산과 노성산 등 정상 부근까지 빨간 흙산이 즐비했다. 마을 사람들은 해마다 겨울나는 것이 큰 걱정이었다. 집집마다 단벌옷에다 이불마저 변변찮았다. 볏짚과 왕겨를 연료로 썼지만 언제나 땔감이 모자랐다. 하지만 소리울 사람들은 마을 뒷산인 마옥산만은 푸른 산으로 보존하기 위해 안간힘을 썼다.

가을 추수가 끝나고 초겨울이 되어 낙엽이 쌓이면 동네 사람들이 모여 순산계(巡山契)를 열고 일정한 기한을 정해 놓고 누구나 자유롭게 산에 들어가 낙엽을 긁고 풀을 베어 월동 준비를 했다. 그 후에는 사람들이 당번을 짜서 산으로 가는 길목을 지키며 벌목을 막았다. 이것이 전통이 되어 이웃 마을 사람들도 마옥산에 얼씬도 하지 못했다. 만일 들키면 그 마을 전체에

죽남공립보통학교 시절
한학자 아버지에게서 한문 공부를 하다가 신식 교육을 받기 위해 보통학교(현 초등학교)에 들어갔다. 류달영은 공부를 열심히 하는 학생이었다.

응분의 처벌을 가했기 때문이다.

우리나라 농촌에서 제일 큰 명절은 추석이었다. 춥지도 덥지도 않은 좋은 기후에 한 해 동안 땀 흘려 가꾼 오곡백과를 수확하는 기쁨이 넘쳤다. 애 어른 할 것 없이 고운 옷을 꺼내 입고 조상에게 차례도 지냈다. '더도 덜도 말고 한가위만 같아라.'고 할 정도로 모두의 입가에 웃음이 번졌다. 밤에 동산 위로 보름달이 휘영청 떠오르면 소리울에선 거북놀이가 벌어졌다. 수숫대로 거북 모양을 만들어 뒤집어쓰고 놀이를 하는 것이다.

먼저 넉넉한 몇몇 집을 찾아가서 신바람 나게 풍물놀이를 한다. 그러면 안에서 떡과 술이 그득 차려져 나온다. 일동은 먹고 마시며 주인이 잘되라는 덕담을 하고, 주위에 모인 부인들은 구경을 하면서 웃음꽃을 피운다. 이렇게 여러 집에서 모은 음식을 어려운 형편의 집에 보내 준다. 어린 류달영은 고향 마을의 한가위 전통이 자랑스러웠다.

9살 소년의 '독립 만세!'

류달영이 9살이 되던 1919년 봄에 소리울에서도 '3·1 독립 만세' 소리가 울려 퍼졌다. 경찰 제도는 '3·1 운동' 이후에 생겼기 때문에 당시에는 헌병이 칼을 차고 돌아다녔다. 그날 저녁에 온 동네 사람들이 동네 큰 마당에 모였다. 류달영도 아버지를 따라나섰다. 어른들은 주먹을 쥐고 큰 소리로 외치다가 횃불을 나누어 들고 마을 앞동산으로 올라갔다. 류달영은 분위기가 뭔가 심상찮다는 것을 느끼고 조용히 따랐다.

동산 위에 올라가 둘러보니 마치 정월 대보름날처럼 사방이 환했다. 여기저기 사방에서 화톳불이 타오르고 '독립 만세' 소리가 퍼져 나갔다. 어린 류달영은 영문도 모르고 아버지를 따라 '만세'를 불렀다. 밤이 깊어지자 사람들은 산에서 내려와 흩어지고 몇몇 분들은 따로 사랑방에 모여 의논을 계속했다. 다음 날 밤에도 '만세' 합창은 이어졌다.

며칠 뒤에 일본인 헌병과 조선인 보조원들이 마을로 들이닥쳤다. 소리울에서는 허 생원이라는 쉰이 넘은 노인이 대표로 잡혀갔다. 그는 가난하고 무식한 농군이었는데, 마을의 점잖은 분들이 잡혀가 고생하는 것보다 자기가 대신 고생하는 것이 낫겠다고 판단해 스스로 나섰던 것이다. 며칠 후에 별 탈 없이 풀려나자 마을 사람들은 의기 있는 어른으로 대접했고, 류달영의 아버지도 여러모로 도와주었다. 이런 과정을 지켜보면서 어린 류달영의 가슴속에도 나라 사랑과 일제의 강압에 대한 의분이 자라기 시작했다.

아들의 신식 교육

아버지의 주선으로 소리울에서 글방이 처음 생겼다. 서당 훈장은 정순조라는 한의사였는데, 한약방을 개업하면서 동네 아이들에게 한문을 가르쳤다. 류달영은 아버지에게 배운 한문 기초 실력을 가지고 서당에 가서 《동몽선습》 《소학》 《통감》을 떼고 12살에 《논어》를 배우기 시작했다.

하루는 외숙이 아버지를 찾아왔다. 외숙은 신식 공부를 하고 일본어도 잘하는 분이어서 처남과 매부는 오랜만에 세상 돌아가는 이야기로 밤늦도록 대화의 꽃을 피웠다. 그런데 밤중이 되자 두 사람이 언성을 높이고 다투는 소리가 안방까지 들려왔다. 류달영은 옆에 누운 어머니의 눈치를 살피니 당신도 무슨 일인가 몹시 궁금해하는 표정이었다.

다음 날 아침 두 사람은 언제 그랬냐는 듯이 웃는 낯으로 정담을 나누고 있었다. 아버지는 아들을 앞에 불러 놓고 어젯밤에 일어난 이야기를 들려주었다. 언쟁의 이유는 바로 외아들 류달영의 교육 때문이었다. 한문 공부만 시키다간 앞으로 개명 천지로 급변할 세상에서 사람 구실을 하지 못한다는 외숙의 주장에 아버지는 하나뿐인 아들을 왜놈으로 만들기 싫다고 반대했다. 하지만 사리를 가릴 줄 아는 아버지는 결국 외숙의 주장을 수긍할 수밖에 없었다. 그 말이 사실이었기 때문이다. 자신의 감정보다 아들의 장래가 더 소중한 일이었다.

류달영은 먼저 외숙의 권고대로 머리를 잘라야 했다. 하지만 마을에 이발 기구가 있을 리 없었다. 집 가위는 무뎌서 머리가 잘 잘라지지 않았다. 결국 이웃집 새댁이 새 가위를 가지고 있을 것이라 생각해 찾아갔다. 새댁의 어줍은 솜씨에 어린 꼬마의 머리는 마치 생쥐가 파먹은 꼴이 되었으리라 짐작되고도 남는다.

탐스럽게 많은 머리채를 잘라 버리자 류달영은 시원함을 느꼈다고 한다. 집에 돌아와 식구들의 놀림감이 된 것도 눈에 훤하다. 그러나 소년은 신식 공부를 하게 되었다는 소식에 들떠서 머리야 아무래도 상관없었다. 완고한 한학자가 외아들의 머리를 깎게 하고 신식 학교로 보낸 것은 당시에는 놀라운 용단이라 할 수 있다. 그리고 그 결단이 아들의 운명을 근본적으로 바꿔 놓게 되었다.

다음 날 류달영은 외숙을 따라 충청북도 음성군 안터로 갔다. 때는 6월이라 신입생들의 공부 진도는 이미 두 달 이상 앞서 나가 있었다. 그는 외숙 댁에 머물면서 일어와 가감승제 등 산수 기초를 공부했다. 구구법도 외숙에게 처음으로 배웠다. 당시 외숙모는 헛간에서 누에를 쳤다. 집에서도 어머니가 누에 치는 것을 본 류달영은 그 모습이 낯설지 않았다. 외숙모를 따라 헛간에 들어가서 하얀 누에들이 뽕잎을 먹는 것을 신기해하며 구경하곤 했다. 어느 날 느닷없이 외숙모가 말했다.

"민숭아, 누에는 참 재주도 좋지! 저런 벌레가 비단실을 입으로 뽑아 옥 같은 고치를 지으니 말이다. 민숭아, 사람이 누에를 먹으면 누에처럼 천재가 된다더라!"

그 말에 그만 소년의 마음 깊이 숨어 있던 욕심이 깨어났다. 사람은 누구나 욕심이 있다. 욕심 자체가 나쁜 것은 아니다. 너무나 자연스런 생명의 에너지다. 문제는 그것을 어떤 방향으로 이끄는가다. 외숙모의 한마디는 소년의 미래를 깨웠다. 천재! 나도 천재가 될 수 있다는 가능성. 소년은 가슴이 두근거렸다. 얼른 외숙모에게 물었다.

"몇 마리나요?"

"왜? 너도 먹을래? 적어도 댓 마리는 먹어야 하겠지!"

외숙모의 능청스런 대답이 헛간에 혼자 남은 소년의 머릿속을 계속 헤엄쳤다. 드디어 그는 누에 다섯 마리를 먹기로 결심했다. 가장 큰 것으로 한 마리 골라 불쑥 입안에 넣었다. 누에는 뜨거운 입안에서 요동을 쳤다. 씹으면 터질 것이고 그러면 천재가 될 수 없을 것 같아 통째로 삼키려고 안간힘을 썼다. 덩치 큰 누에는 버둥거리고, 소년은 작은 목구멍으로 자꾸 삼키고, 입안에서 일대 전쟁이 벌어졌다. 온몸이 땀으로 흠뻑 젖었지만 소년은 포기하지 않았다. 천재가 된다는데, 이쯤이야!

필사적인 노력 끝에 한 마리를 삼키는 데 성공하자 자신감이 붙어 나머지 네 마리도 하나씩 집어 삼켰다. 참으로 집요한 모습이었다. 마침내 헛간을 나서자 외숙모는 이미 안마당 멍석 위에 밥상을 차려 놓고 있었다. 외숙모는 땀에 흠뻑 젖은 조카를 보고 놀랐다.

"너 어디서 무엇을 했기에 그렇게 땀에 젖었니?"

"아니요, 아무것도 안 했어요."

소년은 창피해서 나름대로 둘러댔지만 세 명이나 되는 외사촌 누이들의 눈을 속일 수는 없었다. 그날 밤 그는 잠을 제대로 잘 수 없었다. 철석같이 믿었기에 자신이 어떻게 천재로 변해 가는지 지켜보고 싶었던 것이다. 얼결에 깊은 잠 속으로 빠져든 소년은 무슨 꿈을 꾸었을까? 아무튼 그는 그날 자신에게 무의식의 메시지를 심었던 것이 틀림없다. 후에 류달영이 남다른 '신념의 인간'이 된 데에는 이런 작은 에피소드가 밑거름이 되었다.

농부는 잡초가 많은 땅을 보면 비옥하다는 것을 안다. 지력이 좋기 때문에 풀이 많이 나는 것이다. 잡초 밭을 잘 정리해 좋은 씨를 뿌리면 수확이 많이 나는 옥토로 변한다. 인간은 누구나 욕심이 있다. 욕심이 없으면 아예 일을 이루지 못한다. 문제는 그 욕심 많은 마음 밭을 어떻게 옥토로 바꾸냐 하는 것이다. 그 방향이 문제다. 천재가 되고 싶어 누에를 삼킬 정도로 의욕이 넘치는 소년이 장차 어떤 계기를 만나 위대한 업적을 이루는 인간으로 성장해 가는지 지켜보는 것이 류달영 생애의 관전 포인트다.

공부 열정과 진로 변경

마침내 한 달이 흘러 7월이 되자 그는 천평보통학교에 중도 입학했다. 학교는 작은 초가로 4년제였고, 이기봉 선생님이 신입생인 류달영을 많이 아꼈다. 외숙의 친구이기도 한 그는 류달영의 한문 실력을 보고 '물건'으로 인정했던 것이다.

하지만 아쉽게도 류달영은 그해 겨울 고향으로 돌아와 집에서 10킬로미터 떨어진 설성면에 신설된 죽남공립보통학교(현 설성초등학교)로 전학했다. 당시 많은 아이들과 마찬가지로 그도 등교하기 위해 먼 길을 걸어 다녔다. 5학년에 올라갔을 때 경기도립사범학교에 대한 이야기를 듣고 시험 치기로 마음먹었다. 경기도립사범학교는 2년제로 수업료도 없고 교과서는 물론 멋진 제복까지 관비로 제공했다. 또한 졸업 후에는 보통학교 선생으로 발령을 받고 월급은 면서기의 두 배가 넘었다. 학교 선생은 사회적 지위도 높아 존경을 받았다.

그런데 시험은 중학교 2년 과정에서 출제된다고 했다. 보통학교를 졸업한다 해도 혼자서 상급 학교인 중학교 2년 과정을 공부할 수 없었다. 그는 아버지의 허락을 받고 일본인 교장 선생님을 찾아갔다. 교장 선생님은 기뻐하면서 과외를 해 주기로 하고, 공고를 내어 지원자를 모집했다. 그로부터 2년 동안 세 명의 학생이 방과 후에 따로 모여 3시간씩 과외 수업을 받았다. 추운 겨울에 과외를 끝내고 어두운 산길을 혼자서 뛰다시피 하며 집에 돌아오면 밤 10시가 가까웠다. 아버지가 마을 앞까지 마중 나와 있을 때가 많았고 언제나 한밤중에 저녁을 먹었다.

1924년에 류달영은 만 13살이 되어 장가를 들었다. 그때부터는 2살 많은 아내가 밤중에 저녁을 차려 주고, 아침에도 피곤해 하는 신랑을 깨워 밥을 챙겨 주었다. 그렇게 열심히 공부하고 있는 중에 하루는 학습 참고서에 게재된 진학표를 보게 되었다. 도립사범학교를 졸업하면 더 공부할 수 있는 기회가 막혀 있었다. 그런데 고등보통학교를 졸업하면 전문학교, 대학교로 진학할 수 있는 것이었다. 6학년 졸업을 앞두고 경기도립사범학교에 원서를 내야 할 날짜가 다가왔다.

죽남공립보통학교(현 설성초등학교) 졸업식. 맨 앞줄 왼쪽에서 네 번째가 류달영이다.

    그는 여러 날 고민한 끝에 교장 선생님께 도립사범학교 대신 고등보통학교에 원서를 내 달라고 사정했다. 2년 동안 직접 과외 수업을 해 온 당사자로서 너무 뜻밖이라 어리둥절할 수밖에 없었다. 그러나 전문대학까지 공부를 계속하겠다는 '천재 지망생'의 결심을 이해하고 서울의 5대 사립학교 중 하나인 양정고등보통학교에 입학 지원서를 내 주었다.
    같이 과외를 받던 두 사람 중 한 명은 그해에 경기도립사범학교에 합격했고, 다른 한 명은 이듬해 공무원 시험에 합격했다. 양정고등보통학교는 50명씩 두 학급 총 100명을 뽑는데, 전국에서 1,100명이 지원해 경쟁률이

11대 1이 되었다. 치열한 경쟁 속에서 류달영은 좋은 성적으로 합격했다. 죽남공립보통학교는 큰 경사가 났으니 잔칫집 분위기였다. 하지만 도립사범학교에 지원한 줄 알고 있던 아버지는 실망이 컸다. 하지만 예로부터 자식 이기는 부모는 없다고 한 것처럼 아버지는 곧 노여움을 풀고 아들의 서울 유학을 준비했다.

죽남공립보통학교 시절 특기할 만한 한 가지 에피소드는 그가 선행을 해 상장을 받은 것이다. 어느 날 하교 길에 비를 만나 당황해하는 일본인 부인에게 우산을 빌려주었다. 나중에 그 부인은 우산을 돌려주었고 이 사실이 알려지자 학교에서 그에게 선행 상장을 수여했다. 죽남공립보통학교 졸업사진을 보면 검은 두루마기에 흰 동정을 댄 단정한 복장, 짧게 깎은 머리, 반듯한 이마, 꽉 다문 입술, 무엇보다 안으로 향한 시선을 통해 단단한 내면세계를 보여 주는 소년이 보인다. '품행이 방정하다.'는 표현은 이런 소년을 두고 하는 말일 것이다.

2

인생관, 인간은 만남으로 자란다
— 양정고등보통학교 시절

김교신 선생을 만나다

1928년 양정고등보통학교(이하 양정고보)를 입학한 류달영은 1학년 담임으로 김교신(金教臣) 선생을 만난다. 김교신은 일본의 명문 학교인 동경고등사범학교를 졸업하고 첫 발령을 받아 부임했는데, 마침 신입생들의 담임을 맡게 된 것이다. 김 선생은 사람을 만들려면 1년 가지고는 모자란다고 우겨 이때 맡은 신입생들이 졸업할 때까지 5년간 계속 담임을 맡았다. 지금으로 치면 중고등학교를 합친 것 같은 고등보통학교 과정에서 한 분 담임 선생의 지도를 줄곧 받았으니 인간적인 교류의 깊이가 어떠했을지 짐작이 가고도 남는다. 더군다나 둘 다 의욕이 넘치는 '신입'이었다.

스승 김교신의 신념과 교육열에 깊은 감화를 받은 류달영은 이후 일평생 동안 생사를 함께하는 사제 관계를 맺게 된다. 김교신은 44살로 일찍 별세했기 때문에 이력이래야 11년간 고등보통학교에서 지리 선생을 지낸 것과 월간지 〈성서조선〉의 편집인으로 10년간 매달 300부가량 발행한 것이 전부다. 그러나 그의 종교관과 교육관을 연구한 박사 학위 논문이 국내는 물론 동경대학교와 미국 시카고대학교에서 나올 정도로 사상적 깊이를 지닌 종교인이자 교육자였다.

류달영은 자신의 인생관과 세계관이 모두 김교신 선생과의 만남의 산물이라고 누누이 자랑스럽게 밝혔다. 자신이 이 세상에 태어나 참 스승을 만난 행운아란 것을 고마워한 것이다. 류달영의 인생관의 핵심은 '인간은 만남으로 자란다.'인데, 바로 자신이 김교신과의 만남으로 사람 노릇을 제대로 하게 되었다는 경험에서 우러나온 표현이다.

예수의 제자들은 예수를 만나 참된 인간으로 거듭났고, 석가모니의 제자들 또한 그랬다. 공자는 정치를 통해 뜻을 펴려고 여러 나라를 찾아다니며 노력했지만 실패했다. 하지만 말년에 훌륭한 제자들을 길러 냄으로써 인류사에 길이 기억될 성인으로 남았다. 류달영이 터득한 잘 사는 비결은 '인간은 훌륭한 스승, 훌륭한 제자, 훌륭한 배우자, 훌륭한 친구를 만남으로써 일생이 결정된다.'는 것이다. 지혜로운 인간은 만남을 소중히 여긴다.

그리고 평소 그가 강조하던 인생의 이치는 좋은 친구를 만들려면 내가 먼저 상대방의 좋은 친구가 되어야 한다는 것이다. 그래서 그런지 객관적으로 보더라도 류달영만큼 좋은 인간관계를 맺고 산 인물도 흔치 않은 듯하다. 자신의 말대로 그의 주변에는 좋은 스승, 좋은 제자, 좋은 친구, 좋은 배우자, 좋은 자식이 숲을 이룬다. 모두 인간관계에 대한 신념을 철저히 실

양정고등보통학교 시절
류달영은 첫 담임인 김교신 선생을 만나 큰 영향을 받는다. 김 선생을 통해 한국 지리, 문화, 역사를 제대로 알게 되고, 나라 사랑과 독립 정신이 불타올랐다. 류달영과 김 선생은 사제 관계를 넘어 동지였다.

천한 결과일 것이다. 세상에 공짜는 없다. 노력한 만큼 결과가 나온다. 천재가 되기 위해 누에를 먹을 정도의 넘치는 의욕이 인간관계에서도 좋은 쪽으로 발휘된 결과라고 보아야 할 것이다.

당시 대부분의 사람들이 학교에 늦게 들어갔던 것처럼 류달영도 양정고보에 입학했을 때 18살이었다. 당시 고등보통학교는 5년제였다. 그의 나이로 볼 때 고등보통학교 시절은 감수성이 예민한 시기다. 그런 시기에 한 선생님 밑에서 5년간 지도를 받는다는 것은 인격이 대장간에서 오랜 기간 철저하게 두들겨 맞아 강철로 태어났다는 것을 의미한다. 더군다나 쇠를 달구고 두드린 대장장이는 국내외에서 교육학 학위 논문 대상으로 연구될 만큼 소신 있는 전형적인 교육자 김교신이다. 지금도 김교신의 대표적인

김교신 선생
양정고등보통학교에 첫 부임해 류 달영을 만난다. 일본 중심 교과서를 버리고 한국 지리, 문화, 역사를 일 년 내내 가르치며 나라와 민족에 대한 자긍심과 독립 정신을 불러일으켰다.

제자로 류달영이 손꼽힌다. 그 스승에 그 제자다.

세상에 거저는 없다. 원인과 결과의 연쇄는 한 치의 빈틈도 없이 돌아간다. 땅에는 씨앗을 심어야지 돌멩이를 심어서는 이득이 없다. 좋은 교육자는 학생의 가슴에 씨앗을 심는 사람이다. 그 씨앗의 이름은 희망과 가능성이다. 생명의 씨앗은 때를 만나면 반드시 싹이 트는 법이다.

자긍심과 독립 정신

김교신 선생의 담당 과목은 과학이었다. 당시 과학 과목은 지리와 박물을 주로 가르쳤다. 오늘날 생물 과목에 해당하는 박물에는 식물, 동물, 광물이 포함되어 있다. 류달영이 식물학자가 된 것도 결국 스승의 전공과 무관하지 않아 보인다. 지리 교과서는 일본 지리와 세계 지리로 구성되었는데, 식민지 조선의 지리는 일본 지리의 끝부분에 몇 페이지 달려 있는 정도였다. 지리 수업을 받으면서 일 년의 대부분은 일본 지리를 공부하고 마지막 두세 시간에 조선 지리를 공부하도록 편성되어 있었다.

그러나 김 선생은 일 년 내내 조선 지리만을 가르쳤다. 그리고 마지막에 가서 일본 지리를 조금 소개했다. 조선 지리를 배우는 시간은 학생들에게 독립 정신을 심어 주는 시간이었다. 당시에는 청소년들이 일본의 우수성만 배우고 조선의 역사나 지리에 대해 거의 배우지 못했다. 한반도가 얼마나 축복받은 땅이며 조상들이 만주 일대까지 호령했다는 사실 등 민족의 뿌리에 관한 부분은 까맣게 지워져 있었다.

류달영은 김 선생을 통해 우리 국토가 훌륭하며 우리 문화의 우수성은 물론이고 과거에는 미개한 일본을 가르쳤다는 사실도 알게 되었다. 특히 한반도가 그리스와 로마처럼 온대 지방의 반도여서 세계를 호령할 수 있는 사령탑 위치에 있다는 것은 조선 민족으로서 크나큰 자부심을 갖게 하기에 충분했다. 류달영의 가슴속에서 민족의식이 서서히 깨어났다.

지리 시간에 김 선생은 수시로 '간헐천'을 강조했다. 지금은 한국이 땅속 깊이 고여 있는 온천물 같아 잠자는 듯 보이지만 그 힘이 축적되어 터져 나오면 웅장한 물줄기가 수십 미터나 하늘 높이 치솟는 간헐천이 되리라는 것이다. 이 이야기는 류달영을 비롯한 학생들의 무의식에 새겨져 성장하면서 그 깊은 상징적 의미를 깨우치게 되는 힘이 되었다. 간헐천처럼 터져 나올 조국의 미래상이 가슴속 깊이 각인된 것이다.

김 선생이 가장 관심을 가지고 연구한 것은 조선 지리였다. 그리고 그의 동경고등사범학교 동기 동창인 함석헌의 관심이 조선 역사였던 것과 짝을 이룬다. 함석헌이 《뜻으로 본 조선역사》라는 명저를 냈듯이 김 선생은 그

류달영은 김교신 선생 가까이서 많은 가르침을 받았다. 앞줄 왼쪽이 류달영, 가운데가 김교신 선생

의 '뜻으로 본 조선 지리관'을 담은 《조선지리소고》를 냈다. 이 책은 근대 지리학 관점에서 조선 지리를 평가한 최초의 책이다.

김 선생은 불의에 대해 참지 못하고 주저 없이 단칼로 잘라 버리는 날카로운 의지의 인물이었다. 하지만 옳은 이야기나 순정 같은 이야기에 눈물을 흘리는 감성도 가지고 있었다. 머리는 언제나 박박 깎고 넓은 이마는 거울처럼 반짝여서 별명은 양칼(洋刀)로 통했다. 김 선생은 정릉 개천가에 손수 돌집을 짓고 살았다. 집에서 나와 아리랑 고개를 넘어 양정고보까지 늘 자전거로 통근했다. 동경고등사범학교에서는 육상 선수였는데, 힘이 장사였다. 전설적인 마라톤 선수 손기정을 지도해 올림픽 금메달을 따게 한 체육 지도자이기도 했다. 학교에서는 일본인 교사들까지도 김 선생을 존경하고 또 두려워했다. 의지의 인물 스타일로 워낙 자신에 대해 엄격했기 때문이다.

이순신을 알게 되다

어느 결강 시간에 서봉훈 교무 주임 선생이 들어와 조용히 자습하라고 했다. 그리고 돌아서 나가려고 하자 학생들은 서 선생께 이야기를 해 달라고 졸랐다. 서 선생은 망설이다가 이윽고 입을 열었다. 먼저 이 이야기를 절대 밖에 나가서 하지 말라고 당부했다. 일본 순사가 알면 큰일 나니까. 그리고 결연한 표정으로 이순신 장군에 대해 들려주었다.

16세기 말 임진왜란이 일어났을 때, 이순신 장군은 전라남도 진도 앞바다의 울돌목에서 군사 120명과 배 12척을 이끌고 일본의 주력 함대 300여 척을 무찔렀다. 서 선생이 마치 눈앞에서 보는 것처럼 세밀하게 당시의 이야기를 들려주자 학생들은 눈을 초롱초롱하게 뜨고 마치 한 편의 드라마를 보는 것처럼 주의를 집중했다.

이순신 장군이 만든 거북선은 세계 최초의 철갑선이다. 일본인들의 모략으로 장군은 서울로 잡혀가서 고문을 당하고 그 사이에 적의 공격을 받아 배들이 대부분 부서졌다. 도망치고 남은 조선의 해군은 겨우 120여 명에 배 12척뿐이었다. 육지와 섬 사이의 좁은 울돌목에선 일정한 시간에 조수가 밀려들면 바닷물이 엄청난 속도로 빠르게 흐르기 때문에 이 사실을 모르고 지나가는 배들은 뒤집히게 된다. 백의종군으로 돌아온 이순신 장군은 남아 있는 소수의 병력으로 일본 해군을 울돌목으로 유인해 세계 해전사상 유례가 드문 대승리를 거두었다.

이순신 장군은 영국의 넬슨과 더불어 세계 최고의 해군 제독이라고 했다. 학생들은 이날 태어나서 처음으로 이순신 장군에 대해 알게 되었다. 엄청난 감동에 휩싸였음은 물론이다. 일본 역사만을 배워 오다가 우리 조상

중에 이렇게 훌륭한 선조가 있다는 사실은 민족적 자긍심을 일깨우기에 충분했다. 류달영은 오래도록 이날을 잊지 못했다.

스승은 인생을 가르친다

류달영의 동급생으로 박 군이라는 친구가 있었다. 일반적으로 평균 성적은 나쁘지 않은데, 한번은 수학에서 39점으로 과락 점수를 받았다. 수학 선생은 구라마치라는 일본인이었다. 40점이 커트라인이었으니 박 군으로서는 좀 억울한 경우여서 친구들이 담임인 김 선생에게 1점을 올려 주도록 교섭해 달라고 부탁했다. 하지만 그 자리에서 호되게 꾸지람을 들었다. 선생의 양칼이라는 별명이 실감 나는 순간이었다. 결국 박 군은 낙제하여 일 년을 다시 듣게 되었다.

졸업하던 날 밤에 박 군은 구라마치 선생 댁으로 찾아가 고맙다는 인사를 드렸다.

"철없이 멍청하게 살아왔는데, 수학 과목을 듣고 나서야 비로소 야무지게 살아갈 수 있게 되었습니다."

그 말에 감격한 구라마치 선생은 박 군의 손을 잡고 치하했다.

"나는 한평생을 교단에서 늙었는데, 이렇게 자네와 같은 제자를 만난 것이 더없이 기쁘네."

이 일화를 전해 들은 류달영은 크게 감동받았다. 친구를 통해 귀중한 사제 관계의 의미를 배우게 된 까닭이다. 구라마치 선생은 언제나 열과 성을 다해 학생들을 가르쳤고, 또 평소 김 선생과 서로 인격적으로 경외하는 사이라는 것을 학생들도 잘 알고 있었다. 그 때문에 비록 일본인을 미워하던 시절이지만 학생들은 양심 바른 일본인 교사를 편견 없이 인정했던 것이다.

류달영은 양정고보 시절 이후 '스승과 제자' 그리고 '선생과 학생'은 하늘과 땅 차이만큼 다른 종류의 사제 관계라는 소신을 가지고 살았다. 스승은 인생을 가르치고 선생은 지식을 가르친다. 류달영의 학창 시절은 일제 치하라는 매우 어려운 시기였지만 역설적으로 인격이 훌륭해 존경받는 스승들이 많았다. 학교뿐 아니라 사회에서도 그랬다. 어두운 밤이라 별이 더욱 빛났는지도 모른다.

명 질문에 명 대답

류달영은 학업 성적이 우수해 반에서 반장을 맡았다. 하루는 일본인 세노 선생이 영어를 가르치는 시간이었다. 한 단락이 마침 끝났는데, 진도가 더 나가면 시험 범위가 많아지는 게 싫었던 학생들은 선생에게 이야기를 해 달라고 졸랐다. 난감해하던 선생은 누구든 질문하면 대답해 주겠다고 했다. 아무도 질문하는 사람이 없자 세노 선생은 반장인 류달영을 지목해 대표로 질문하라고 했다. 계속 사양했으나 세 번이나 계속 지목되자 할 수 없이 일어선 류달영은 먼저 선생께 질문이 무엇이든 화를 내지 않겠다는 다짐을 받았다. 그리고 물었다.

"평소에 선생님에 대해 늘 궁금해하던 것이 있습니다. 선생님의 머리털은 은실처럼 희고 윤이 나는데, 수염은 까마귀처럼 새까만 것이 이상합니다."

학생들 사이에서 폭소가 터졌다. 하지만 선생과 질문자 사이엔 침묵이 감돌았다. 한참을 말없이 서 있던 세노 선생은 돌아서서 칠판에 영어로 대답을 써 나갔다.

"My moustache is younger than my hairs for 20 years(나의 수염은 머리털보다 20년이 젊다)."

글쎄, 수염은 머리털이 나는 것보다 20여 년 후에 나기 시작하는가. 학생들은 다시 웃음보를 터뜨렸고, 선생의 입가엔 만족스런 미소가 가득했다. 선생은 책을 챙겨 들고 한마디를 남기며 교실을 나섰다.

"참으로 명 질문에 명 대답이로다!"

독서 생활의 시작

당시 학생들은 대부분 가난해서 새 교과서로 공부할 수 없었다. 학년이 바뀌면 쓰던 교과서를 내다 팔고, 상급 학년의 헌 교과서를 구입해 공부했다. 류달영은 한때 교복 살 돈도 없어서 두루마기에 고무신을 신고 교모만 쓴 채 등교한 적도 있었다. 반에선 키 순서로 번호가 매겨져 키가 비슷한 두 사람이 한 책상에 나란히 앉아 수업했다.

짝이 된 조금용이란 친구는 너무나 가난해 종이를 잘라 만든 공책과 연필 한 자루밖에는 아무것도 가진 게 없었다. 교과서가 단 한 권도 없어 짝인 류달영의 헌 책을 빌려다 보고 돌려주곤 했다. 그런데 1학기가 끝나고 성적이 나왔는데, 조 군이 1등이고 류달영은 2등이었다. 교과서를 한 권도 가지지 않은 친구보다 성적이 못하다는 사실에 자존심이 상했다.

그는 면도칼로 손가락을 베고 흰 종이 위에 '결사(決死)'라고 써서 책상 앞에 붙였다. 밤잠을 자지 않고 공부했다. 그러나 혼자 그러는 게 마음에 걸려 짝 조금용에게 정정당당하게 경쟁을 하자고 공개적으로 선언했다. 하지만 조 군은 웃으면서 자신은 1, 2등의 석차에 관심이 없다고 말했다. 조 군은 결국 학비가 없어 다음 학기에 휴학을 했고, 류달영은 경쟁자 없이 1등을 했다. 그는 경쟁 상대가 없어진 것이 못내 허전했다. 결국 석차에 관심이 없다던 조 군의 모습이 떠올라 책상 앞에 붙여 놓았던 '결사' 종이를 떼어 내고 대신 먹으로 '우등생 폐업'이라고 큼지막하게 써서 붙였다.

19살의 청년 류달영은 이때부터 독서를 많이 했다. 톨스토이, 빅토르 위고, 칼라일, 에머슨 그리고 일본의 나쓰메 소세키 등의 저서를 밤새워 가며 탐독했다. 책을 살 돈이 없어 하교 길에 명동의 헌책방에 들러 선 채로 책을 읽곤 했다. 책방에서 나올 때는 읽던 책을 남이 사 가지 않도록 일부러 구석에 꽂아 두기도 했다. 오늘날도 큰 책방에 가면 서서 책을 읽는 사람들이 많지만 당시 가난한 고학생들은 책방에서 주인의 눈치 속에 책을 읽으며 청운의 꿈을 키웠다.

류달영은 우등생 폐업을 선언한 이후 점수의 노예로부터 해방되어 성숙한 독서 생활을 시작하게 되었다. 만년에 청각은 약해졌지만 시각은 남달리 괜찮았던 그는 죽기 직전까지 손에서 책을 놓지 않았다. 거실 소파에서, 차 안에서 늘 책을 읽었다. 그의 독서 이력은 70년이 훨씬 넘는다.

독립 의지와 냉수마찰

류달영이 서울로 입학시험을 치르러 왔을 때 먼저 처가의 인척 집에 들렀다. 며칠간 머물면서 하숙집을 찾기로 한 것인데, 집주인의 인심이 좋아 그만 5년이나 계속 눌러 있게 되었다. 하숙비도 따로 내지 않고, 일 년에 쌀 몇 섬을 집에서 보내 주기만 했다. 류달영은 서울에 연고가 없어서 이후에도 자신이나 가족이 서울에서 지낼 때는 처가의 인척 집 신세를 졌다.

그 집은 영등포구 도림동에 있었다. 주인은 독학으로 신학문에 눈을 뜬 입지전적 인물이었다. 그 시절의 우국지사들은 건강과 더불어 자기 단련의 수단으로 냉수마찰을 했다. 당시에 집의 구조상 실내에 욕실을 가진 집이 드물었기 때문에 엄동설한에도 마당에 나가서 했다. 먼저 맨손 체조를 해 열을 낸 후 웃통을 벗고 삼베 수건을 물에 적셔 온몸을 마찰했다.

요즘 서울의 겨울은 아파트나 빌딩들의 난방 열기로 도시 전체가 일종의 열섬이 되어 한겨울에도 한강이 잘 얼지 않지만, 당시에는 예사로 영하 20도로 내려가 오히려 한강이 얼지 않은 해가 드물었다. 추운 겨울 차가운 방에서 자고 나와 운동을 하고 냉수마찰을 하면 기분이 상쾌해지고 무엇보다 자기를 이겨 냈다는 자신감이 솟아났다. 혹독한 식민지 시절, 독립 의지를 다지는 방법으로 이보다 더 좋은 것이 없었다. 진정으로 나라를 걱정하는 사람은 저마다 이심전심으로 냉수마찰을 했다.

하숙집 주인은 류달영에게 냉수마찰을 하면 몸도 건강해지고 피부도 고와지며 감기에 걸리는 법이 없다고 자랑했다. 이성적으로 따져 보고 납득이 되면 반드시 실천에 옮기는 류달영의 성격상 이 대열에 동참하지 않을 수 없었다. 알고 보니 스승 김교신 선생이나 김 선생의 죽마고우 함석헌 선생 등도 냉수마찰의 애호가들이었다.

나중에 류달영이 개성의 호수돈고등여학교에서 재직할 때, 마침 김 선생도 이웃의 송도고등보통학교(현 송도고등학교)로 발령을 받아 왔다. 그 시절 김 선생은 겨울에도 새벽 네 시 반이면 일어나 송악산 계곡으로 들어가 맨손 체조를 한 뒤 얼음을 깨서 냉수마찰을 하고 심지어 냉수욕까지 했다. 류달영은 제자 된 도리로 스승보다 일찍 계곡에 도착해 있다가 스승을 따라서 냉수마찰과 냉수욕을 했다. 류달영은 후에 '성서조선 사건'으로 유치장 감방에 갇혔을 때도 냉수마찰을 하며 건강을 지켰다. 물론 육체의 건강 못지않게 정신이 단련된 것은 당연한 일이다. 냉수마찰은 어두운 시절 우국지사들이 스스로의 정신을 다잡는 좋은 방편이었다.

거지 울음소리와 양심의 소리

어느 겨울날 류달영은 도서관에서 공부를 마치고 영등포역으로 가는 열차를 타기 위해 서울역(옛 경성역)으로 걸어갔다. 곁에는 어머니께서 애써 마련해 준 학생용 외투를 입고 있었다. 집에서 잘 때도 이불 위에 덮고 자는 만능 외투였다. 그때 차마 눈 뜨고 볼 수 없는 광경과 마주쳤다. 당시 서울역 맞은편에 있던 세브란스 병원 앞에서 늙은 거지가 엎드린 채 통곡을 하고 있었다. 헤진 누더기 사이로 다리와 등의 벌건 살이 삐져나와 있었고, 더부룩하게 엉킨 머리털 밑에 해골처럼 야윈 얼굴은 차마 사람이라고 할 수 없었다.

류달영의 다리는 그 자리에서 얼음처럼 굳어 버렸다. 양심이 요동치기 시작했다. 그 거지를 그냥 두면 틀림없이 그 자리에서 얼어 죽을 것만 같았다. 손이 외투의 단추로 갔다. '이 외투라도 벗어 주자.' 하지만 앞가슴으로 차가운 바람이 사정없이 스며들었다. '안되겠다. 나도 얼어 죽겠다!' '그래도 벗어 줘야지!' '아니, 어머니께서 얼마나 어렵게 마련해 준 옷인데….' 짧은 순간 수없이 갈등이 들락거렸고, 마침내 눈을 딱 감고 서울역을 향해 냅다 뛰었다.

영등포역에 내리니 검둥이가 마중 나와 있었다. 고개를 넘어설 무렵 눈이 내리기 시작했다. 하숙집에 돌아와 요를 깔고 이불 위에 외투를 벗어 올린 채 머리끝까지 이불을 끌어 올리고 눈을 감자 마음속에서 거지의 울음소리가 들리기 시작했다. 잠을 잘 수가 없었다. 양심이 꾸짖는 소리가 귀에서 진동했다. 아무리 후회해도 다시 돌아갈 수가 없었다. 그날은 뜬눈으로 밤을 새웠다.

류달영이 양심의 소리에 귀를 기울이는 버릇은 이때쯤 생겨난 것 같다. 아침에 잠을 깨면 자리에서 그대로 앉은 채 마음에 떠오르는 생각을 지켜보는 일이 습관이 되었다. 그는 이것을 '하늘의 소리를 듣는다.'고 표현한다. 비록 늙은 거지에게 외투를 벗어 주지는 못했지만, 이후 평생 자신보다 남을 위해 살아가는 인생을 실천하며 산 것이다.

류달영이 나이 80세에 자신의 재산을 사회에 환원하여 시작한 성천문화재단의 동서인문고전강좌 사업은 그대로 외투를 벗어서 꼭 필요한 사람들에게 전해 준 것으로 평가할 만하다. 인간에 대한 평가 기준은 의외로 간단한지 모른다. '양심의 소리를 듣고 사느냐, 외면하고 사느냐.' 양정고보를 졸업한 직후 아내는 그 외투를 깨끗이 빨아 떨어진 곳을 손질했고, 류달영은 어느 가난한 학생에게 그 외투를 물려주었다.

나의 친한 친구, 검둥이 개

류달영은 하숙집 검둥이 개와 친해졌다. 검둥이는 등교 길에 영등포역까지 따라왔고, 시립도서관에 들렀다 밤 11시나 되어 돌아오는 하교 길에도 역 앞에서 기다렸다가 함께 돌아오곤 했다. 네 명의 하숙생 중에 유독 그만 따라다녔다. 둘은 서로 깊은 우정을 느꼈다.

어느 날부터 검둥이가 병이 들었는지 따라오지 않았다. 동물 병원이 없던 시절이라 약방에서 약을 사다가 물에 타 먹여 보기도 했다. 하지만 차도가 없었다. 겨우내 앓다가 해가 바뀌어 새해 첫날이 되었지만 검둥이는 아예 드러누워 먹지도 못했다. 그의 가슴은 까맣게 타들어 갔다.

그는 궁리 끝에 검둥이를 바구니에 담아 자전거 뒤에 싣고, 영등포에서 가장 이름난 병원인 스토 내과 병원으로 달려갔다. 마침 그날은 신년 초라 병원 문에 휴일 표시가 붙어 있었다. 그는 바구니를 안고 병원 뒤에 붙어 있는 살림집으로 갔다. 마당에 서서 소리를 질러 의사를 부르니 스토 의사가 가족들과 모여 앉아 음식을 먹고 있다가 무슨 일인가 하고 문을 열고 나왔다. 교복 입은 조선인 학생이 갑자기 찾아왔기에 의사는 무슨 급한 환자라도 생겼나 하고 생각했을 것이다.

류달영은 다짜고짜 그에게 다가가서 바구니 속을 보여 주었다. 병원 원장은 개와 학생을 번갈아 노려보고 나서 나무랐다.

"이놈아, 정월 초하룻날 아침에 사람도 아닌 개를 데리고 와서 시끄럽게 구느냐? 재수 없게시리."

젊은 나이에 반일 감정에 사무쳐 있던 18세의 청년은 그 멸시를 참을 수 없었다. 검둥이에 대한 걱정 때문에 애간장이 탔던 그의 가슴이 한꺼번에 폭발했다.

"이 새끼야, 뭐가 어째? 의사가 병 고치는 것이 재수 없어? 네 집 강아지가 죽어 가도 안 고쳐?"

약이 올라 멱살을 잡고 대드니 나이 든 의사가 밀렸다. 그 집 식구들이 나와서 뜯어말렸다. 그는 검둥이를 다시 자전거에 싣고 하숙집으로 돌아왔다. 검둥이는 다음 날 죽고 말았다. 그는 눈물을 씻으며 검둥이를 정거장이 잘 보이는 산등성이에 묻어 주었다.

얼마 후 류달영이 수원고등농림학교(현 서울대 농업생명과학대학)에 지원해서 입학시험을 치르는데, 작문 문제로 '친한 친구'라는 제목이 출제되었다. 그는 친구 검둥이가 죽게 된 사연을 시험지에 썼다. 그 글은 수원고등농림학교의 작문 담당 사토 교수의 눈에 띄었다. 이를 계기로 류달영은 수원고등농림학교에서 사토 교수로부터 작문 특별 개인 지도를 받는다. 후에 류달영이 수필가로서 명성을 떨치게 된 데는 사토 교수의 지도에 힘입은 바 크다. 류달영의 친구 사귀는 비결은 검둥이에게서 배웠는지도 모르겠다. 친구 사이에선 말이 필요 없는 법이다.

대장부의 호기와 정신적 성숙

류달영은 양정고보 4학년 때 금강산으로 수학여행을 갔다. 단발령을 넘어 장안사에 들르고, 비로봉을 넘어 만물상과 해금강을 구경하고 돌아오는 길에 석왕사에서 잠을 잤다. 천하 절경인 금강산을 두 눈으로 직접 본

학생들은 한반도가 세계 제일이라는 김 선생의 강의를 더욱 확신하게 되었다. 또한 국토에 대한 자긍심은 민족에 대한 사랑과 자부심으로 커져 갔다. 젊은 청년들의 가슴에서 당대에 독립을 꼭 이룩해야 한다는 사명감이 불길처럼 일어났다.

석왕사 약수는 예로부터 유명했다. 매사에 적극적인 류달영은 소문난 석왕사 약수를 외면할 수 없었다. 새벽에 친구들과 함께 약수터로 올라갔다. 그 약수는 탄산수여서 목이 따끔해 한 잔을 다 마시기도 어려울 정도였다. 그때 한 친구가 그에게 약수 마시기 내기를 하자고 제안했다. 여러 친구들 앞에서 두 소년은 따가운 약수를 벌컥벌컥 마시며 허세를 부렸다. 하지만 내기는 무승부로 끝났다.

수학 여행단은 돌아오는 길에 삼방 약수에 들렀는데, 그 물은 석왕사 약수보다 탄산이 훨씬 강했다. 류달영은 약수를 보자 문득 사나이가 내기를 시작했으면 승부를 내야지, 무승부에 머무는 건 대장부답지 못하다는 생각이 들었다. 이번에는 그가 먼저 제안했다. 두 젊은이는 다시 한 번 한계에 도전했다. 하지만 류달영은 도전자의 체면을 세우지 못하고 손을 들고 말았다. 패했지만 그래도 무승부보다는 낫다고 느꼈다.

여행에서 돌아와 하숙집에 당도하니 그때부터 위가 뒤집어졌다. 복통이 너무 심해 위가 터진 느낌이었다. 위벽이 상했는지 하혈까지 했다. 하숙집 아주머니가 당황해 사람을 보내 의사를 청해 오니 바로 검둥이 때문에 대들었던 스토 의사였다.

"이번엔 개가 아니고 바로 학생이군."

어쨌든 처방을 내리고 약을 보내 줘서 덕분에 회복되어 갔다. 김 선생도 문병을 왔다 가고 시험도 나중에 따로 보았다. 류달영은 병중에 처음으로 《신약성경》을 읽었다. 보통학교 시절 하교 길에 구세군으로부터 《누가복음》 단행본을 받은 적이 있는데, 그때 읽어 보고는 서양 미신이라고 생각되어 변소에 매달아 놓고 뒤 닦는 휴지로 써 버렸다. 실질적인 성격이 강했던 류달영은 어릴 때부터 미신을 극도로 혐오했던 것이다.

그런데 이제 나이가 좀 들어서 다시 읽어 보니 예수의 사랑의 메시지가 느껴지는 것이었다. 그 외 당시 유행하던 톨스토이의 《인생론》 등도 읽었다. 병 때문에 학업 성적은 상당히 떨어졌지만 독서와 사색을 통해 정신적으로 성숙하는 계기가 되었다. 다음 학기에는 다시 1등 자리를 회복했다.

'농촌 운동' 서원을 세우다

'브 나로드'는 러시아어로 '농촌 속으로'라는 뜻이다. 19세기 후반에 진취적인 젊은 지식인들이 농촌으로 침투해 활동한 러시아 농촌 계몽 운동이었다. 그 영향으로 우리나라에서도 1931년 조선일보사와 동아일보사의 후원으로 청년 학생들이 브 나로드 운동을 벌였다.

당시 우리나라에는 오늘의 사립 대학교에 해당하는 사립 전문학교가 두셋 정도 있었고, 서울에는 중고등학교에 해당하는 5대 사립 고등보통학교로 양정, 중앙, 보성, 휘문, 배재가 있었다. 고등보통학교 학생들은 모두 합쳐야 2천 명을 넘지 않았다. 이들 중 상급생 일부가 브 나로드 운동에 참여했다.

요즘 대학생들이 여름 방학 때 농촌으로 가서 농사일을 돕는 '농활'이 그때 시작된 것이라 할 수 있다. 당시 전국 농민들의 90퍼센트 이상이 문맹이었다. 브 나로드 운동에 참여한 지식인 학생들은 주로 농민들에게 한글과 기초 산수, 보건 위생 상식 등을 가르치는 계몽 활동에 주력했다. 학생들은 낮에는 농사일을 돕고 밤에는 마을 마당에 농민과 부녀자를 모아 놓고 열심히 가르쳤다. 조선일보사와 동아일보사는 한글 교본을 마련해 참가 학생들에게 무상으로 나눠 주었다.

류달영은 송판으로 만든 작은 칠판과 백로지를 자른 종이와 연필을 준비해 우선 고향 마을로 내려가 계몽 운동을 시작했다. 주변의 이웃 마을에도 광고를 했더니 꽤 여러 명이 모여들었다. 남폿불을 장대에 매달아 어둠을 밝히고 마당에는 멍석을 깔아 아이들은 앞에 앉히고 어른들은 뒤에 앉거나 둘러서게 했다. 그는 사람들에게 글자를 읽고 쓸 수 있어야 무식을 벗어나고 나아가 사람답게 떳떳이 살 수 있다고 역설했다. 또한 남자 못지않게 여자도 배워야 현명해지고 자녀도 잘 기를 수 있다고 설득했다. 후에 류달영은 새마을 운동에서 명강사로 이름을 떨쳤는데, 그 강연이 여기서부터 시작됐던 것이다. 류달영의 강연 중 가장 인기 있었던 강연 주제는 '인생관의 확립'이었다.

'배워야 산다!' '아는 것이 힘이다!' 이것이 브 나로드 운동의 구호였다. 공부를 시작할 때 모두가 큰 소리로 이 구호를 외쳤다. 당시 우리나라는 인분을 농사 비료로 썼다. 화학 비료가 보급되지 않았던 시절이라 채소밭에도 주로 인분을 뿌렸다. 따라서 국민 대부분의 몸에 기생충이 있었다. 기생충을 연구하는 외국학자들이 일부러 조선으로 와서 조사하고 연구하는 형편이었다. 회충, 십이지장충, 요충 등이 많았고, 특히 아이들의 배 속은 회충 왕국이었다. 류달영은 구충제를 먹고 기생충을 없애야 한다고 강조했다. 본인이 학교에서 이 사실을 배우고는 너무 놀라 즉시 구충제를 사다 먹었기 때문이다.

서울이 가깝고 교통이 편리한 곡창 지대인 이천 지방이 이 정도니 두메산골 같은 소외 지역은 오죽하겠는가. 류달영은 여름이 끝날 무렵 시골에서 가르친 제자들에게 회충 검사를 받게 해 그 결과를 자신이 직접 작성한 보고서와 함께 신문사에 제출했다. 그러나 이 운동은 총독부의 방해로 곧 중지되었다. 하지만 이때의 경험은 류달영으로 하여금 농촌 운동에 몸 바쳐야겠다는 서원을 세우게 만들었다.

그는 나중에 수원고등농림학교에 진학해서도 농촌 계몽 활동을 계속했고, 특히 그 활동 보고서를 바탕으로 졸업 논문을 제출해 우수한 성적을 받았다. 그 논문은 후에 류달영의 대표작 《새 역사를 위하여》의 기초 자료가 되었고, 나아가 재건국민운동의 밑거름이 되었다.

3

독립운동과 농촌 운동
— 수원고등농림학교 시절

자족적인 삶을 버리다

류달영은 양정고보 졸업을 앞두고 진로 문제로 크게 고민한다. 아버지는 외아들이 양정고보를 졸업하면 집에 돌아와 함께 농사를 짓고 독서를 하면서 여생을 같이 보내는 소박한 꿈을 가지고 있었다. 하지만 조국과 농촌의 암담한 현실을 체험한 피 끓는 청년으로서 자족적인 삶에 일생을 바칠 수는 없었다. 류달영은 속으로 농학을 전공해 농민 운동을 해야겠다는 소망을 품었다. 국민의 90퍼센트 이상이 농민이니 그들을 계몽시키지 않고는 나라의 앞날을 기약할 수 없다고 생각했기 때문이다.

당시 농학 고등교육기관은 수원고등농림학교(이하 수원고농) 단 하나뿐이었다. 그런데 그 학교는 대부분 일본인 학생들을 뽑았다. 조선 사람은 농학과 정원 30명 중에 겨우 6~7명만 선발하고, 그나마 농업학교를 수석으로 졸업한 학생 2~3명을 무시험으로 채웠다. 사립 고등보통학교를 졸업한 조선인 학생에게는 입학이 그야말로 하늘의 별 따기였다.

어느 날 영어 회화를 가르치는 선교사 미스 베어가 류달영을 조용히 불렀다. 성적이 좋고 품성이 바르니 세브란스 의학 전문학교에 진학해 보라고 권유했다. 세브란스 의전은 사립 미션 학교로 신입생 전원을 조선인 학생들로 뽑으니 합격될 확률이 높다고 했다. 그리고 졸업 후에는 자신이 장학금을 주선해 미국으로 유학 보내 줄 테니 박사 학위까지 따게 되면 여유로운 인생을 지낼 수 있을 거라고 했다.

류달영은 담임인 김 선생과 상의했다. 김 선생도 선뜻 찬성해 세브란스 의전에 입학원서를 제출했다. 그러나 이때 다시금 그의 양심이 요동을 쳤다. 만일 시국이 평화롭다면 의사가 되어 사람들의 병을 고쳐 주는 일은 훌륭한 일이다. 하지만 지금은 나라를 빼앗긴 비상시국이 아닌가? 브 나로드 운동을 통해 두 눈으로 똑똑히 확인한 우리나라 농촌의 실상이 저리 어두운데 나 혼자 편하자고 의학을 택한다는 게 말이 되는가? 진정 아픈 사람들을 생각해 의사가 되자는 게 아니라, 식민지 백성으로서 그나마 멸시 받지 않고 살 수 있는 직업이 의사라는 이유로 의학 전문학교에 진학하는 것은 얼마나 비겁하고 이기적인 생각인가? 공부하는 목적이 대체 무엇인가? 독립에 이바지하자는 것이 아닌가?

류달영은 다시 절대적으로 신뢰하던 김 선생을 찾아가 고민을 토로했다. 김 선생은 자기 인생은 스스로 소신대로 살아가야지 괜히 이 사람 저 사람 말 듣고 고민할 필요가 없다고 충고했다. 류달영은 결국 수원고농에 입학

수원고등농림학교 시절. 김교신 선생을 정릉 자택에서 만났다.

원서를 냈다. 처음에는 무시험 입학을 원한다는 학교 의견서를 붙여서 원서를 제출했는데, 곧 시험을 치르라는 통보가 왔다. 그는 조용히 그러나 최선을 다해 시험에 대비했다.

알고 보니 수원고농은 조선인 학생의 입학을 꺼리고 있었다. 특히 사립 고등보통학교 출신에 대한 거부 반응이 심했다. 사립 고등보통학교 출신 조선인 학생들이 뭉쳐서 '개척사'라는 비밀 결사를 조직해 활동하다가 발각되었던 것이다. 주동자는 퇴학당하고 심지어 졸업생들까지 경찰에 구속되었다. 수원 경찰서에는 조선인 수원고농 학생들을 감시하는 전담 부서까지 생길 정도였다. 그러니 사립 고등보통학교 출신의 조선인 학생 류달영은 입학 자체가 거의 불가능해 보였다. 하지만 역으로 그런 자랑스런 선배들이 있다는 사실 자체가 더욱 매력적으로 보였다. 바로 그런 일을 하고 싶었던 것이다. 독립운동으로 농촌 계몽 활동! 이 일 외에 자기 존재를 걸고 도전해 볼 만한 일이 또 어디 있으랴!

　류달영은 자신의 운명을 시험하는 심정으로 입학시험을 치렀다. 다행히 결과는 합격이었다. '사람이 할 일을 다하고 천명을 기다린다(盡人事待天命).'는 말이 실감나게 다가오는 순간이었다. 합격된 결정적인 이유는 작문 시험에서 검둥이 이야기를 써 낸 것이 채점 교수의 눈에 들어 특별 점수를 받았기 때문이란 것을 나중에 알게 되었다. 류달영은 간절히 원하던 학교에 합격해 '하늘은 스스로 돕는 자를 돕는다(自助者天助).'는 말을 증명해 낸 것이 기뻤다.

선후배가 독립운동 동지가 되다

　수원고농에 입학하니 조선인 학생은 30명가량 되었다. 선배들은 따뜻하게 신입생을 맞아 주었다. 기숙사는 일본인 학생들과 따로 떨어져 있었는데, 동쪽 건물이란 뜻으로 '동료'라고 불렀다. 또한 김치와 된장, 마늘 등 한국 음식을 먹어야 한다는 구실로 조선인 학생들끼리 식당을 운영했다. 수원고농은 3년제였고 상하 위계질서가 엄격하게 지켜지고 있었다. 그러나 조선인 학생들은 일본인 학생이 상급생이어도 고개 숙여 인사하지 않았다.

　조선인 선배들의 신입생 환영회에 가 보니 장소는 수원 남쪽 용주사 근처 정조와 그의 아버지 사도세자 능이 있는 빽빽한 노송 숲속이었다. 상하가 철저한 일본인들과 달리 조선인 선배들은 후배에게도 김 형, 이 형 등 형 자를 붙여 불러 주었다. 일본인 학생들에 비해 상대적으로 숫자가 부족하다 보니 서로 일치단결하기 위해 존중하고 민주적으로 대해 주는 것 같았다. 어려운 시절이었지만 환영회에는 용케 떡과 고기와 술을 마련해 놓았다.

먹고 마시고 흥겹게 놀다가 자리를 정돈하고 다음 순서로 넘어갔다. 선배들은 '동료'로 상징되는 조선인 학생들의 전통과 생활 방식 그리고 수원고농의 창립 역사와 일본인들에게 나라를 빼앗겨 주객이 전도된 학내 현실 등에 대해 자세히 설명해 주었다. 이때 소문으로 듣던 수원고농 학생들의 독립운동인 '개척사 사건'에 대해서도 전해 들었다. 이제 그 사건은 남의 이야기가 아니었다. 류달영은 주먹을 불끈 쥐었다. 한국인 학생들

수원고등농림학교 시절

이 입학하면서 미리 낸 한 달 치 기숙사 비용은 선배들이 만든 규정에 따라 농민 계몽 사업의 기금으로 기증된다는 사실도 알려 주면서 반대 의사를 물었다. 아무런 반대가 나오지 않았다. 선후배 사이가 독립운동의 동지 사이로 바뀌니까 사사로운 감정이 물러나면서 끈끈한 믿음이 형성된 것이다. 그것이 수원고농 '동료'의 전통이었다.

기숙사에서 이른 새벽에 신호가 울리면 모두 기상해 방 안을 정돈하고 일제히 운동장으로 뛰어나갔다. 먼저 '동료의 노래'를 부르고, 덴마크 체조에 우리말 구령을 붙여 운동했다. 그리고 3킬로미터 거리의 삼각지를 뛰어갔다 와서 세수를 하고 냉수마찰을 하기도 했다. 조선인 학생들은 특별한 사명감을 가지고 공부를 열심히 했다. 어느 반은 조선인 학생이 7명인데, 1등부터 7등까지 모조리 조선인 학생이 차지하기도 했다.

하늘의 별을 딴 것 같은 수원고농 합격을 아버지께 말씀드렸더니, 양정고보에 합격했었을 때처럼 아버지는 노여워했다. 아버지는 식민지 시절에는 조용히 분수를 지키고 사는 것이 가장 슬기로운 처신이라는 신념을 가지고 있었다. 집은 축하는커녕 침울한 분위기에 젖어 있었다. 그때 개방적인 의식을 갖고 있던 외숙이 찾아와 류달영의 수원고농 입학은 보기 드문 경사라고 축하해 주고 일제 치하일수록 고등 교육을 받아야 천대받지 않고 살아갈 수 있다고 매부를 설득했다. 이미 65세의 고령으로 마을의 원로였던 아버지는 결국 외아들을 위해 수원으로 이사를 결심한다.

구한말인 1906년 고종 황제 때 농업 인재를 육성하기 위해 수원에 농림학교가 세워졌다. 수원농림학교는 일제 치하에서 수원고등농림학교로, 다시 수원농림전문학교로 학제가 개편이 되었고, 해방 후에는 서울대학교 농과대학이 되었다. 3·1 운동 이후 전국적으로 민족의식이 높아지면서 농촌 계몽 운동도 자리를 잡아 갔다. 수원고농 학생들은 역사적 사명감을 깊이 자각하고 있었고 학교에서 가까운 부락부터 여러 시범 사업을 실시했다.

불사조 같은 독립 정신

류달영이 입학하기 5년 전 1928년 어느 날, 동료 기숙사 조선인 학생들이 방마다 '자유 독립'이란 구호를 써서 붙여 놓은 것이 단서가 되어 조선인 학생 전원이 구속되는 사건이 일어났다. 이 사건 이후 농촌을 중심으로 한 독립운동의 방안으로 '개척사' 결사를 위한 모임이 결성되고, 취지문과 조직 활동 방안 등이 완성되었다. 개척사는 김찬도, 최영선 등 11명으로 조직되었는데, 학생으로만 구성된 비밀 결사로는 조선에서 처음이었다. 개척사는 총독부의 인가 단체로 위장해 흥농사로 개명하고 졸업생 선배와도 연결해 활동했다.

그러던 중 김해농고 교사로 있던 졸업생 김성원이 미행 당해 체포되면서 조직이 발각되었다. 재학생 11명 전원이 퇴학당했으며, 주동자는 2년 징역형 판결을 받았다. 이 사건이 신문에 크게 보도되어 수원고농은 민족 운동으로 유명한 학교가 되었다. 광복 후 수원고농이 서울대학교 농과대학으로 바뀌자 동창회의 결의로 그때 퇴학당한 11명은 뒤늦은 졸업장을 받았다. 이 사건의 변호를 맡았던 이인 변호사도 같은 자리에서 정중한 감사장을 받았다. 그는 대한민국 초대 법무부 장관을 역임한 법률가였다.

1차 고농 사건인 개척사 사건 후에도 2차 고농 사건, 3차 고농 사건이 있었고, 오늘날까지 서울 농대의 자랑스런 전통으로 자리 잡았다. 2차 고농 사건은 류달영이 수원고농 재학 중에 일어났다. 1차 고농 사건 때문에 감시가 심해 운신이 어려운 상황에서도 재학생들은 암암리에 농촌 활동을 멈추지 않았다. 조선인 기숙사 '동료'에서 함께 지낸 선배 중 김종수가 있었다. 그는 학생 활동인 상록수 운동과 독서회를 통합하고 회원들과 함께 농민 야학에 전력을 기울였다.

조선인 학생들은 전원 축구부를 결성하고 함께 모여 공을 찼다. 자연히 모든 집회는 축구부를 통해 이뤄지게 되었다. 학생들은 운동을 하는 틈틈이 농민 야학을 통해 문맹을 퇴치하고 항일 독립 정신을 고취해 나갔다. 그러던 중 이용필이 김천고보의 맹휴를 배후에서 조종하다 1935년 일본 경찰에 검속되어 다시 수원고농의 2차 비밀 결사가 발각되었다. 주동자들은 5년 형을 언도받았고, 김재곤 같은 선배는 심한 고문으로 감옥에서 사망하기도 했다. 일본은 조선인 재학생이 한 명도 남지 않을 것 같은 분위기여서 나머지 학생들은 관대히 풀어 주었다. 2차 고농 사건 이후에는 조선인과 일본인 학생들을 섞어 기숙사에 배정했다. 몇 년 뒤 류달영의 양정고보 후배이며, 특히 김교신 선생이 두 번째로 5년간 담임을 맡은 학급 출신인 김중면이 입학했다. 그리고 그가 주동이 되어 3차 고농 사건이 일어났다. 고농의 독립 정신은 불사조 같았다.

김교신, 사토, 소노다

수원고농에 입학한 류달영은 무엇보다 학교 시설에 놀랐다. 그중에서 특히 도서관 시설이 너무 훌륭해 가장 마음에 들었다. 좋아하는 독서를 마음껏 할 수 있었기 때문이다. 도서관장은 철학 개론과 독일어를 가르쳤던 사토 교수였다. 일본 제일고등학교와 동경제국대학 철학과를 나온 수재였다.

하루는 사토 교수가 불러 도서관장실로 갔다. 알고 보니 입학시험에서 검둥이에 대한 작문을 채점하고 후한 점수를 준 장본인이 사토 교수였다. 교수는 류달영의 글 쓰는 재능을 눈여겨보고 이야기를 나누고 싶었던 것이다. 류달영은 문학에 취미가 있어서 세계문학전집, 톨스토이 전집 그리고 일본문학전집까지 거의 다 독파했다고 말했다. 그 말을 듣고 사토 교수가 물었다.

"그러면 문학 방면으로 진학할 것이지, 고농에는 왜 왔는가?"

"문학은 제 개인의 취미지만, 우리나라 농촌이 너무 가난해 장차 농민들을 위해 일을 하고 싶었기 때문입니다. 말씀을 듣고 보니 선생님 덕분에 수원고농에 입학하게 되어 더없이 기쁩니다. 감사드립니다."

"지금도 문학을 공부하고 싶은가? 과외라도?"

"예."

"그렇다면, 매주 수요일 오후에 여기 관장실로 오게."

상상도 못한 일이었다. 자기 한 사람을 위해 교수님이 특별히 시간을 내겠다고 하는 것이다. 류달영은 노트 한 권만 들고서 일대일로 강의를 들었다. 개인 교습은 3년 동안 계속되었다. 이 이야기를 전해 들은 김 선생이

김교신 선생(왼쪽)과 사토 교수. 두 사람은 일본 무교회주의 창시자 우치무라 간조의 문하생이었다.

수원고농으로 찾아왔다. 사토 교수를 만나 특별 지도에 감사를 표했다. 그런데 만나 보니 두 사람 모두 일본 무교회주의 창시자로 세계적인 사상가 우치무라 간조(內村鑑三)의 문하생이었다.

그날 두 사람은 의기투합해 대화를 나눴다. 사토 교수는 대화 끝에 혹시 김 선생이 우치무라 간조의 저서 《덴마크의 이야기》를 소장하고 있는지 물었다. 서울로 올라온 김 선생은 사토 교수와 류달영에게 그 책을 각각 한 권씩 보내 주었다. 이것이 계기가 되어 류달영은 덴마크 부흥사를 공부하기 시작했고, 공부한 내용을 토대로 6·25 전쟁 때 피난지였던 대구에서 《새 역사를 위하여》를 집필했다. 두 분 스승의 만남에서 싹튼 인연이 공통의 제자를 통해 소중한 결실을 맺게 된 것이다.

사토 교수는 제자 류달영을 매우 아꼈다. 한국에서 중요한 기술인 과수 원예를 제자가 잘 배우도록 특별히 농사 시험장의 과수과 주임인 소노다 기사를 집으로 초청해 류 군을 소개하고 잘 가르쳐 달라고 부탁했다. 스승 댁으로 초대 받은 자리에서 직접 그 당부를 목격한 류달영은 몸 둘 바를 몰랐다. 후일 류달영은 국무총리급인 국가재건국민운동본부 본부장이 되어 일본을 방문한 자리에서 옛 은사를 찾았다. 두 사람은 평생토록 사제 관계를 유지했다.

류달영은 사토 교수의 소개로 일주일에 한 번씩 실습복을 입고 농사 시험장 과수원으로 소노다 기사를 찾아갔다. 그는 미국 유학까지 다녀온 엘리트였다. 류달영은 처음에 자존심 강한 일본 기술자 밑에서 마음고생을 했지만, 얼마 뒤 친하게 되어 과수 원예에 대한 많은 지식을 배우게 되었다. 연구심이 강했던 소노다 기사로부터 화훼 원예까지 전수받게 된 것은 류달영에게 큰 도움이 되었다. 해방 후 모교인 서울대 농대 교수가 된 류달영이 화훼 전공 교수가 되어 무궁화를 연구한 것도 이때의 공부가 바탕이 되었기에 가능한 일이었다.

여성 애국자 최용신을 만나다

1933년 초가을 어느 날 최용신으로부터 수원고농으로 만나자는 연락이 왔다. 최용신은 반월면 샘골에서 농촌 운동에 몸 바치고 있는 여성으로 후일 심훈의 소설 《상록수》의 여주인공 최영신의 실제 모델이다. 수원고농은 농촌 운동을 하는 동지들을 후원해 오고 있었다. 류달영은 일찍 농장 실

수원고등농림학교 시절 류달영은 동지들과 농촌 계몽 활동을 펼쳤다.

습을 끝마치고 깨끗한 옷으로 갈아입은 뒤 친구 두 사람과 함께 약속 장소인 서호 호숫가로 나갔다.

류달영은 최용신을 만난 적이 있는 친구에게서 최용신이 열악한 환경 속에서도 열성적으로 농촌 운동을 하고 있다는 것과 마마를 앓아 얼굴이 얽었다는 말을 들었다. 과연 저쪽에서 흰 적삼과 짤막한 검은 치마를 입은 여자가 양산을 받치고 걸어왔다. 나이는 24~5세쯤으로 보이고 키는 중키였다. 서로 인사를 하고 명함을 주고받은 뒤 최용신은 수원고농 동지들에게 샘골의 사정을 자세히 전했다.

류달영은 이지적이면서도 의지가 강해 보이는 여성이 신학교 재학 중에 실습 나왔다가 농촌 사정이 너무도 비참해 학교 공부를 중단하고 그대로 농촌에 머물며 힘든 일을 계속하고 있다는 사실을 전해 듣고는 안타

최용신(왼쪽 끝)은 열악한 환경 속에서도 열성적으로 농촌 운동을 했다.

까웠고 동지로서 우정을 느꼈다. 그로서는 처음으로 만나 보는 여성 애국자였다. 최용신은 샘골에 학원을 짓기 시작했는데, 그나마 다소 보내오던 YMCA의 보조금이 끊겨 어려움에 처했고, 도와 달라고 호소했다.

류달영은 최용신에게서 강렬한 인상을 받았다. 신여성들이 여우 목도리와 벨벳 치마를 입고 종로 거리를 유령처럼 배회하던 때에 민족의 현실을 직시하고 숨 막힐 것 같은 농촌 속에서 고생을 달게 여기며 정열에 불타 일하는 여성을 만났으니 얼마나 감개무량했을까? 그는 세상에는 사탕 같은 여자뿐 아니라 소금 같은 여자도 있다는 사실을 알았다.

그는 돌아가서 동급생들에게 최용신을 도와야 한다고 역설했다. 모금을 하는 데 어려웠던 점도 있었다. 수원고농의 조선인 학생들 중에는 사회주의자들이 많았다. 그들은 교회와 관계가 깊은 최용신을 잘 이해하지 못해 반대하기도 했다. 류달영은 그들과 언쟁을 벌였다. 그는 최대한 열심히 모금 운동을 벌여 최용신을 도와주었다.

최용신은 그해 일본으로 가서 고베신학교 사회사업학과에서 공부했다. 하지만 3개월도 되지 않아 병에 걸려 돌아왔다. 건강이 좀 회복되자 다시 샘골로 가서 성과 열을 다해 농민을 돕다가 그만 쓰러지고 말았다. 1935년 정초 수원도립병원에 입원해 장중첩증 수술을 받았지만 끝내 회복하지 못하고 1월 23일, 25년 6개월의 나이로 세상을 떠났다. 최용신 소식은 신문에 보도되었다. 류달영은 후일 김교신 선생의 권유로 최용신의 전기를 쓰게 된다. 그 책은 류달영의 처녀작이 되었다.

맏딸이 태어나다

류달영은 처음 일 년은 기숙사 생활을 했지만 아버지가 학교 가까이 이사 오셔서 나머지 2년 동안은 집에서 통학했다. 안방, 건넌방, 마루방, 부엌이 있는 네 칸짜리 낡은 외딴 초가집을 터가 아늑하고 좋다고 하여 아버지의 뜻에 따라 수리를 하고 들었다. 대문 앞에는 200평가량의 텃밭이 있어 각종 채소를 심어 먹었다. 류달영 내외로서는 신혼살림 기분이 나는 시절이었다.

류달영의 부인 이창수는 16살에 시집와 27살이 되던 해에 이 집에서 맏딸 인숙을 낳았다. 당시 산부인과가 거의 없어 경험 많은 동네 할머니들이 자원봉사로 산파 노릇을 했다. 하지만 낯선 마을로 새로 이사를 온 처지라 이웃의 도움을 받기가 어려웠다. 이런 사정으로 류달영은 어머니를 도와 산파 보조 역할을 맡지 않을 수 없었다. 축산 실습 시간에 동물이 새끼 낳는 것을 눈여겨보았다. 그리고 의학 참고서를 구해 열심히 공부했다. 아이 옷과 기저귀, 탯줄 가위, 목욕통 등 출산 기구들도 손수 갖추었다.

(오른쪽부터) 류달영의 가족. 첫째 인숙, 일곱째 막내 인석, 이창수 여사, 여섯째 인성, 류달영, 셋째 화숙, 둘째 인걸, 넷째 신화. 다섯째 옥신과 여섯째 인성, 일곱째 막내 인석은 어릴 때 병으로 세상을 떠났다.

마침내 아내의 진통이 시작되었다. 먼저 몸을 씻고 소독물로 방 안을 깨끗하게 닦았다. 깨끗한 볏짚을 꺼내 방 안에 깔고 산모를 그 위에 뉘었다. 어머니는 가마솥에 물을 데워 놓고 손주가 나오기만 기다렸다. 류달영은 실습 시간에 입는 가운을 꺼내 의사처럼 차려입고 아내를 안심시켰다. 진통 간격이 짧아지면서 마침내 아기가 밖으로 나왔다. 어머니가 대뜸 말씀하였다.

"달고 나올 것을 잃어버렸나 보다."

류달영은 생명의 탄생 과정을 지켜보며 엄숙한 신비를 느꼈다. 맏딸 인숙은 몇 해 뒤에 우량아 상을 탔고, 아버지의 뒤를 이어 서울대 농대에 진학했다.

총독부로 가지 않겠습니다

수원고농의 졸업식이 얼마 남지 않은 어느 날, 류달영은 졸업 논문 지도를 받던 히로다 교수로부터 호출을 받았다. 저녁에 집으로 들리라는 분부였다. 영문을 모르고 찾아간 류달영에게 히로다 교수는 크게 생색을 내며 자기가 주선해 총독부로 취직시켜 주었으니 준비하라고 했다.

당시 조선 총독은 육군 대장 우가키로 조선에서 쌀을 증산해 만주의 일본 관동군에게 군량미로 제공하는 정책을 추진한 자다. 표면적으로는 조선의 농촌 진흥과 자력갱생 구호를 내걸었지만, 농민들은 엉뚱한 목표를 위해 가혹한 식량 증산에 시달렸다. 밤에도 쌀을 담을 가마니를 짜야만 했다. 각 도의 군수들과 면장들은 쌀 확보 실적이 낮으면 파직을 당하기 때문에 그들 밑에서 일하는 군과 면의 서기들은 밤낮으로 농가를 찾아다니며 못살게 굴었다.

류달영은 장래에 농촌 운동을 할 목적으로 〈조선의 부락연구〉라는 졸업 논문을 써서 농촌의 실정을 객관적으로 파악하려고 했다. 히로다 교수는 그 논문의 우수성을 간파하고 총독이 중시하는 식량 증산 정책을 실천하는 일꾼으로 논문의 저자를 추천한 것이다. 히로다 교수는 명예심이 강한 농업경제 학자였고, 총독부 간부들에게 논문과 그 저자의 성실성을 자랑했다. 류달영은 직장이 총독부로 결정되었다는 말을 듣고 매우 당황했다.

"저는 총독부로 가지 않겠습니다."

한마디로 잘라 거절했다. 총독부는 지금으로 치면 청와대 같은 최고 권력 기관으로 누구나 선망하는 직장이었다. 당시 조선인 학생들은 대부분 사립 학교에 교사로 취직하거나 기껏해야 군청에 취직하는 정도였다. 하지만 류달영은 농촌 운동을 하려고 수원고농에 들어온 것이 아닌가. 히로다 교수는 크게 마음 써 준 것처럼 말했지만, 고농 사건도 직접 겪은 조선의 애국자에게 총독부로 가서 일하라고 하는 것은 치명적인 모욕이었다.

'총독부라면 춤을 추며 기뻐할 사람도 많았을 터인데, 왜 하필 나더러 가라 할까?' 류달영은 도저히 이해가 가지 않았다. 히로다 교수는 정색을 하고 말했다.

"류 군은 일을 맡으면 초지일관 철저하고, 또 졸업 논문의 내용도 우수하고, 그리고 농촌에 대한 관심도 남달리 커서 총독부의 중요한 정책을 도우려는 충정에서 총독부 간부들과 상의해서 이미 결정했네."

그 어떤 설득에도 요지부동하자 교수는 자기의 호의를 무시한다고 노여워했다. 하지만 류달영은 정중히 사양하고 물러 나왔다. 번지수를 잘못 찾은 것이다. 3일쯤 뒤에 다시 불려 갔지만 이번에도 똑같은 문답을 되풀이하고 나왔다. 세 번째 관사로 불려 갔을 때 히로다 교수가 제자 앞에 엎드려 절하면서 통사정을 했다. 자기 체면이 말이 아니라는 것이다. 하지만 완강한 제자의 고집 앞에 마침내 교육자로서는 할 수 없는 말이 떨어졌다.

"그렇다면 나와 류 군의 사제 관계를 오늘로 끝내세!"

아무리 생각해도 한 번뿐인 인생은 자기를 위한 것이지 히로다 교수를 위한 것이 아니었다. 더구나 일본인 교수의 처신이 너무나 야비했다. 류달영은 그날 이후 관사에는 얼씬도 하지 않았고 졸업 후에도 낮에는 학교에 간 적이 없다. 한국인 후배들을 만나야 할 때면 밤에만 '동료'로 찾아갔다.

4

여성 교육에 젊은 열정을 쏟다
— 호수돈고등여학교 교사 시절

여성 교육을 선택하다

히로다 교수와의 사제 관계를 절연한 후에 사토 교수를 찾아가서 전말을 전하자 사토 교수는 호탕하게 웃으면서 히로다가 족히 그럴 인물이라고 말했다. 다시 김교신 선생에게도 알리고 난 뒤 류달영은 앞날에 무슨 일을 할지 곰곰이 생각해 보지 않을 수 없었다. 세속적으로 본다면 최고의 직장 자리를 내팽개쳤으니 과연 무엇을 하려고 그런 행동을 했는지 스스로 묻지 않을 수 없었다.

당시 정세는 너무 어두워 조선이 독립을 달성하기는 요원해 보였다. 그런 마당에 무모하게 독립운동에 뛰어들었다 가는 계란으로 바위 치는 격이다. 농촌 운동에 당장 뛰어든다는 것도 순진한 이상주의자의 모험에 지나지 않았다. 바로 최용신의 비극이 그대로 보여 주지 않았나. 최용신의 희생만으로도 충분했다. 더구나 우가키 총독의 농촌 정책 아래에서 혼자 발버둥쳐 봤자 단 몇 달도 견딜 수 없으리라는 것은 명백했다. 보다 현명하게 나라를 위한 길을 찾아야 했다.

류달영이 수원고농 재학 중에 《덴마크의 이야기》를 읽고 크게 깨달은 것은 청년 교육과 협동 운동이 광복을 위한 최선의 방법이라는 것이다. 마침내 그는 인재 양성에 헌신하기로 결심하고 서울로 올라가서 김 선생에게 의견을 말씀드렸다. 김 선생은 즉석에서 찬성했다. 그리고 고등보통학교 교사로 가서 남학생들을 가르치는 게 좋겠다고 했다. 그러나 류달영은 여학교로 가고 싶었다. 여성 교육이 너무 암흑천지란 것을 실감했기 때문이다. 아이들의 인성을 직접 가르치는 것은 어머니의 몫인데, 어머니들이 무지몽매하니 전체 국민 의식이 바닥을 기고 있는 것이다. 그는 어머니의 정신이 국가와 사회를 좌우하는 밑거름이라고 생각했다. 유대인들은 유대인 아빠와 외국인 엄마 사이에 난 자식은 유대인으로 인정하지 않는다. 대신 외국인 아빠와 유대인 엄마 사이에 난 자식은 유대인으로 인정한다. 모세의 어머니가 모세를 길러 낸 이후 유대인을 유대인답게 만드는 것은 유대인 어머니들의 위대한 전통이 되었다. 뜻이 세워졌다. 독립운동은 여성 교육으로부터!

수원고농 졸업식이 끝나기 전에 몇몇 학교에서 과학 교사로 오라고 했다. 그런데 김 선생이 개성 호수돈고등여학교(이하 호수돈여학교)에 교사 자리가 났으니 가지 않겠냐고 추천했다. 원래 그 자리에는 일본에서 공부하고 돌아온 양인성이란 분이 교사로 있었는데, 더 공부하기 위해 다시 일

호수돈여학교에서 첫 담임을 맡은 제자들. 류달영은 독립운동의 일환으로 암흑 같은 여성 교육에 뛰어들었다.

본으로 유학을 떠나게 되었다는 것이다. 양 선생은 김 선생의 동지로 일본에서 함께 우치무라 간조 밑에서 수학했다. 당시 우치무라 간조의 조선인 제자 6인 중에 함석헌과 송두용도 있었다. 마침 김 선생과 면담 자리에 함석헌 선생이 합석했는데, 적극 추천하는 것이었다. 류달영은 흔쾌히 소개해 달라고 부탁했다.

개성은 일본인들이 조선에서 자리를 잡지 못한 도시다. 우리 민족 고유의 전통이 굳건히 뿌리내리고 있었기 때문이다. 호수돈여학교는 미국 감리교 선교회에서 경영하는 학교여서 일본인들의 간섭에서 비교적 자유로웠다. 며칠 후 류달영은 개성으로 가 교장과 교무 주임을 만나 보고 봉급까

4. 여성 교육에 젊은 열정을 쏟다 97

지 확정 짓고 돌아왔다. 하지만 이번에도 아버지는 찬성하지 않았다. 겨우 새로 이사한 집에 적응했는데, 다시 이사를 가야 하다니. 그렇다고 아들만 달랑 보낼 수는 없는 일이었다.

아들의 장래를 위해서 결국 아버지가 질 수밖에 없었다. 막상 이사를 결정하고 보니 문화 류씨의 시조인 대승공이 고려 태조 왕건의 건국에 큰 공을 세우고 개성에서 살았기에 그곳이 더 다정하게 느껴졌다. 류달영은 이후 생애의 황금기 10년간을 개성에서 보낸다. 개성은 류달영의 독립운동의 일선 현장이자 마음의 고향이 되었다. 그리고 호수돈여학교는 그에게 첫사랑의 연인처럼 다가왔다.

젊은 정열을 불태우다

호수돈여학교는 개성 시내 북쪽의 높직한 언덕 위에 자리 잡아 전망이 좋았다. 서양인의 안목으로 설계된 학교 건물은 본관, 기숙사, 강당 세 건물이 모두 화강석으로 지어져 위풍이 당당했다. 운동장은 큰 것과 작은 것 두 개가 있었다. 가장 높은 곳에는 수령 500년쯤 되는 느티나무가 있고 그 뒤로 교장 사택과 선교사 관사가 있었다. 본관 뒤에는 큰 온실도 있었다. 전교생이 400여 명인 학교에 피아노가 20여 대가 있었으니 시설이 놀라웠다.

박물 표본실에 들어가 보니 조류 표본이 가득했다. 이웃에 있는 송도고등보통학교(이하 송도고보)에는 조류학자 원홍구 선생과 나비 박사 석주명 선생이 있었다. 모두 세계적인 학자들이었다. 호수돈여학교는 4년제였고 한 학년당 2학급씩 모두 8학급이 있었다. 학급당 정원이 50명으로 전교생이 겨우 400여 명이어서 기억력이 좋은 선생은 전교생의 이름을 다 외우는 이도 있을 정도로 대가족 분위기였다.

호수돈여학교의 원예 실습실. 이 실습실은 류달영이 화훼 원예 과목의 필요성을 학교에 건의해 만들어졌다.

류달영이 담당한 학과는 스승 김 선생과 마찬가지로 과학 과목이었다. 구체적으로는 동물, 식물, 광물, 생리 등 일주일에 수업이 모두 12시간이었다. 일선에서 총을 들고 싸우는 심정으로 한창 의욕이 넘치던 그는 교무주임에게 가정 교육, 화훼 원예, 우생학 세 과목을 과외로 가르치고 싶다고 건의했다. 학생들을 광복을 위해 함께 싸울 우수한 동지로 기르고 싶었다. 쉽게 승낙이 떨어지지 않아 와그너 교장을 직접 만났다. 그는 호수돈여학교를 초가집에서 시작해 지금의 큰 규모로 키워 놓은 대교육자로 시도 쓰고 사교 능력도 뛰어난 대장부 같은 여성이었다. 교장은 별도 수당은 주지

류달영은 겨울이면 호수돈여학교 제자들과 함께 스케이트를 탔다.

못하지만 원한다면 해 보라며 흔쾌히 승낙했다.

류달영은 한국 역사의 남다른 시련은 여성 교육이 부족했기 때문이라고 보았다. 그는 열과 성을 다해 여성 교육에 몰두했다. 담당 과목 12시간에 과외 과목 12시간을 합쳐 일주일에 24시간 강의를 했다. 과외 과목은 통신부에는 올리지 않았지만 3,4학년 전원이 참석했고 시험도 치렀다. 가정 교육은 어머니로서 자녀 교육을 위한 지식을 습득하게 했고, 화훼 원예는 여성의 정서를 함양하여 가정을 아름답게 꾸미는 데 도움을 주었고, 우생학은 건강한 자녀를 낳기 위한 유전학적 지식을 가르쳤다. 호수돈여학교에서 나이가 가장 많은 학생은 24살이었다. 류달영의 호수돈여학교 시절은 교육에 그의 젊은 정열을 불태우던 순수한 시기였다.

처음으로 교단에 서게 된 신임 선생에게 무엇보다 학생들은 검박하고 순결하고 믿음직하게 보였다. 그는 피곤이 무엇인지 몰랐다. 집은 이른 아침밥과 늦은 저녁밥을 먹고 잠만 자는 하숙과 같았다. 대신 그의 과학 교실에는 밤에도 새벽에도 전등불이 켜져 있었다. 그는 학생들과 함께 조국의 역사와 지리를 공부하면서 앞으로 무슨 일을 해야 할지에 관해 토론했다. 학교 밖 사회는 일본 경찰들의 감시가 번뜩이지 않은 곳이 없었지만 과학 교실만큼은 동지들의 뜨거운 숨결이 살아 있는 별천지였다.

수요회에서 동지를 기르다

일본의 군국주의가 절정을 향해 치닫던 1930년대 후반, 일본 군대는 날마다 만주로 실려 갔다. 총독부의 지시로 각 학교의 학생들은 일장기를 들고 정거장으로 나가 일본 군인들의 무운을 빌며 환송해야 했다. 일본의 위세가 드세질수록 류달영의 젊은 가슴속에는 저항 정신이 커져 갔다. 부임한 첫날부터 담배를 끊고 새로운 자세로 성경을 공부하기 시작했다.

무교회주의자 김 선생이 생각하던 조선 독립의 지름길은 '조선을 성서 위에'였다. 조선 민족이 성서 정신에 투철하게 될 때에 조선은 독립할 수 있고, 나아가 성숙한 국가로 거듭날 수 있다는 것이다. 류달영은 김 선생을 철석같이 믿었기 때문에 진지한 자세로 성서를 읽어 나갔다. 그때 새삼스레 깨달은 것은 그 위대한 예수도 제자가 겨우 12명을 넘지 않았다는 사실이었다. 그런데 자신은 이미 50여 명의 제자가 있지 않은가? 나아가 전교생을 제자로 삼으면 이 세상에 못할 일이 없을 것 같았다. 젊은 선생의 가슴은 마냥 부풀었다.

하지만 머지않아 그는 현실을 직시하게 된다. 그래서 바이블 클래스를 만들어 10여 명의 학생이라도 제대로 키우자고 마음을 고쳐먹었다. 매주

수원고농의 수요회 회원들. 수요회는 류달영(앞줄 중앙)이 서울대 농대 교수가 된 뒤에도 계속되었다.

수요일 수업이 끝난 뒤 박물 표본실에서 성경 공부를 시작했다. 성경 공부와 더불어 한반도는 세계에서 가장 훌륭한 국토라는 것, 개성은 훌륭한 전통을 이어받은 아름다운 도시라는 것, 우리는 나라를 다시 일으켜 세워야 할 사명이 있다는 것을 가르쳤다.

개성은 완고한 유교 도시여서 학생들은 학교의 채플 시간을 통해 예수의 정신과 성경 구절을 단편적으로 듣고 기억하는 정도였다. 비록 미션 스쿨이지만 교목도 없었고 그저 학생들에게 교회에 나가기를 권고하는 형편이었다. 그는 우선 성서 개론부터 읽어 나갔다. 모세가 이집트에서 노예로 살던 유대인들을 이끌고 40년 동안 광야를 헤매다가 가나안으로 나아가는 대목은 젊은 학생들의 심장을 뜨겁게 달궜다. 와그너 교장과 선교사들도 바이블 클래스를 적극 지지하고 후원해 주었다. 그는 교장에게 건의해 호수돈여학교에서 채플 시간에 초청 목사와 함께 전교생을 상대로 강연도 했다.

그는 남학생들도 가르치고 싶은 욕망이 생겼다. 호수돈여학교의 제자들이 송도고보에 다니는 오빠나 친척을 소개했다. 그는 남학생들을 집으로 불러 수요일 밤마다 같은 교육을 시작했고 공부 모임 이름을 수요회라고 정했다. 수요회 회원 중에는 후일에 목사, 대학교수, 농촌 사업가 등이 나왔다. 수요회는 류달영이 서울대 농대 교수로 갔을 때도 계속되었다. 그리고 만년에 성천문화재단을 설립하고 고전아카데미의 원장이 되었을 때도 수요회는 지속되었다. 류달영은 자신의 정체성에 대해 다른 어떤 정의에 앞서 인간의 정신을 일깨우는 '교육자'라고 생각했다.

무감독 시험과 자부심

어느 학교나 시험을 칠 때면 선생들이 교실에 들어가 시험 감독을 한다. 그런데 호수돈여학교는 시험 감독이 유난스러웠다. 한 교실에 선생이 두 명씩이나 들어갔고, 시험 시간이 끝나면 자리에 시험지를 엎어 놓고 학생들을 즉시 나가게 했다. 퓨리턴 출신의 미국인 교장과 선교사들은 어떤 결벽증이 있는 것 같았다. 학생들이 커닝하는 것을 결코 용납하지 않았다.

이상주의자인 젊은 선생 류달영은 이 광경이 비위에 거슬렸다. 독립군 동지를 기르자는 판인데 선생이 먼저 그들을 믿지 못해서야 무슨 교육이 되겠는가? 감독을 하면 협잡을 안 하고, 감독을 안 하면 협잡을 하는 사람을 길러서 어디에 쓰겠는가? 이렇게 류달영은 먼저 자기 양심에게 물었다. 그는 교무 주임과 교장을 찾아가 자신이 가르치는 과목은 무감독으로 시험을 치르겠다고 건의했다. 하지만 냉담하게 거절당하고 말았다.

그는 한참을 고민하다가 교장을 찾아가서 학교를 사직하고 다른 학교로 가겠다고 통고했다. 월급쟁이 교사가 아니라 인간을 길러 내는 교육자가 되겠다고 선언했다. 교무 주임은 선생이 두 명이나 감독을 봐도 커닝이 근절되지 않는데, 무감독은 말도 안 된다고 되레 설득하려고 했다. 류달영은 단호히 말했다. 만일 그런 일이 일어날 시에는 응분의 책임을 지겠다고 했다. 하도 강직하게 밀어붙이니 교무 주임은 교장과 숙의해 류달영이 맡은 과목에 한해 무감독 시험을 허락했다.

첫 시험이 다가왔다. 그는 교실로 들어가 답안지를 나눠 주고 자신이 맡은 과목은 무감독으로 시험을 친다고 알려 주었다. 학생들은 영문을 몰라 어리벙벙했다. 시험이 끝나는 종이 울리면 교탁 위에 시험지를 내고 나가라고 했다. 그리고 주머니에서 사표를 꺼내 보여 주었다. 만일 커닝하는 학생이 나오면 그날로 사표를 내고 학교를 떠나기로 교장 선생님과 약속했다는 것도 밝혔다. 나라를 잃은 우리가 따로 돈이 더 드는 것도 아닌데, 정직한 생활마저 하지 못한다면 어떻게 나라를 되찾을 수 있겠는지 생각해 보라고 했다. 평소 류 선생의 마음을 잘 아는 학생들은 숙연한 마음으로 옷깃을 여미지 않을 수 없었다.

류달영은 호수돈여학교에 재직하는 6년 동안 한 번도 시험 감독을 하지 않았다. 그리고 서울대 농대에 가서도 정년 퇴임할 때까지 30여 년을 계속 그랬다. 대신 커닝을 방지하는 방법으로 시험 문제를 쉽게 냈다. 시험 문제를 어렵게 출제해 권위를 세우려는 선생들의 좁은 마음이 혐오스러웠다. 류달영은 커닝하는 학생을 본의 아니게 목격한 적이 있다. 그러나 자신도 보통학교 시절 커닝을 해 보았기에 너그럽게 눈감아 주었다.

이런 점에서 류달영이 낭만적 이상주의자였다는 사실이 드러난다. 이것은 그의 장점이자 단점이기도 했다. 한편 그만큼 어두운 시대를 살았다는 반증이기도 하다. 그런 자부심이 없으면 칠흑 같은 현실 앞에서 걷잡을 수 없이 무너지지 않겠는가? 일본인들의 억압과 멸시하에서 살아남으려면 자신에게 엄격해지지 않을 수 없었다. 어두운 밤하늘에 별은 더욱 빛난다.

개성의 독립 정신과 자부심

첫 월급을 받고 뿌듯함을 느끼지 않는 사람은 없을 것이다. 류달영은 첫 월급으로 90원을 받았다. 당시로는 큰돈이었다. 월급날 퇴근길에 곧장 시내로 나가 치마저고리 한 감을 사서 어머니께 드리고, 아버지께는 좋은 술을 사다 드렸다. 두 분은 너무나 기뻐했다. 그분들은 자식을 따라 고향을 떠나 개성까지 왔다. 자식 키운 보람을 실감하는 순간이었을 것이다.

며칠 뒤 포목상 점원이 집으로 찾아왔다. 자기가 판 옷감의 가장자리에 흠이 있던 것이 기억나 바꿔 주려고 왔다는 것이다. 어머니는 어차피 재단할 때 잘려 나갈 부분이라 괜찮다고 했다. 하지만 점원은 상인 입장에서 잘못했음을 사과하고 돌아가서 다음 날 새 옷감을 가져다주었다. 이 일로 류달영은 개성 상인들의 철저한 상업 정신을 알게 되었다.

고려 왕조가 멸망하고 조선 왕조가 들어섰을 때 구체제의 지도 계급이던 개성 사람들은 정치에서 손을 떼고 상업에 헌신했다. 그 결과 세계에서 최초로 합리적인 복식 부기를 만들었고, 신용 거래의 관행을 정착시켰다. 류달영 가족은 근면하고 검소하며 예의도 바른 개성 사람들과 함께 지내는 생활에 만족했다. 어머니와 아내가 그 포목점의 단골이 된 것은 말할 것도 없다.

류달영은 개성에 살면서 가족들과 함께 현릉을 자주 찾았다. 그곳에는 고려 태조 왕건의 능이 있다. 시내에서 그리 멀지 않은 언덕 위에 시원하고 넓은 잔디밭이 있었고, 그곳에 태조가 누워 있었다. 능 자리가 그대로 대궐 자리처럼 편안했고, 류달영이 보기에 그런 능 모습은 태조 왕건의 인품을

류달영은 가족과 함께 현릉을 자주 찾았다. 그곳에는 고려 태조 왕건의 능이 있다.

닮은 것 같았다. 천 년 역사의 신라가 무너지고 나라는 후삼국으로 갈라져 혼란스러울 때, 중국의 도움이나 간섭 없이 크게 피를 흘리지 않고 자력으로 통일을 달성한 왕건의 인품에서 류달영은 깨달은 바가 컸다.

  무엇보다 류달영은 개성 사람들의 성실성에 감동했다. 도산 안창호 선생의 '실질적인 일에 힘쓰자.'는 '무실역행(務實力行)' 정신을 오래전부터 실천하고 있었고, 율곡의 '모든 일을 때에 맞춰 실속 있게 행하라'는 '지시무실(知時務實)' 정신도 생활 속에서 실천하고 있었다. 개성의 집들은 겉은 수수하고 내부는 깨끗하고 빈틈이 없었다. 옷은 소박하게 입고, 음식은 잘 먹었다. 그 때문인지 일제 36년 동안 일본인들이 발을 붙이지 못한 몇 안

되는 곳 중 하나가 개성이다. 류달영은 그런 자존과 독립 정신의 고장에서 10여 년을 보내게 된 것을 다행으로 생각했다.

일본의 탄압과 빛나는 교가

제2차 세계 대전에 일본이 본격적으로 참전하게 되자 조선에 거주하던 미국인들은 모두 본국으로 추방되었다. 기독교 계통의 미션 학교들도 운영비가 끊겨 문을 닫게 되었고, 영어로 된 학교 이름은 모두 한자로 바꿔야 했다. 총독부는 전 학생들에게 신사참배를 강요해 선교회의 학교들은 폐교하는 곳이 속출했다. 호수돈여학교도 교명을 명덕여고로 바꾸고 교가도 일본어로 개사해야 했다.

류달영은 그 소식을 듣고 본인이 교가를 짓겠다고 자원했다. 일본어 담당 나카무라 선생에게 새 일본어 가사는 나에게 맡겨 달라고 해 양해를 받았다. 교무 주임에게도 승낙을 받았다. 류달영은 고심했다. 일본 천황에게 충성한다는 문구를 넣지 않고는 경기도 학무국의 허가를 받을 수 없었다. 충성 문구 없이 미션 스쿨의 신앙을 표현하는 것이 관건이었다. 마침내 회심의 미소를 띠며 완성했다.

성거산 높은 봉은 항상 푸르고
임진강은 쉬지 않고 맑게 흐르네
한 줄기 밝은 빛은 흐림도 없어
황도(皇道)를 열심히 걸으세

류달영은 가사 끝에 교묘한 속임수를 넣었다. 일본인들은 황도를 일본 천황의 길이라고 믿었을 것이다. 중국의 크리스천들은 하나님을 황천상

제라고 부른다. 류달영은 중국 크리스천 차이페이훠(蔡培火)의 저서 《황천상제의 길》이 생각났고, 책 제목을 줄이면 '황도'가 되는 것이다. 따라서 '황도를 열심히 걸으세'는 '기독교 신앙을 열심히 믿으세'라는 뜻이 된다. 미션 스쿨로서는 안성맞춤의 가사가 된 것이다.

이 가사는 학무국의 검열을 무사히 통과했다. 호수돈여학교 학생들은 양심의 저촉을 받지 않고 교가를 마음껏 부를 수 있게 되었다. 이런 문장 기법은 스승 김교신 선생에게서 배웠다. 김 선생은 우치무라 간조의 가르침을 사숙한 함석헌, 송두용, 정상훈, 유석동, 양인성 등 무교회주의 동지들과 함께 월간 〈성서조선〉을 발행했는데, 그곳에 실린 글들은 일제의 검열을 피하기 위해 한결같이 이런 기법으로 씌어졌던 것이다. 예를 들어 '남산에 올랐더니 눈물이 나오더라'를 '남산에 올랐더니 눈이 흐려지더라' 하고 표현하는 것이다. 그러면 읽는 사람들은 모두 이심전심으로 새겨 읽었다.

33인, 백두산에 오르다

1936년 여름 방학 때 조선일보사에서 백두산으로 역사 성지 순례를 떠나는 탐험 계획을 신문 지상에 발표했다. 호기심이 강했던 류달영은 이 기사를 놓치지 않고 바로 신청했다. 다행히 심사 결과 우선 회원으로 선정되었다. 탐험 대원은 과학자 중심의 33인으로 한정되었다. 표면적으로는 과학 탐험단이라고 했지만, 민족의식을 고취하려는 의도가 담긴 사업이었다. 일제의 탄압에 맞서 민족의 성산에 조선인의 발을 디뎌 보자는 취지가 숨어 있었다. 참가 단원의 수를 33인으로 정한 것부터 3·1 운동의 '독립선언문'에 서명한 33인을 연상시켰다.

지금과 달리 등산 장비를 구하기 어렵던 시절이어서 참가자들은 대부분 가벼운 운동화에 노타이 차림이었다. 주최자 조선일보사의 기자는 무전기

류달영을 포함해 33인은 조선일보사가 주최한 백두산 성지 순례를 떠났다.

가 없어 길들인 비둘기를 데리고 가 원고를 다리에 묶어 서울로 보냈다. 또 참가자들이 불의의 사고를 만나면 신문사에 책임을 묻지 않겠다는 각서를 미리 쓰고 떠날 만큼 어려운 등반이었다.

 8월 7일에 서울을 떠났다. 백두산 입구에 도착해 준비를 마치고 본격적으로 산을 오르기 시작했다. 일행은 빗줄기를 뚫고 원시림을 헤쳐 나갔다. 역사적으로 논란이 되던 정계비를 일본인들이 치워 버렸지만 그 자리는 확인할 수 있었다. 그들은 걷고 또 걷은 끝에 5일 만에 백두산 망천후봉 정상에 올랐다. 발아래는 천지의 검은 물결이 천고의 신비를 담고 넘실댔다. 북으로 광활한 만주 대평원은 웅지를 품은 조상들이 말달리던 고구려의 옛 영토였다. 류달영은 수천 년 전 옛날로 돌아가 고구려의 기개와 기상을 눈앞에서 보는 듯했다. 남으로 끝 모를 나무숲이 펼쳐진 한반도에는 신라

백두산 삼지연에 도착했다. 오른쪽에서 세 번째가 류달영이다.

와 백제의 문화가 무르녹아 있고, 세종과 충무공의 숨소리가 들리는 것 같았다. 날로 심해지는 일제의 탄압이 에듯이 아픈 젊은 가슴은 형언할 수 없는 감격으로 벅차올랐다.

그는 김교신 선생에게서 배운 조선 지리가 떠올랐다. 세계 지도를 펼쳐 놓고 조국을 그윽이 바라보면 아시아의 정기가 모여 있는 수려한 산하는 그대로 태평양을 향해 고동치는 동양의 심장이자 사령탑이 아닌가. 앞으로 호호망망한 대양과 뒤로 가없이 펼쳐진 대륙은 모두 우리들이 마음껏 활동할 무대가 아닌가. 문화의 찬란한 등대가 이곳에 우뚝 서서 어느 때고 세계의 나아갈 방향을 한 번쯤 지시함직한 자리가 아닌가. 신이 우리에게 부여한 무대에 부족함이 있다 말라. 이 겨레가 깊은 잠에서 깨어나 자기 사명을 자각하고 장쾌한 걸음걸이로 견실하게 걷기만 한다면 반드시 역사의 꽃과 향기는 유난히 아름다울 것이고, 그 열매는 이 국토 밖으로 넘쳐 나갈 것이다. 그의 머릿속에는 온갖 상념과 감동이 동심원을 그리며 물결쳐 나갔다.

그는 지나친 욕심을 부려 식물, 곤충, 광물을 많이 채집했기 때문에 짐이 가장 많았다. 다행히 식량을 싣고 갔던 말들의 짐이 줄어든 덕분에 등을 가볍게 할 수 있었다. 피로한 대원들은 말 위에 올라타기도 했지만 류달영은 끝까지 걸었다. 온갖 간난을 헤치고 돌아온 대원들은 그 후에도 서로 연락하면서 우정을 다졌다.

헬렌 켈러의 열차 연설

류달영은 위인들의 전기를 읽으라는 김 선생의 충고에 따라 양정고보 시절부터 위인전을 많이 읽었다. 그러던 어느 날 종로의 서점에서 만난 헬렌 켈러 전기는 큰 충격을 주었다. 그때까지 류달영은 소경과 무당이 국민을 무지하게 만든다고 생각해 소경을 매우 싫어했다. 하지만 눈멀고, 귀 막히고, 입마저 닫힌 3중고의 어린 소녀가 생명의 신비에 눈떠 누구보다 인간다운 삶을 살게 되었다는 이야기는 참으로 감동적이었다.

어느 날 신문에 그 위대한 헬렌 켈러가 서울에 와서 시민회관에서 강연을 한다는 기사가 실렸다. 그는 즉시 입장권을 알아보았지만 이미 다 팔린 상태였다. 만나 보고 싶은 마음은 굴뚝같았지만 입장권도 구하지 못한 상태로 서울로 간다는 것은 무모한 짓이었다. 라디오 중계도 취소되어 그의 목소리를 들어 볼 기회도 사라졌다.

류달영은 하고 싶은 일은 집요하게 추구해 달성하고야 마는 끈질긴 면이 있었다. 그는 호수돈여학교에서 교장 대리로 있는 선교사 넬 다이어에게 부탁했다. 그 선교사는 헬렌 켈러에게 그녀를 매우 존경하는 조선의 한 젊은 교사가 한 번 만나길 희망한다는 얘기를 전했다. 그러나 헬렌 켈러의 비서 톰슨으로부터 불가능하다는 응답이 왔다. 실망이 컸다. 그런데 며칠 후 톰슨으로부터 다시 연락이 왔다. 헬렌 켈러가 평양으로 타고 가는 급행열차가 7월 15일 오후 4시 40분에 개성역에서 1분간 정차하는데, 그때 맨 끝 열차의 후미 전망대에 그녀가 나와 짧은 연설을 한다는 것이었다.

류달영은 당일 시간이 되자 수업을 중단하고 50명의 담임 학급 학생들을 데리고 개성역으로 나갔다. 열차가 기적을 울리며 플랫폼으로 들어왔다. 벌써 헬렌 켈러는 비서 톰슨과 일본의 유명한 맹인 철학 교수 이와바시와 함께 열차 전망대에 나와 난간을 잡고 서 있었다. 열차가 서자마자 헬렌 켈러는 강연을 시작했다. 톰슨이 손가락을 벌려 헬렌 켈러의 입술과 목에 대고 진동을 파악해 영어로 들려주었고, 이와바시 교수가 큰소리로 톰슨의 영어를 일본어로 통역했다. 그 사이 톰슨은 다른 한 손을 헬렌 켈러의 손바닥에 대고 손가락을 두들기며 주위의 상황을 알려 주었다. 신기한 장면이 벌어진 것이다. 역장과 차장도 구경하느라 정신이 빠져서 5분이나 열차를 정차시켰다. 류달영은 수첩에 헬렌 켈러가 말한 요지를 기록했다가 김교신 선생이 발행하는 〈성서조선〉에 보냈다.

여러분 나는 부자유한 사람입니다. 그러나 지금은 나도 여러 가지 아름다운 세계를 접할 수가 있게 되었습니다 … 젊은 여러분, 인간 사회의 어두운 면을 개척할 사람들은 바로 여러분들입니다 … 여러분이 힘을 모아 열심히 일하면 그 앞에 이루어지지 않는 일은 없을 것입니다 … 이 세상을 향상시키는 것은 오직 사랑뿐, 사랑이 없는 국가와 사회는 퇴보가 있

헬렌 켈러가 개성역에 도착한 열차의 후미 전망대에서 연설하고 있다.

을 뿐입니다. 우리들의 앞과 뒤에는 항상 정의의 신이 지키고 있다는 사실을 잊지 마십시오.

류달영의 마음에 헬렌 켈러의 메시지는 조선이 반드시 독립한다는 암시처럼 들렸다. 그 열차에는 중국 침략에 나서는 일본 군인들이 가득 타고 있었다. 그는 헬렌 켈러가 연설하는 사진을 교실의 칠판 위쪽에 걸었다. 3중고의 장애인이 자신의 한계를 극복하고 훌륭한 인격자로 거듭난 것을 두 눈으로 직접 목격한 학생들의 충격은 컸다. 다음 2학기에 학급 평균 성적이 현저하게 올라 헬렌 켈러의 신념과 용기는 학생들로 하여금 자신을 돌아보게 하고 자신감을 키우게 했다. '저런 사람도 내면의 꽃을 피워 내는데, 나는 이게 뭐람!' 헬렌 켈러를 본 사람들 중에서 가장 큰 교훈과 용기를 얻은 사람은 류달영 자신일 것이다.

도산, 춘원, 백범

어느 날 춘원 이광수 선생이 도산 안창호 선생을 모시고 학교를 방문해 교장실로 들어갔다는 소식을 들었다. 류달영은 지체 않고 곧바로 교장실로 달려갔다. 교장은 류 선생을 손님들에게 소개하고 합석해 함께 앉았다. 도산은 호수돈여학교를 찾아온 사연을 조용한 어조로 말했다.

자신의 인척인 여학생이 있는데, 일본인들의 감시로 인해 믿고 맡길 데가 없어서 고심 끝에 호수돈여학교로 찾아왔다고 말했다. 그리고 개성 사람들의 지조와 호수돈여학교의 교육 성과를 높이 평가하면서, 그 여학생의 전학을 받아 주면 감사하겠다고 부탁했다. 교장은 교무 주임을 불러 어려운 점이 있더라도 웬만하면 편의를 봐드리라고 지시했다. 교장으로서도 용기를 낸 어려운 결정이었다. 당시는 제2차 세계 대전이 발발하기 직전이라 긴장이 고조된 상황이었다.

춘원은 스승의 옆에 단정히 앉아서 한마디 말도 거들지 않았다. 보통 체격의 도산은 위엄을 갖춘 풍모라기보다 성실히 진리를 탐구하는 구도자 같은 소박한 인상이었다. 며칠 후 도산의 인척인 김순옥이 전학 왔고, 류달영은 자진해서 자기가 맡겠다고 해 4년간 정성껏 가르쳤다.

류달영이 개성에서 만난 또 한 명의 거인은 백범 김구 선생이었다. 광복 후였는데 백범은 도산과 정반대의 인상을 풍겼다. 개성에서 가장 큰 감리교회에서 여러 교회가 연합해 환영 모임을 열었다. 백범은 단상에 올라 첫마디로 "아이고, 예수 썩는 냄새야!" 하고 소리쳤다.

도산 안창호 선생이 일본 감시를 피해 호수돈여학교에 맡긴 인척 김순옥. 류달영이 담임을 맡았다.

일제 시대와 광복 그리고 6·25 전쟁과 근대화를 거치면서 한국은 다수의 지사형 인물을 배출했다. 단군 이래 가장 잘 사는 시대를 맞은 지금은 역으로 그런 큰 인물들이 사라진 시대이기도 하다. 어려운 때일수록 위인이 많이 나오는 것은 참으로 아이러니한 현상이라 하지 않을 수 없다.

최용신의 전기를 쓰다

김교신 선생은 정릉에서 집을 짓고 살았다. 선생은 낮에는 양정고보에서 가르치고, 밤에는 〈성서조선〉을 발간하는 일을 했다. 〈성서조선〉 독자들은 일종의 신앙적, 민족적 동지들이었다. 김교신은 겨울 방학을 이용해 자택에서 세미나를 열었다. 1939년 정초에 전국의 독자들이 정릉으로 모여 일주일간 합숙하면서 성서 공부와 함께 민족의 장래에 대해 토론했다.

어느 날 밤, 토론 주제가 얼마 전 신문 지상에 크게 보도된 최용신 이야기로 옮아갔다. 사람들은 최용신을 직접 만나 본 류달영의 이야기에 귀를 기울였고, 그는 최용신의 생애를 기억하기 위해 샘골에서의 활동을 중심으로 전기가 기록되면 좋을 것이라고 말했다. 이 나라의 가장 어려운 시기를 맞아 활로를 모색하는 마당에 최용신의 숭고한 희생정신을 그냥 흘려보낼 수 없다는 뜻이었다.

농민의 나라 조국의 운명이 농촌의 각성과 향상, 발전에 달려 있으니 젊은 애국자들이 이 사업에 동참하도록 유도하는 데 최용신의 전례는 더없이 귀중한 전범이 될 것이다. 동시대를 산 양심적 동포로서 누군가가 최용신의 전기를 기록해야 한다는 당위성에 모두가 공감했다. 김교신, 함석헌은 물론이고 그 자리에 초대되었던 다석 유영모 선생도 찬성의 뜻을 표했다. 그 자리에서 집필자를 정하지는 않았지만, 김교신이 맡는 것으로 암묵적인 합의가 이뤄지는 분위기였다.

집회가 끝나고 개성으로 돌아온 류달영에게 뜻밖에 김 선생의 편지가 왔다. 아무래도 글재주가 있고 직접 만나 보았던 류 군이 최용신 전기 집필의 적임자라고 생각된다는 것이다. 특히 방학이 끝나기 전에 글을 마쳐 보내면 좋겠다는 편지 구절이 스승의 준엄한 명령으로 느껴졌다. 류달영은 그 뜻을 거스를 수 없어 다음 날 당장 최용신의 고향인 원산으로 달려갔다.

최용신이 공부한 누씨고등여학교를 방문해 재학 당시 학창 생활에 관한 자료를 조사했다. 이어 오빠 시풍 씨도 만나서 어린 시절의 고단했던 환경에 관해서도 자세한 얘기를 들었다. 다시 최용신이 활동했던 경기도 시흥군의 샘골에 가서 최용신과 함께 일했던 마을의 동지들을 한 사람씩 만나 자료를 수집했다. 마침 최용신의 바로 아래 동생인 최용경이 언니의 뒤를 이어 아이들을 가르치고 있었다. 류달영은 최용신이 먹고 자고 생활한 방에 머물면서 앞서 떠난 선각자의 자취를 더듬으며 감개가 무량했다.

김교신 또한 직접 샘골을 답사해 자료를 수집했고, 각처의 동지들이 열성으로 도왔다. 김교신은 샘골에서 현지 노인들을 인터뷰하여 기록하고, 최용신에 관한 신문 기사와 잡지 기사 등 자료를 구해 집필을 맡은 제자에게 전했다. 그리고 출판사 대표로서 최용신의 오빠 시풍 씨와 시항 씨 형제로부터 전기 출판의 승낙도 받았다.

눈물 밥이 가장 맛있다

그해 여름은 무서운 가뭄이 들어 8월 한여름인 데도 나뭇잎들이 말라 낙엽처럼 떨어져 재해가 극심했다. 조국의 운명도 극한에 다가서고 있다는 느낌이 몰려왔다. 일본인 경찰들의 검열이 점점 가혹해져서 더 이상 시기를 놓치면 전기 발간이 불가능할지 모른다는 위기감. 그는 개성으로 돌아와 혹독한 더위도 잊고 밤낮으로 글을 썼다. 가장 어려운 일은 한 줄 한 줄 검열을 의식하고 써야 하는 것이었다. 강력한 메시지를 담되 표현에서는 그 뜻을 가려야 하는 어려움.

그는 누구보다 앞서 자신의 호수돈여학교 제자들에게 이 전기를 읽히고 싶었다. 그래서 아예 전기를 편지체로 썼다. 최용신의 생애에 관한 이야기를 제자들에게 자세히 들려주는 형식인 것이다. 저자는 이러한 문체의 전기는 역사상 처음이지 않을까 생각하며 글을 써 갔다.

졸업생 조윤희와 이경숙이 학교 박물실에 나와 그를 도와주었다. 때로 철야하는 날도 있었다. 조윤희는 의사가 되어 무의촌에서 봉사하는 일에 일생을 바칠 결심으로 경성제국대학 의학부에 들어가 연구생으로 재직하고 있었다. 또한 페스탈로치를 존경해 교육자가 되려는 이경숙은 스스로 제2의 최용신이 되고자 했다. 하지만 아깝게도 둘 다 젊어서 고인이 되어 선생 류달영의 가슴을 아프게 했다. 뿐만 아니라 농촌 계몽에 몸 바쳐 일하다 요절한 박정숙 여사 등도 당시 직간접적으로 모교의 은사인 류달영 선생을 도왔다.

그는 2주일 만에 원고를 끝내고 김 선생을 뵈러 서울로 올라갔다. 김 선생은 원고를 읽어 보더니 검열이 문제라고 했다. 일제가 발악을 하던 때라 조그만 꼬투리만 잡혀도 지적 받던 시절이었다. 출판하기 위해 할 수 없이 앞부분을 고쳐 쓰기로 했다. 작업은 며칠 동안 이어졌다.

전기의 최종 교정은 김교신이 직접 보았다. 그의 일기에는 이때 교정을 보면서 눈물 흘리던 이야기가 나온다. 손수건이 축축하게 젖었고 심지어 밥을 먹으면서 원고 교정을 보다가 눈물에 밥을 말아 먹었다고 했다. 일기에는 '눈물밥이 세상에서 가장 맛있다.'는 구절도 나온다. 1939년 가을에 김교신, 함석헌, 유영모, 장기려 등 스승과 동지들이 출판비를 모금해 성서조선사에서《최용신 소전》이 출판되었다. 류달영의 처녀작이었다.

만주 사변으로 중국 본토를 석권한 일본인들은 날로 교만해져 한민족의 민족의식마저 말살하고자 악랄한 핍박의 손을 뻗쳤다. 그때 이 책은 젊은 이들의 가슴에 불굴의 민족정신을 심는 역할을 했다. 정가가 50전인 이 책은 이듬해 봄에 다시 3판이 나올 정도로 뜻밖의 호응을 받았다. 경성제국 대학의 조선인 학생들은 독서회에서 이 책을 교재로 사용했고, 그 외 여러 여학교에서도 많이 읽었다. 김교신은 초판 서문에서 발행인으로서 자신의 소회를 이렇게 밝혔다.

우리의 힘을 다하여 고 최용신 일생의 사실을 정확하게, 상세하게, 그러나 간결하고 용이하여 누구나 그의 일생에서 하나님의 영광을 볼 수 있도록 하기 위해, 필사적 노력으로 급속히 된 것이 이 책이다. 류달영 군 자신

경기도 안산 샘골마을 천곡교회에 세운 '최용신 양을 기리는 돌'. 류달영의 글씨를 돌에 새겼다.

도 말한 바와 같이 고 최용신의 전모를 그린 것으로서는 아직 완벽이라 할 수는 없지만, 그러나 가장 요긴한 골자는 전하고도 남았다 할 것이며, 특히 '빛나는 생애의 열쇠'라는 일편 같은 글은 전기 기자의 예민한 제6감의 활동이 없이는 찾아낼 수 없는 귀한 문자다. 이미 천국의 안식에 있는 최용신도 이와 같은 통찰의 힘을 가진 전기 기자를 얻은 일을 깊이 만족해 할 줄로 우리는 믿는다.

김교신은 제자 류달영이 집필한 책의 내용에 상당히 만족했던 것으로 보인다. 이 책은 후에 영화화되기도 한 심훈의 소설 《상록수》의 기본 자료

4. 여성 교육에 젊은 열정을 쏟다 119

가 되었음은 물론이다. 그러나 3년 뒤인 1942년에 '성서조선 사건'이 터지자 최용신의 전기는 불온서적으로 낙인찍혀 전국에서 몰수되었다. 그리고 불온서적의 저자인 류달영은 당사자로서 일제의 유치장에 수감되었다.

하지만 옳은 길은 끝내 정당한 보상을 받기 마련이다. 후일 류달영이 타계하기 직전, 아들 인걸은 정부 보훈처에 이 사건으로 고생한 부친의 행적을 심사해 달라고 신청했다. 그리고 2004년 8월 15일에 류달영은 국가 유공자로 인정되어 메달을 받게 되고, 같은 해 10월 27일 사망하여 국립대전현충원 애국지사 묘역에 묻히게 된다.

기도의 사람

돌이켜 보면 류달영은 최용신의 전기를 집필하여 보람도 느꼈고 또 이 일로 인해 감옥에서 고생도 했다. 그리고 만년에는 국가적으로 인정도 받았다. 하지만 그의 일생을 반추해 보면 이미 생의 매 순간순간 그 상을 받으며 살았다는 것을 알게 된다. 그는 상록수 최용신의 전기를 쓰면서 스스로 인간 상록수가 되는 비결을 터득했던 것이다. 그는 책에서 자신이 전기를 쓰면서 부닥쳤던 근본 문제를 밝혔다.

한 개 연약한 여성으로서 저 초인적인 활동의 힘은 대체 어디에서 나온 것이며, 또 지식이 있든 없든 남녀노소 모든 사람들의 마음을 근저로부터 감격케 한 생애의 원동력은 무엇인가?

이렇게 최용신의 생명의 근저를 끄집어내지 않고서는 전기 집필자의 소임을 다한다고 할 수 없다고 생각했다. 그리고 최용신의 마음 밑바닥과 부닥쳐 나갔다. 과연 최용신이 지녔던 힘의 비결은 무엇일까? 무엇이 그녀로

하여금 죽을 정도로 몸을 바쳐 일하게 하였을까? 그것은 바로 최용신의 학창 시절 일기에 적혀 있었다. 1929년 4월 2일 '새벽 종소리에 따라 올리는 기도'에는 이런 구절이 있다.

아버지 하나님이시여, 이 고요하고 맑은 새벽같이 이 마음도 맑고 고요하게 하여 주소서. 이 아침 공기가 새로움같이 이 정신도 더욱 새롭게 하여 주소서. 아버지 하나님, 들려오는 거룩한 종소리같이 이 몸을 강하게 하여 주시며, 이 입으로 나오는 말이 모든 사람의 정신을 일깨우게 하여 주소서 … 거룩하신 주여, 이 몸은 주님을 위하여 바치나이다.

류달영은 최용신의 희생정신과 실천력이 바로 이 새벽 기도에서 기인한다는 것을 발견했다. 남을 위해 살다가 죽자는 것이 그녀의 소원이었다. 최용신은 남들 앞에선 결코 자신의 신앙을 드러내지 않았다. 하지만 내면으로는 참으로 그리스도의 가르침대로 살겠다는 신앙으로 충만했다. 그녀는 '새벽 기도의 생활'을 샘골에서도 계속 이어 나갔다. 류달영은 이 대목에서 최용신의 '삶의 열쇠'를 발견하고 기뻤다. 한 인간 상록수의 '인격의 기저'를 터치하는 심정이었다. 그는 이것을 이렇게 기록했다.

1년 365일 새벽마다 새벽마다 그리스도의 참마음을 새로 받아서 사는 생활.

그녀는 '기도의 사람'이었던 것이다. 그녀가 창자가 꼬여서 애처롭게 죽기까지 그녀를 이끈 '일편단심'의 사랑은 오로지 기도의 힘이었다. 자신을 역사의 제단에 바쳐 역사의 시련 속에서 하나의 값진 작품으로 탄생한 가녀린 처녀, 그 속에 숨어 있던 무서운 기도의 힘.

선한 일을 보면 따라 하고 싶어서 참지 못하는 류달영의 성격으로 미루어 볼 때 최용신의 힘의 비결을 알게 된 이상 자신도 해 보지 않을 수 없었을 것이다. 언젠가 만년의 그에게 하루 일과를 여쭤 보다가 이 부분에 대해 들은 적이 있다. 아침에 잠에서 깨면 먼저 두 손을 비벼 얼굴과 목 등을 마찰하고, 이어서 그대로 이부자리에 앉은 채로 하늘의 소리를 듣는다고 했다. 이것을 류달영은 '청천(聽天)의 생활'이라 명명했다. 마음을 비우고 가만히 앉아 있으면 그날 하루에 해야 할 일들이 떠올라 '준비된 상태'에서 일터로 나가게 된다는 것이다. 이렇게 평생을 살아왔다고 했다. 덕분에 그 많은 일들을 하면서도 일에 치이지 않고 즐거운 마음으로 할 수 있었다고 한다.

 류달영은 만년에 이르러 한 종교의 테두리에서 벗어나 모든 종교를 포용할 때까지 적어도 젊은 시절에는 스승 김교신과 최용신의 영향으로 독실한 그리스도인의 정신으로 살았다고 봐야 할 것이다. 객관적으로 볼 때 기독교 정신을 뼈대로 삼고 공자와 석가와 노자의 사상에서 자양분을 얻어 그 힘으로 나라 사랑에 매진한 인생을 살았다고 보는 것이 타당할 것이다. 그는 자신의 처녀작 마지막 페이지를 최용신이 읽던 성경에서 붉은 줄이 쳐진 구절을 인용하며 끝냈다.

 내 말과 전도함이 설득력 있는 지혜의 고운 말로 하지 아니하고 다만 성령의 나타나심과 능력으로 하여 너의 믿음이 사람의 지혜에 있지 아니하고 다만 하나님의 능력에 있게 하려 하였노라. (고린도 전서 2:4~5)

 그리고 얼마 후 이 저서로 감옥에 갇히게 되었을 때 아내에게 보낸 옥중서신에 그의 신앙이 잘 나타나 있다.

나는 하나님 속에, 하나님은 내 속에, 이렇게 하나님과 내가 일체가 되어 있다는 신념에는 공포도 외로움도 있을 수가 없다.

최용신의 죽음을 자신의 가슴속에서 깊이 느낀 류달영은 자신이 그리스도와 함께 죽었으니 이제는 내가 사는 것이 아닌 그리스도가 내 안에서 산다는 강한 주체적인 자각을 하게 된 것이다. '사부께'라는 편지에서도 그 점이 잘 드러난다.

눈을 들어 하늘과 들을 바라보니 밝은 빛이 넘칩니다. 가지에도 뿌리에도 소생의 환희가 넘칩니다. 만물의 부활을 찬미하는 듯 종달새의 노래가 명랑하게 들립니다. 이미 세상을 떠나간 여러 사람들이 그리워집니다. 영원의 희망과 환희가 가슴에 느껴집니다. 신념으로 죽은 사람들의 환난과 비애가 봄날 아침 동산에 잎사귀와 꽃송이로 피어나는 것을 느낍니다.

류달영은 교육자다

퇴계 이황이 풍기 부사로 부임했을 때 우리나라 최초의 서원인 백운동 서원에서 직접 학생들을 가르쳤다. 그는 임금께 교육의 중요성을 건의해 '소수 서원'이라는 친필 현판을 하사받았다. 그때 풍기의 대장장이 배순은 글을 배우고 싶어서 퇴계가 강의하는 날이면 강의실 밖에 앉아서 귀를 기울였다. 미천한 신분으로 양반집 자제들이 모여 있는 강의실 안으로 들어갈 수가 없었기 때문이다. 그 모습을 본 퇴계는 안으로 들어오게 해 공부할 수 있게 해 줬다. 퇴계가 죽자 배순은 퇴계 동상을 만들어 집에 모시고 삼년상을 지냈다. 퇴계의 제자를 거론할 때면 배순도 어엿하게 한 자리를 차지한다.

류달영은 무엇보다 교육자였다. 그는 일생에 걸쳐 수만 명의 제자를 두었다. 그는 이것을 자신의 최고의 재산으로 생각했다. 나중에 국가의 부름을 받고 많은 사회 사업을 펼치게 되지만, 자신의 근본적인 정체성은 어디까지나 교육자에 두었다. 그로서는 나라를 사랑하는 최고의 방법은 올바른 국민을 길러 내는 일이었다. 다음의 일화는 그런 그의 모습을 잘 보여 준다.

1937년 어느 여름날 저녁이었다. 류달영은 호수돈여학교에서 당직을 서면서 본관 앞 넓은 마당에 돗자리를 깔고 누웠다. 하늘에는 별자리들이 아름다운 상형 문자를 새겨 놓고 있었다. 밤이 되어 공기는 서늘해지는데, 바닥은 낮 동안의 복사열이 남아 따뜻했다. 머리 뒤로 팔베개를 하고 누워 밤하늘에 새겨진 우주의 암호를 해독하고 있자니 자못 상쾌한 기분이 들었다.

그때 옆에 누운 김 서방이 길게 한숨을 내쉬는 게 들렸다. 그는 학교 일꾼으로 류달영을 도와 온실을 관리하는 사람이었다. 화분에 물을 주고, 거름을 주고, 분갈이하고, 모종을 기르고, 꺾꽂이하는 등 일을 척척 해내는 순박하고 마음 착한 사람이었다. 나이는 류달영보다 한 20년 위였다. 궁금해진 류달영이 묻자 김 서방은 스스로를 한탄했다. 유치원에 다니는 애들도 글을 줄줄 읽는데, 자기는 10여 년 이상 학교에서 일하고 있으면서도 아직 까막눈 신세를 면치 못하고 있으니 스스로 생각해도 참 한심하다는 것이었다.

즉석에서 류달영은 한글을 가르쳐 주겠다고 제안했다. 김 서방은 부끄러워하면서도 기쁘게 받아들였다. 다음 날부터 온실에서 일하는 틈틈이 한글을 가르쳐 주기 시작했다. 과연 일주일이 못 가서 김 서방은 신문을 읽게 되었다. 이어 천자문도 가르쳤다. 천자문은 공책에 한자를 적고 그 아래에 한글로 뜻과 음을 적어 주어 혼자서도 익힐 수 있게 해 주었다. 공부에 재미를 붙인 김 서방은 머지않아 한글은 물론 기본 한자까지 깨치게 되었다.

　김 서방은 류달영을 스승으로 대했다. 글자를 읽게 되자 세상살이에 얼마나 자신감이 붙었는지 모른다. 이제 비로소 인간이 된 기분이었다. 배움은 언제나 첫걸음이 중요하다. 스승의 역할은 길을 가리켜 주는 것이다. 일단 배우기만 하면 어렵지 않게 터득할 수 있지만 첫걸음을 내딛기가 언제나 어렵다. 자기가 무지하다는 사실을 자각하는 인간만이 일상의 틀에서 빠져나올 수 있다. 김 서방은 마침 운 좋게도 가까이서 좋은 선생님을 만났다. 아마 수많은 제자들 중에서도 김 서방이 류달영을 가장 존경했는지 모른다. 류달영도 그 점을 잘 알고 또 자랑스러워했다. 퇴계에게 배순이 있었다면 류달영에게는 김 서방이 있었다.

역사의식, 민족의식을 깨우다

　개성의 이웃집에는 나비 박사로 유명했던 석주명 선생이 살았다. 그는 송도고보에서 과학 교사로 재직하고 있었다. 당시 우리나라에는 대학이 일본인을 위한 경성제국대학 하나뿐이고 전문학교도 얼마 되지 않아서 대부분의 한국인 학자들은 사립 고등보통학교의 교원으로 재직하면서 연구를 계속했다. 류달영은 석주명 선생과는 이웃사촌일 뿐 아니라 가르치는 과목까지 같아서 더욱 가깝게 지냈다.

　하루는 석 선생에게 한 달에 두 번씩 서로 학교를 바꿔 가며 가르치자는 제안을 했다. 류달영은 남학생들도 가르쳐 보고 싶었던 것이다. 석 선생도 여학생을 상대로 교육해 보고 싶었기에 기꺼이 제안을 받아들였다. 그달부터 두 학교 간의 과학 과목 교환 교육이 실시되었다. 석 선생은 호수돈여학교에서 동물 강의를 했고, 류달영은 송도고보에서 식물 강의를 했다.

　석 선생은 주로 여학생들 앞에서 나비 예찬론을 펼쳤고, 류달영은 남학생들에게 식물 강의 대신 우리나라의 지리, 역사, 전통문화를 일깨웠다. 학생들은 시험과 관계가 없는 강의여서 마음 편히 들을 수 있었고, 어디서도 들어보지 못한 의식 교육이어서 크게 환영했다. 송도고보 학생들은 류달영의 집에서 열리는 수요회에 대해 알게 되어 참가자가 대폭 늘었다.

후일 류달영이 '성서조선 사건'으로 감옥에 들어가 있을 때 송도고보 학생들은 호수돈여학교 제자들과 함께 어려운 집안을 여러모로 도와주었다. 역사의식에 눈뜨게 된 그들 중에는 개인적으로 김교신, 함석헌 선생을 찾아가서 사사한 사람도 있었다. 류달영은 과학 교사였지만 학생들에게 보람 있는 인생을 살기 위해 자기를 계발할 것을 강조했다. 나아가 자연스럽게 민족의식도 길러 주게 되었다. 나라 잃은 백성이 사람답게 살기 위해서는 우선 빼앗긴 나라를 되찾아 와야 했기 때문이다. 류달영은 개성에서 살면서 수원고농을 졸업하며 세운 목표, '나라 사랑 정신의 홍보'를 그답게 충실하게 수행했다.

아버지의 나라 잃은 설움

류달영의 아버지는 아들을 따라 개성에 와서 만년을 보냈다. 생활에 불편함이 없었고 무엇보다 기다리던 손자들이 태어나 기쁨이 컸다. 개성에서 한학자를 새로 사귀어 함께 명소를 다니면서 시를 짓고 산천을 감상하는 게 즐거웠다. 류달영은 아버지의 시를 보관했다가 직접 번역했다. 송악산 쌍폭동 송월대에서 읊은 시는 이렇다.

송월대 가자는 자네와의 약속을 지켜	松臺君有約
속된 거리를 걸어서 벗어나왔네	步出市塵街
풀이 무성해 산길은 희미한데	芳草迷山徑

푸른 이끼는 돌층계를 덮었구나	蒼苔滿石階
대자연 속에 세월은 길고 길어	林泉多歲月
시 짓고 술 마시니 더 바랄 것 있겠나	詩酒足生涯
소나기 한 줄금 경치 더욱 멋있구나	雨後別般樂
두 폭포의 물소리 그대로 선경일세	兩瀑流景佳

그리고 만월대를 방문해서는 이런 시를 지었다.

쓸쓸한 옛 궁터에 잡초만이 우거져	遺墟寂莫草離離
찬란한 그 시절을 짐작도 못 하겠네	難記繁華意更悲
허물어진 대궐 터에 뒹구는 주춧돌들	但有荒臺餘古礎
하늘의 외로운 달만이 예와 같구나	惟留孤月似前時
왕조도 바뀌고 나라도 망했네 모두 꿈일세	遷祚換邦還是夢
땅 위에 주저앉아 넋 잃은 천치가 됐네	無心席地坐如癡
이끼 낀 층계마다 눈물 흘러 젖는구나	踏盡層階因下淚
그리워라 옛 조상들 이 층계 오르내렸거니	也應吳祖退公墀

특히 '땅 위에 주저앉아 넋 잃은 천치가 됐네' 구절은 류달영의 가슴을 쳤다. 단순히 옛 고려에 대한 향수가 아니라 지금 생생히 겪고 있는 나라 잃은 설움을 암시하고 있다고 보았기 때문이다. 아버지는 시골 한학자로서 현실에 관여하지 않고 지냈지만, 뜻 있는 지사로서 나라 걱정을 하지 않을 수가 없었을 것이다. 류달영은 아버지의 시에서, 비록 겉으로 잘 드러내지는 않았지만 아들의 나라 사랑 정신을 깊이 공감하고 후원하고 계셨다는 것을 발견하고 기쁘고 고마웠다.

아버지는 조국의 광복을 몇 년 앞둔 1941년 봄에 72세의 나이로 세상을 떠났다. 당시로서는 장수한 셈이다. 일찍 부모를 여의고 가장이 되어 손아래 동생들에게 하나하나 논과 살림을 내어 안정시키고, 만년에는 아들과 함께 행복하게 살다 간 아버지야말로 사람 노릇을 잘하고 간 모범적인 분이었다는 것을 아들은 감사하게 생각했다. 다행인 것은 아버지가 별세한 이듬해 류달영이 '성서조선 사건'으로 투옥되어 그나마 마음고생을 면하였다는 점이다. 아들은 시인 아버지를 모신 것을 자랑스럽게 생각했다.

5

독립을 향한 저항의 불꽃
― 감옥 생활에서 해방 전후까지

짙은 어둠의 식민지

1941년 김교신 선생이 개성의 송도고보로 전근을 왔다. 류달영은 선생님이 곁에 와서 더욱 든든했다. 김 선생은 개성에 와서도 필생의 사업인 〈성서조선〉을 계속 발간했다. 1942년 봄에 드디어 사건이 터졌다. 1942년 3월호에 권두문으로 실은 김교신의 '개구리를 조상함(弔蛙)'이란 글이 문제가 되어 필화를 겪게 된 것이다. 〈성서조선〉은 1927년 7월에 창간한 무교회주의 신앙 잡지로 함석헌의 '뜻으로 본 조선역사'를 연재하는 등 민족혼을 불러일으키는 글을 실어 왔다.

문제의 글 '개구리를 조상함'은 김교신이 새벽에 개성 송악산 골짜기에 가서 기도를 하는 중 느꼈던 감회를 적은 글이다. 기도 터인 바위 주변의 작은 못을 들여다보니 마침 어젯밤 봄비로 얼음이 녹아 있었다. 그런데 개구리 몇 마리가 죽어 둥둥 떠 있는 게 보이지 않는가. 아마 지난 겨울의 혹한을 못 이겼던 것이리라. 그 순간 연못 아래에서 뭔가 꼼지락거리는 것이 보였다. 자세히 보니 아직 몇 마리가 살아 있었다. 이제 봄이 오면 다시 물이 불어나 연못은 생명력으로 가득 차게 될 희망이 보인다는 내용이었다.

일제는 이 짧은 글에서 김교신의 조선 해방에의 의지를 읽었다. 그런 시각에서 지난 호를 되짚어 보니 온통 불온한 조선 독립사상으로 범벅이 되어 있는 것이 아닌가! 당장 300여 명의 〈성서조선〉 동인들에 대한 검거가 시작되었다. 그 소식을 듣고 자기 차례가 멀지 않았다고 느낀 류달영의 꿈에 일본 경찰이 나타나서 두 팔목에 쇠고랑을 채우고 끌고 가는 장면이 나타났다. 새벽에 잠에서 깬 그는 20여 년을 써 온 일기장을 모두 꺼내 아궁이에 넣고 태웠다. 목숨만큼 귀중한 정신의 기록인데 정말 뼈를 깎는 심정이었다. 사진첩도 꺼내 수요회 회원들을 비롯해 친구들의 사진을 모두 불살랐다. 편지를 비롯해 꼬투리가 될 만한 것은 모두 없앴다. 아침에 출근해 학교 책상 서랍도 모두 정리했다.

점심때가 가까워졌을 무렵 교문 앞으로 잠깐 나오라는 연락이 왔다. 류달영은 직감적으로 올 것이 왔다는 느낌이 들었다. 일부러 슬리퍼와 셔츠 차림으로 나갔다. 경기도 경찰부의 고등계 형사 두 사람이 기다리고 있었다. 고등계 형사는 조선인 사상범만 다루는 경찰이다. 그는 구두를 신고 오겠다고 하고 돌아와 교무실로 가서 교무 주임에게 사정을 설명하고 자신과 관련되어 문제될 일이 있으면 대비해 두라고 말했다.

그 길로 연행되어 일단 집으로 갔다. 가택 수색을 당한 것이다. 하지만

1942년 6월 류달영은 담임반 학생들과 사진 촬영을 했다. 그리고 6월 12일 '성서조선 사건'으로 경찰에 잡혀갔다.

새벽에 대비해 두었기 때문에 문제될 만한 것이 나오지 않았다. 단지 책상 위에 있던 〈성서조선〉 몇 권과 자신의 저서인 《최용신 소전》이 압수되었다. 류달영은 그 길로 서대문 경찰서로 끌려가 유치장에 갇혔다. 먼저 와 있던 함석헌 선생이 철장문 안에서 눈인사를 했다. 경기도청 유치장은 이미 김교신을 비롯한 주범들로 가득 차서 함석헌과 류달영은 서대문 경찰서로 오게 된 것이다.

호수돈여학교 담임반 학생들도 일일이 개성 경찰서로 불려 가 평소 수업 시간에 류 선생이 무슨 말을 했는지 조사받았다. 학생들이 신중하게 대답했는지 다행히 수요회는 드러나지 않고 지나갔다. 현몽으로 미리 자료를 없앴던 게 큰 다행이었다. 그렇지 않았다면 그 사건과 무관한 지인들도 모조리 호출되어 단지 류달영과 친분이 있다는 사실 하나만으로 크게 곤욕을 치렀을 것이다. 학교의 동료 교사들과 학생들은 모두 자기 일처럼 걱정하고 류달영의 집으로 찾아가 가족을 위로해 주었다.

감옥에서 마음을 수련하다

　류달영은 양정고보 시절 광주학생항일운동 동맹 휴학으로 며칠씩 유치장에 갇힌 적이 있었다. 그런데 이번에는 유치장 감방과 구치소 감방에서 11개월이나 길게 생활을 해야 했다. 유치장 감방에 들어가니 썩은 냄새가 코를 찔렀다. 한구석에는 나무통 변기가 놓여 있고, 벽 위쪽에는 작은 창이 뚫려 있어 희미한 빛이 들어오고 있었다. 감방 안은 잡범들로 가득 찼다. 환기가 안 되는 좁은 방 안에는 발을 뻗을 수 없을 정도로 사람들이 다닥다닥 붙어 앉아 있었다. 5명쯤 수용될 방에 불시 검문에 걸려 잡혀 온 사람이 갑자기 늘어날 때면 30명까지도 들어왔다.

　저녁 식사가 나왔는데 된 풀처럼 쑤어 놓은 수수밥과 명아주를 삶아서 절인 것이 조금 곁들여 있었다. 그는 구역질이 올라왔지만 참고 억지로 다 먹었다. 마음이 비어 있었고, 속으로는 아무런 죄의식이 없었기 때문이다. 이것도 독립운동의 일환이라 생각하니 마음이 편했다. 옆에서 그가 밥을 먹나 안 먹나 지켜보던 사람들은 실망이 컸다. 처음 유치장에 들어온 사람 치고 밥을 제대로 먹는 사람이 없었다. 그래서 그가 음식을 물리기를 기다렸는데, 다 먹어 버리자 실망하는 구석이 역력했다.

　유치장 안에도 상하가 있었다. 처음 들어오는 사람은 안쪽 변기 옆에, 고참은 공기가 통하는 철장 쪽에 붙어 앉았다. 그가 들어가자 고참인 듯한 사람이 직업과 들어온 이유를 물었다. 사상범이란 것이 판명나자 철장 쪽으로 자리가 배정되었다. 호기심 많은 류달영은 이 기회에 유치장 감방 안의 세계와 범죄인 심리를 좀 알아보자 싶어서 능동적으로 감방 생활에 적응해 갔다. 막상 하심하고 대하니 인간관계는 어느 정도 적응이 되는데, 역시 어려운 것은 열악한 환경이었다. 밤이 되면 붉은 빈대 떼가 벽을 타고 까맣게 내려왔다. 사람들은 여기저기 물리고 가려워서 잠을 이루지 못했다.

서대문 경찰서의 유치장은 구조가 독특했다. 유치장 전체는 2층인데, 모양은 원통을 반으로 쪼개 놓은 것 같았다. 전체가 고루고루 잘 보이는 곳에 감시탑이 높다랗게 서 있었다. 감방은 바로 옆은 볼 수가 없지만 맞은편은 건너다 보였다. 감방에서는 '통방'이라고 하는 독특한 의사 전달 방식이 있었다. 감방 사이의 벽을 두드려 신호를 보내면, 다음 벽과 벽을 통해 원하는 사람에게 정확히 전달되었다. 혹은 허공에다 손가락으로 글을 쓰면, 건너다보이는 방의 사람이 그것을 읽고 역시 정확하게 전달해 주었다. 사람은 어떤 경우에도 의사소통을 할 수 있는 것이다.

특히 새로 사람이 들어오면 그를 통해 요즘 돌아가는 세상 소식을 들었다. 그러면 그 뉴스는 금방 온 감방 안으로 골고루 전달되었다. 갑갑한 감방 안에서 뭔가 할 일을 찾는 사람들에게 통방은 무전기 역할을 했다. 류달영은 건너편 감방에 있는 함석헌 선생의 일이 궁금했다. 그래서 자주 통방을 통해 소식을 주고받았다. 하루는 함 선생으로부터 통방이 왔다. 유치장에는 책도 없고 달리 할 일도 없으니 정신 통일 공부를 시작하자는 제안이었다. 기본자세는 함 선생에게서 배웠다.

깊은 밤중에 두 사람은 정좌를 하고 두 손을 모아 합장을 하며 정신을 집중했다. 고요한 감방에서 마주한 손바닥에 정신을 모으면 마음은 깊은 삼매에 빠져들어 갔다. 일주일이 지나면서 여러 가지 현상이 일어났다. 합장한 손에 전기가 올라서 떨리고 온몸은 뜨거워졌다. 심지어 온몸에 진동이 오기도 했다. 한 달이 지나면서 육체는 고요하고 정신만 활동하는 게 느껴졌다. 함 선생과 통방하여 공부의 진전 상태를 주고받아 보니 서로의 진도가 거의 같았다. 정신은 날로 맑아져 세상을 떠난 선친도 만나 보게 되었다.

하루는 정신 통일 중에 개성의 집이 보였다. 어머니가 낙상을 하여 가족들이 우왕좌왕하며 간호하는 게 아닌가. 또 어느 날 새벽에는 아내가 임신해서 부른 배를 안고 식식거리면서 차입할 옷 보따리를 들고 개성역에서 기차를 타고 있는 모습을 보았다. 류달영은 일본인 간수 오카모도에게 아내가 오거든 옷을 받아 놓으라고 부탁했다. 오카모도가 그 사실을 어떻게 아느냐고 물어서 꿈을 꾸었다고 대답해 주었다. 과연 아내가 장남 인걸을 앞세워 왔고 또 어머니의 낙상 소식도 전했다. 아내는 바깥양반이 옥중의 차가운 바닥에서 자는데 혼자서 불을 피울 수 없다며 임신한 몸인 데도 불을 때지 않은 냉방에서 자는 열부였다. 또한 류달영이 나중에 구치소로 옮겨 가 물품 차입이 가능해지자 목에 두르는 털목도리를 풀어 일본식 버선을 만들어 들여보내기도 했다.

함 선생은 감방 안에서 정신 통일로 뜨거워진 손으로 환자의 아픈 곳을 만져 치료도 한다는 소식도 들려왔다. 정신 통일은 큰 효과를 가져왔다. 마음공부도 물론 되었지만 그에 못지않게 육체적인 효과도 컸다. 유치장 감방은 날씨가 추워도 불을 때지 않아 모두 손발에 동상이 걸려 살점이 헐어 터지는 판인데, 류달영만은 아무렇지 않았다. 정신 통일을 하니까 전신에 열이 나서 추위도 모르고 겨울을 지낼 수 있었다. 함 선생은 정신 통일 중에 일어나는 여러 가지 신비 효과에 빠지지 말고 신앙과 정신을 굳건히 지키는 정도를 걸으라고 충고해 주었다. 어려운 감방 생활이지만 류달영은 김교신 스승의 죽마고우인 함 선생을 통해 유치장 생활을 오히려 마음을 수련하는 기회로 삼았다.

요행을 바라지 마라

서대문 경찰서 유치장에는 3명의 간수가 있었다. 한 사람은 나이 든 조선인 간수 노베오카였고, 나머지 두 사람은 젊은 일본인들로 오카모도와 쓰지였다. 류달영은 밤에 잠자지 않고 일어나 정신 통일 수련하는 시간이 많았다. 어느 날 밤에 노베오카가 졸고 있는데, 순찰을 돌고 있는 순사 부장이 감시탑으로 올라가는 게 보였다. 류달영은 큰 소리로 노베오카를 불러 깨워 주었다. 잠시 후 문이 열리며 순사 부장이 들어섰을 때, 노베오카는 경례를 하면서 이상 없음을 보고할 수 있었다. 이런 일이 몇 번 되풀이된 후 노베오카는 류달영을 친근하게 대했다.

오카모도와 쓰지는 가난한 집안 출신의 순사로 부장으로 진급하기 위해 열심히 시험 준비를 했다. 두 사람은 류달영이 고등보통학교 교사인 것을 알고서 책을 가지고 와 의문 나는 문제를 묻곤 했다. 류달영은 성의껏 가르쳐 주었다. 그들은 수감자들에게 모두 하대를 했는데, 류달영에게는 류 선생이라고 불러 주었다. 그리고 아침이면 특별히 맑은 물을 한 동이씩 떠다 넣어 주었다. 류달영의 감방 동료들은 덕분에 물을 돌려 가며 깨끗이 씻을 수 있었다.

어느 날 깊은 밤 두 사람이 함께 찾아왔다. 중대한 문제를 상의하고 싶다는 것이다. 일본이 동남아 여러 나라를 점령하고 땅을 빼앗아 자국민들에게 나눠 주고 있는데, 과연 지원해야 할지 어떨지 판단이 서지 않아 찾아왔다는 것이다. 그는 일단 답변을 거부했지만 일본인 간수들이 선생으로 믿고 진지하게 묻는 바람에 입을 열었다. "그렇게 좋은 여건이라면 말단 간수인 당신들에게 차례가 돌아오지 않을 것이다. 눈앞의 달콤한 말에 속아 넘어간다면, 얼마 후 전세가 뒤집힐 때 이국 만리 적지에서 큰 고생을 하게 될 것이다. 터무니없이 욕심을 내는 것은 슬기로운 사람이 아니다. 전쟁 시에는 안전한 곳에서 움직이지 않는 것이 현명한 일이다."는 요지의 말을 해 주었다.
 그때 그의 머릿속에는 김교신 선생의 말이 빙빙 돌고 있었다. '요행을 바라지 말라!' 양정고보 수업 시간에 스승이 철저히 강조한 그 말을 마음속에 꼭 간직하고 사는 자신이 아닌가! 과연 얼마 후 일본은 패망했고 동남아로 나갔던 일본인들은 큰 곤욕을 치렀다.

하심(下心)을 배우다

 류달영이 감방에서 생활하면서 가장 어려운 점은 지식인으로서 몸에 밴 습관대로 신문과 책을 볼 수 없다는 것이었다. 그래서 예전에 읽었던 책의 내용을 기억해 되새기려고 노력했다. 그는 사람들을 관찰하는 데도 힘썼다. 그동안 너무나 세상일에 어두웠다는 반성도 했다. 그는 감방에서 머리 좋은 사람들도 많이 보았다. 재주가 아까운 사람들도 많았다. 그런 사람들이 죄를 짓고 잡혀 들어온 것이 마음이 아팠다. 그 정도의 능력이면 사회를 위해 얼마나 좋은 일을 할 수 있을까? 하지만 해악만 끼치다가 잡혀 들어온 사람들이 많았다. 그 원인이 무엇일까?
 류달영은 몇 날 며칠을 숙고한 뒤 인간의 운명은 '만남'에서 결정된다고 결론지었다. 인간은 대개 스승이나 친구와의 만남에서 인생의 방향이 정해진다. 여자와 남자도 어떤 상대를 만나느냐에 따라 영향을 받는다. 류달영은 감옥에서 만남의 원리에 대해 배웠다. '인간은 만남으로 자란다.'는 그의 뿌리 깊은 신조가 되었다. 그는 후일 창설하는 교육 기관마다 이 구절을 휘호로 써서 걸어 놓았다. 그만큼 그의 인생관의 핵심이라는 것이다.
 1942년 가을, 그는 6개월간의 서대문 경찰서 유치장 시절을 마치고 구치소로 넘어갔다. 이름 대신 부르는 수형 번호는 89번이었다. 여기서도 10평쯤 되는 마루방에 사람들이 다닥다닥 붙어서 자야 했다. 이불이 두 사람

앞에 한 장씩 지급되었는데, 둘이 꼭 붙어야 겨우 몸을 가릴 정도로 작았다. 청색 수의는 매우 얇고 낡았다. 깨진 유리창으로 차가운 바람이 들이닥쳐 모두 괴로워했다. 사람들은 손발은 물론 귀와 코끝까지 동상에 걸렸다.

경찰서 유치장과 달리 구치소는 규율이 더욱 엄격했다. 전에는 그래도 양말을 신을 수가 있었는데, 여기선 겨울에도 맨발로 지내야 했다. 낮 동안에는 구치소 감방에서 열을 지어 앉아 있어야 했고, 유일하게 사형수만은 관대히 봐주었다. 류달영의 감방에도 사형수가 한 명 있었다. 그는 자진해서 복도로 난 문 위에 있는 작은 창문 앞에 서서 간수가 오는지 감시하면서 알려 주었다. 간수는 서 있는 그를 봐도 사형수라 눈감아 주었다. 어느 날은 사형수가 잠시 자리를 비운 사이 간수가 다가왔다. 그때 대열 중에 한 명이 누운 채 기지개를 켜고 있었다. 간수는 즉시 문을 따고 들어와 한 명을 복도로 끌고 나갔다. 그러나 그는 누워 있던 당사자가 아니었다. 그런데 변명도 하지 않고 순순히 따라가서 모진 매를 맞았다.

초주검이 되어 돌아온 그에게 당사자가 와서 사과했다. 그는 다만 재수가 없었을 뿐이라 하고 대수롭지 않은 듯 받아넘겼다. 절도범이었던 그를 보고 류달영은 감복하지 않을 수 없었다. 자신이라면 과연 그럴 수 있을까 싶었다. 그날 저녁밥이 들어왔을 때 구치소 감방 사람들은 자진해서 피 같은 밥을 조금씩 떼어 큰 덩이를 만들어 절도범에게 주었다. 일종의 상이었다.

류달영은 이 사건을 큰 교훈으로 삼았다. 겉모습으로 사람을 판단하지 말자는 것. 사람은 직업이나 재산이나 지식보다 마음이 더 중요하다는 것. 그는 사상범이라 이곳 사람들과는 질적으로 다른 사람이라는 자부심을 가지고 있는 자신을 돌아봤다. 그는 사람들 사이로 들어가 친구가 되었다. 인간을 보는 새로운 눈이 떠지는 것 같았다. 그는 구치소 감방에서 하심을 배웠다.

공자, 열심히 배운 사람

구치소가 경찰서 유치장과 달리 유리한 점도 있었다. 밖에서 책이 차입되고 사식 제도도 있었다. 일본인들에게 큰 돈벌이가 되기 때문이다. 류달영은 책을 볼 수 있게 되어 큰 위안이 되었다. 옛날에 다산 정약용이나 추사 김정희가 유배지에서 큰 학문과 예술을 터득했던 것도 떠올렸다. 그는 자연과학을 전공했기에 이번 기회에 자연과학 관련 책들뿐 아니라 인문과학 책들도 읽고 싶었다.

사상적으로는 당시 크게 유행하던 힐티의 《잠 못 이루는 밤을 위하여》 등을 구해다 읽었고, H. G. 웰스의 《생명과학》 여덟 권도 읽었다. 그중에서 가장 감명 받은 책은 《논어》였다. 이미 12살 때 서당에서 《논어》를 읽었지만, 나이 들어 읽어 보니 그 맛이 사뭇 달랐다. 서양의 여러 책을 읽고 난 뒤에 그리고 인생의 달고 쓴맛을 어느 정도 알고 난 뒤에 다시 읽어 보니 공자의 말씀을 기록한 이 책이 참으로 인류의 영원한 고전이라는 사실을 실감하게 되었다.

그리고 공자를 통해 돌아가신 아버님의 마음을 더 깊이 이해하게 되었다. 인간이 크게 되는 길은 오직 열심히 공부하는(學而知之) 것 외에 다른 방법이 없다고 늘 말씀하셨는데, 그것은 공자의 철학이었다. 또한 아버지는 공자는 하늘이 낸 위대한 성인이어서 따로 배우지 않고도 모든 이치를 스스로 알게 된(生而知之) 분이라고 강조했다. 그런데 류달영은 감방에서 공자를 다시 읽다 보니 공자는 결코 이치를 스스로 알게 된 초인이 아니라 누구보다 열심히 배운 사람이란 것을 알게 되었다.

공자에게 특정한 스승이 없어 이치를 스스로 알게 된 사람이라고 오해하겠지만, '세 사람이 걸어가면 그중에 필히 배울 만한 사람이 있다.'거나 혹은 '착한 사람도 악한 사람도 모두 내 스승이다.'는 말을 보면, 그가 얼마나 배우려고 애썼는지 알 수 있다는 것이다. 모든 사람에게서 배울 것을 찾는 사람이야말로 위대한 성인이 되지 않을 수 없을 것이다. 따라서 류달영은 감방에서 독서를 통해 공자처럼 애써 배우려고 하면 공자 같은 성인이 될 수 있다는 신념을 갖게 되었다. 그는 감옥에서 만난 공자의 '호학정신(好學精神)'을 평생의 밑거름으로 삼았다.

감옥에서 쓴 편지

류달영이 감옥에서 가장 기다린 시간은 한 달에 두 번 편지을 쓰는 시간이었다. 긴 종이를 엽서 크기로 접은 봉함엽서는 글을 쓸 수 있는 지면이 일반 엽서의 네 배 정도 되었다. 편지를 쓰고 수신처 란에는 '개성부 고려정 272-18 류달영 본제' 그리고 발신처에는 이름을 써서 낸다. 그러면 담당 검사가 읽어 보고 편지 첫머리에 허가 스탬프를 찍고 검사의 개인 도장도 찍는다. 발신지 주소에는 '경성부 현저동 101번지'라는 스탬프를 찍어서 발송해 준다.

편지를 쓰는 방은 따로 있다. 들어가면 작은 벼루, 먹, 뭉툭한 붓 한 자루 그리고 봉함엽서는 한 장만 놓여 있다. 그런데 붓이 큰 데다 수많은 사람들이 사용하기 때문에 붓 끝이 닳고 닳아 몇 글자만 써도 지면이 다 차고 만다. 하고 싶은 말은 태산인데, 그처럼 안타까운 일은 없다.

류달영은 양정고보 시절 서예가였던 학교 선생의 지도로 붓글씨를 배웠다. 재주가 뛰어난 데다 무엇이나 일단 시작하면 몰두하는 성미라 붓글씨도 꽤 잘 쓰게 되었다. 조선 학생 붓글씨 대회에 나가 2등 상을 받았다. 나중에 그 선생이 따로 불러 하는 말이 실력은 1등인데, 본인이 심사 위원장이라 남들 눈 때문에 차마 제자에게 1등 상을 줄 수 없어 안타까웠다고 했다.

류달영의 수원고농 졸업 논문을 본 일이 있다. 대학 노트에 깨알같이 써 내려간 논문이다. 지도 교수가 보고 반해서 총독부에 추천하게 된 바로 그 문제의 논문, 한자가 많이 섞여 있는 일본어 논문이었다. 그런데 한자 필체를 보고 놀라지 않을 수 없었다. 내용은 일본어라 자세히 살펴볼 수 없었지만 필체만큼은 소름 끼칠 정도로 단정했다. 삼매에 든 사람이 아니고서는 도저히 쓸 수 없을 것 같은 그 응집된 기의 흐름. 글씨는 곧 사람이라는 말이 실감났다. 그것이 젊은 류달영의 실력을 웅변으로 말해 주고 있었다. 그러니 누구라도 반해서 데려다 쓰고 싶지 않을 사람이 있으랴.

　류달영은 후에 국가재건국민운동을 시작하면서 다시 붓을 잡게 된다. 그의 글씨는 인격이 담겨 있어 아마추어로서는 당대 최고봉에 달했다. 그의 글씨를 얻고 싶어 하는 사람이 많았다. 아마 그가 프로로 나섰다면 추사에 버금가는 이름을 남길 수 있었을 것이라는 게 주변의 평가다. 그러나 역사가 그를 내버려 두지 않았다. 그는 자신이 하고 싶은 일보다 천명으로 주어지는 일을 따랐다. 그는 늘 '인간은 역사의 산물이다.'고 되새기곤 했다. 자신의 삶이 꼭 그렇기 때문이다.

　글씨에는 자신이 있었지만 뭉툭한 붓 끝으로는 도저히 어찌할 수가 없었다. 매사에 실용적이던 그는 마침내 아이디어를 냈다. 아직 누구도 그런 시도는 해 보지 않았을 것이다. 그는 입고 있던 옷의 안감을 들춰서 약 10센티미터가량의 실을 뽑았다. 붓털은 약간만 남겨 두고 대부분은 위로 들어 올린 뒤 대롱에다 실로 묶었다. 붓은 순식간에 가는 붓으로 변신했다. 그는 편지에다 하고 싶은 말을 마음껏 할 수 있었다. 공간적인 여유가 있어서 한 장 안에 어머니, 아내, 자식 그리고 데리고 있는 인척 아이까지 각각의 안부를 묻고 주변에 부탁하는 말도 적어 넣었다. 지금 보면 그 글도 명필이다. 허술한 붓으로 써 내려간 글씨이건만 단정하기 그지없다. 이 봉함엽서에 적힌 사연은 후일 고스라니 묶여 류달영의 서간문집 《남기고 싶은 사연들》에 수록되었다. 그중의 한 대목만 읽어 보자.

어머님께
… 어머님의 회갑을 감옥에서 맞이하게 됨은 참으로 죄스러운 일입니다. 후일에 무슨 낯으로 뵈올른지요. 부디부디 건강하십시오 … 죄 없는 몸이라 마음은 언제나 편합니다. 꿈에 저세상에 계신 아버지를 가끔 뵈옵는데, 언제나 화평하신 얼굴입니다. 이 세상에서의 유덕을 항상 우러러보게 됩니다.

아내에게
고생은 한없이 계속되는 게 아니오. 반드시 기쁜 날도 올 것이오. 당신은 지금 홀몸도 아닌데 너무나 고달픈 인생의 짐을 지게 하여 무엇으로 다 위로할는지 … 3월 말에 휴지, 칫솔, 치약, 비누, 털실 버선을 차입해 주시오. 오지 말고 우편으로 보내시오. 서적 차입은 한동안 안 해도 되겠소 … 새로 낳는 아기의 이름을 미리 지어 보았소. 사나이면 성하(星河)로, 여아면 신화(信華)라고.

인숙에게
공부를 잘해 성적이 뛰어나고 하니 아버지는 더없이 기쁘다.

인걸에게
할머니 말씀, 엄마 말씀 잘 듣고, 그리고 씩씩하게 뛰어다니며 놀아라. 아주 훌륭한 사람이 될 것이다.

화숙에게
튼튼한 몸으로 잘 뛰놀자. 아버지가 집에 돌아가면 전처럼 그렇게 또 재미나게 함께 놀자.

인순에게
수고 많다. 바느질 공부 열심히 하거라.

류달영의 자상한 마음씨가 묻어나는 글이다. 특히 나이 들면서 돌아가신 선친의 유덕이 점점 더 실감이 나서 아버지 꿈을 자주 꾸었던 것 같다. 가족과 이웃을 돌보면서 자연과 더불어 살아간 아버지의 심정이 이해되고, 한국인의 마음 밑바탕에 유교적 정서가 깔려 있듯이 류달영도 한국 고유의 아름다운 전통을 잘 이어 나가겠다고 생각한 것이다. 아내에게서 온 편지도 잠시 읽어 보자. 아내는 고등 교육은 받지 못했지만 반가의 여식답게 한글 궁체 글씨가 방정하다. 류달영이 사회에서 큰 일을 할 수 있었던 것은 아내의 든든한 뒷받침이 있었기에 가능했던 것은 틀림없다.

동기 친척이 하나도 없는 타향에서 어린것들 데리고 지내오니 외롭고 아득한 때도 있습니다. 어머니 건강하시고, 인숙, 인걸, 화숙 세 아이 다 충실합니다. 화숙은 하루도 아버지 안 찾는 날이 없는데, 요사이는 못하는 말이 없을 정도로 말을 잘합니다. 우리 아버지는 나 주려고 능금 사러 서울 가셨다고 한답니다. 인걸은 장난이 너무 심해 어른들이 견뎌 내기가 힘듭니다. 금년에 유치원에 보내야 할지요? 《생명과학》《의상철학》 그리고 중국 고전 네 권을 차입합니다. 너무 걱정 마시고 사식을 줄이지 마십시오. 항상 주께서 함께하시기를 빕니다.

일본인 검사의 뜻밖의 처분

'성서조선 사건'에 연루되어 구치소에 수감된 인원은 총 12명이었다. 그 중에는 주범인 김교신과 함석헌 외에 송두용과 장기려와 유영모도 있었다. 감방에는 몇 년씩 갇혀 취조를 마냥 기다리는 사람들이 많았다. 그런 사람들은 '육법전서'를 공부해 형법에 관해서는 전문가가 다 되어 있었다. 그들은 사람들로부터 구속된 사유를 듣고 몇 년 형이 언도될 것인지 대강 맞췄다. 검사에게 취조 받으러 나갈 때도 미리 답변을 가르쳐 주었다. 그들은 류달영의 설명을 듣고 이 사건 관련자는 아무리 짧아도 3년 이상의 징역을 언도받을 것이라고 예측했다.

담당 검사는 구로다(黑田)라는 노련한 사상범 전담 검사였다. 사람들은 악질 중의 악질을 만났다고 혀를 끌끌 찼다. 그런데 그가 인사이동 때 영전이 되어 다른 곳으로 가 버렸다. '성서조선 사건'은 후지기(藤木)라는 검사의 손으로 넘어갔다. 감방의 형법 전문가들은 길조라고 점쳤다. 겨울이 지나고 3월이 오자 류달영은 후지기 검사실로 불려 갔다. 쇠고랑을 차고, 미결수 복장을 입고, 짚으로 엮은 삿갓을 눌러쓰고, 대여섯 명씩 굴비 엮듯이 묶여서 서울 거리를 걸어 시청 앞에 있는 검찰청으로 끌려갔다. 길가의 애들이 욕을 하고 돌을 던졌다.

후지기 검사와 대면했을 때 그는 뜻밖에도 수갑을 끌러 주고 부드러운 목소리로 고생이 많다고 위로했다. 학자형의 차분한 인물이라 류달영도 최대한 솔직하게 대답했다. 기독교 신앙을 조롱하거나 일본에 대한 증오를 떠보거나 하는 질문은 하지 않았다. 다만 지금까지 살아온 이력과 김교신, 함석헌 등 주범과의 관계에 대해 물었다. 그리고 경찰서에서 진술한 내용 중 예컨대 종교에 대한 신념은 이런 뜻이 아니었느냐 하고 오히려 류달영에게 유리하게 고쳐 주었다.

검찰 신문은 예상외로 간단하게 끝났다. 나중에 알고 보니 다른 사람들에게도 그런 식으로 대해 주었다고 한다. 경찰서 유치장에서 시작해 구치소로 이감되어 갇혀 있은 지 만 일 년 만에 '성서조선 사건' 관련자는 전원 불기소 처분되었다. 너무나 뜻밖의 일이었다. 후에 알고 봤더니 후지기

〈성서조선〉 독자들의 정기 집회(1943년). 류달영(앞줄 오른쪽 두 번째), 함석헌(가운데 줄 중앙), 그 밖에 송두용, 정태시, 신근철, 김종흡 등이 있다. (아래) 석방 직후의 류달영

검사는 김교신, 함석헌 등과 동경고등사범학교 동창이었다. 더군다나 무교회주의의 스승인 우치무라 간조를 사모하는 사람이었다. 일제의 이익만을 대변하는 구로다 검사의 눈에는 관련자들이 악질 조선인 독립 운동가들로 보였겠지만, 양심 있는 지성인의 눈에는 그들이야말로 이 땅의 소금 역할을 하는 참사람이었던 것

이다. 죄 없는 사람을 풀어 주는 건 너무나 당연한 일이었다. '성서조선 사건' 관련자들은 운이 좋았다고 할 수도 있다.

전쟁 말기, 여주에 은신하다

1943년 봄 류달영은 뜻밖에 담당 검사의 호의로 출옥했다. 그는 구치소에 예치해 두었던 물건을 찾아 보따리에 싸서 어깨에 매고 걸어서 서울역으로 갔다. 개성역에 내리니 이미 땅거미가 깔린 뒤였다. 걸어갈 기운도 없어서 평소 한 번도 타 보지 않은 인력거를 타고 집으로 갔다. 모두 깜짝 놀라며 가장 맞았다. 투옥 중에 회갑을 넘긴 어머니는 일 년 사이 호호백발로 변해 있었다. 아이들은 생각보다 훨씬 더 많이 자라 있었다. 지옥에서 천국으로 살아 돌아온 기분이었다. 새로 태어난 3녀의 잠자는 얼굴에 입을 맞추었다. 아내는 부엌에서 저녁을 준비하고 목욕물을 데우는데, 어찌 알았는지 수요회 회원들과 호수돈여학교 제자들이 모여들어 잔칫집 같았다.

전쟁 말기라 숟가락, 젓가락까지도 모조리 공출되고, 심지어 철도 레일까지 탄환을 만들기 위해 철거되는 시절이었다. 학교는 이미 퇴직 처리되어 월급이 안 들어온 지 오래되었고, 집안 살림은 극도로 궁핍한 처지였다. 그가 유치장과 구치소에 있는 동안 다행히 호수돈여학교 졸업생들이 십시일반으로 모아 식량을 가져다줘서 가족들은 굶지 않고 견디고 있었다. 그는 다시 언제 어디로 징용되어 끌려갈지 몰라 불안했다.

집에서 하는 일 없이 있으니 감방에 있을 때보다 오히려 마음이 편치 않았다. 생활 걱정, 징용 당할 걱정 등 좌불안석으로 살아야 했다. 이미 요시찰 인물로 낙인찍혀 친구 하나 만나기도 쉽지 않았다. 호수돈여학교에서는 뒤늦은 송별회를 열어 주었다. 하지만 이것도 경찰서에 보고되어 학교는 사과문을 제출해야 했다. 주변이 어려우니 신앙에 의지하지 않을 수 없었다. 감방에서 독학한 그리스어를 활용해《신약성경》중에서 문장이 가장 쉽고 비교적 분량이 짧은 '빌립보서'를 우리말로 번역하면서 시간을 보냈다. 새벽에는 송악산 쌍폭동 계곡으로 가 냉수마찰을 하고 민족의 앞날을 위해 기도했다.

그 무렵 여주군청에서 서기로 근무하는, 사촌의 처남이 찾아왔다. 군수와도 친한 사이여서 류달영을 군청 촉탁으로 위촉했다고 했다. 보직은 내무과 학무 촉탁이라고 했다. 무엇보다 징용을 피할 수 있고 생활비 조로 봉급도 나오니 그렇게 하라고 권고했다. 류달영은 정릉으로 김교신 선생을 찾아가 상의했다. 김 선생도 어려운 형편에 처해 있기는 피장파장이었다. 그 와중에도 나름대로 무언가 계획을 세우고 있는 것 같았다. 류달영의 말을 듣더니 일제가 패망하기까지 얼마 안 남았으니 가서 은신하고 있으라고 했다.

무식과 가난

일본의 조선 식민지 정책 기조는 두 가지였다. 하나는 조선이 가난에서 못 벗어나게 만드는 경제 정책이다. 다른 하나는 백성이 무식을 면치 못하게 만드는 교육 정책이다. 고당 조만식, 인촌 김성수, 한서 남궁억 등 애국자들은 물산장려운동 등을 통해 일본의 경제 정책에 저항했다. 하지만 일본의 수탈은 가혹하기만 했다. 호남과 영남의 농민들은 일본인들에게 농지를 빼앗기고 북간도로 쫓겨 갔다.

구한말에 우국지사들은 전국 각지에서 신학문을 전파하는 학원을 세웠다. 하지만 일제는 교육령을 실시해 시설 미달이라는 구실을 붙여 모두 폐쇄했다. 그 후로 학교 설립과 고등 교육을 극도로 억제했다. 조선의 지도자들이 모금을 해 민립 대학을 세우려고 했지만 끝내 실현하지 못했다. 일제 치하의 청소년들은 문맹이 태반이었다. 일제는 이들을 부려 먹기 위해 보통학교에 특수 과정을 설치해 일본어를 가르치기 시작했다. 류달영은 여주군청에서 이 일을 감독하는 업무를 맡게 된 것이다.

하지만 그는 여주군청 학무과에 근무하면서 별로 할 일이 없었다. 일본인 보통학교 교장들에게 특수 과정 연수생들의 성적과 진도를 보고하라는 공문을 발송하는 게 고작이었다. 그는 기회만 있으면 출장을 가서 각 면을 다니며 조국의 산천과 고적을 답사했다. 여주읍 교외의 한적한 초가에 머물면서 밤에는 독서하고 주말에는 강가에서 목욕하고 세종대왕의 영릉에 참배하는 것이 일과였다. 때는 1944년 여름, 해방 일 년 전으로 가장 암울한 시기였다. 그때 그는 시조 몇 수를 지었는데, 이 시절 그의 심정이 잘 드러나 있다.

강물에 출렁이는 물가에 누워
조국이라 인생이라 모래 위에다
오늘도 쓰다 지우다 해가 저무네

그는 어두운 조국의 현실에 절망할 때면, 영릉으로 달려갔다. 그곳에 세종대왕이 누워 계시기 때문이다. 당시 류달영과 영릉 참배를 함께했던 친구로 여주가 고향인 동양화가 월전 장우성 화백이 있다. 평생지기로 보낸 두 사람은 앞서거니 뒤서거니 세상을 떠난 시기도 비슷했다. 류달영은 장우성이 그린 〈기(祈)〉라는 그림을 보고 친구의 속뜻을 짚어 냈다.

그림에는 흰 옷을 입고 머리를 숙이고 서 있는 두 사람의 젊은 여성과 꽃다발을 한아름 안고 꿇어앉아 있는 여성이 있다. 일본이 마지막 발악을 할 때여서 그림에 민족 감정을 조금이라도 드러내면 안 된다는 것을 우리는 이미 '성서조선 사건'으로 잘 알고 있다. 당시 일본인들은 이 그림이 일본

류달영은 여주에 있는 동안 세종대왕릉을 자주 찾았다.

의 전쟁 승리와 제국주의의 번영을 기원하는 것으로 생각해 공식 그림 대회인 선전(鮮展)에서 입상시켰다.

하지만 류달영만은 월전 화백의 속마음을 꿰뚫어 보고 있었다. 세종대왕릉에 함께 참배하는 친구가 일본인의 전승을 기원하는 그림을 그렸을 리가 없는 것이다. 그는 이렇게 말했다.

이 그림은 간소한 선과 담백한 색채에 높은 기품이 서려 있고 흰 눈 속에서 더욱 푸르른 소나무의 넋이 그림 가운데 있는 젊은 여성들에게 깃들어 있는 듯 느껴졌다. 제목이 말하는 '기원'은 바로 조선의 독립과 광영을 염두에 두었다고 보아야 정확한 작가의 의도일 것이다.

왼쪽부터 류달영, 월전 장우성 화백, 검여 유희강 서예가, 일충 김충현 서예가

 후일 월전은 자신이 수집한 엄청난 양의 질 높은 고서화를 이천시에 기증했고 이천시는 설봉 공원 내에 월전 미술관을 지었다. 그런데 일부 시민들이 선전에서 입선한 이 작품을 트집 잡아 월전을 친일파로 몰았다. 하지만 독립유공자인 류달영이 이 그림에 깃든 사연을 글로 남겨 두어 월전은 누명을 모면할 수 있게 되었다. 류달영은 친구에게 이 그림을 빌려 달라고 요청해 자신이 재직하던 개성 호수돈여학교 현관에 전시했다. 자식처럼 사랑하던 순결한 제자들에게 나라를 위한 간절한 기원을 가르쳐 주기에 이 그림만큼 적합한 장면은 찾기 어려웠기 때문이다.
 영릉에는 송림이 우거지고 입구에는 오리나무 숲이 무성했다. 여주군청에는 수원고농 후배가 산림 계장으로 근무하고 있었다. 수원고농은 일제 치하에서도 줄기찬 민족 운동을 벌여 온 학교답게 선후배 간의 의리가 대단했다. 수원의 정조대왕 능림은 하늘이 보이지 않는 조선의 대표적인 솔밭이었다. 일제는 배를 만든다고 모조리 베어 갔다. 여주군청에도 영릉을 삭벌하라는 공문이 내려왔다. 후배는 어쩌지 못해 망설였다.

류달영은 저녁에 후배를 불러 자신의 의견을 말해 주었다. 이제 전쟁이 얼마 남지 않아 곧 일본이 패망할 터이니 자네는 어떻게 하든지 벌목을 늦추라고 했다. 그래야 우리가 세종대왕을 뵐 면목이 설 게 아니냐고 설득했다. 덕분에 영릉의 소나무 숲은 지금도 울창함을 자랑하며 살아남았다.

이때 맺은 인연이 이어져 류달영은 후일 세종대왕기념사업회 부회장으로 참여하게 된다. 현재 영릉의 세종관 안의 벽에 걸린 세종대왕 일대기는 류달영이 기금을 모금해 한국의 대표적인 화가들이 한 폭씩 맡아 정성껏 그린 대작들이다. 서울 홍릉의 세종대왕기념관에도 혜촌 김학수 화백이 그린 세종대왕 일대기가 걸려 있다. 이 그림도 류달영이 주선해 그려진 것이다. 생전에 그는 "나는 저 세상에서 세종대왕을 만나면 떳떳할 거다."고 말하곤 했다. 이 시절 류달영의 심정을 잘 드러낸 시가 있다. 역시 그 시절 영릉과 남한강가를 오가면서 지은 시다. 제목은 '삶'이다.

반짝하는 삶이어니
부지런히 사올 것이

단 한번인 삶이어니
으젓이 사올 것이

영원의 삶이옵도록
참되이 사올 것이

조국 흥망의 날에
더욱 그러 하올 것이

류달영은 여주군청에서 받는 쥐꼬리만 한 월급을 쪼개 일부는 집에 보내 주고 일부는 김교신 선생께 보냈다. 참으로 눈물겨운 사제지간의 의리다. 이때 김 선생이 보낸 답장 편지를 그는 고이 간직했다.

전일 귀경하였으나 공교롭게 면담할 기회를 놓친 것을 한했는데 지금 22일부 봉함을 받고 감격을 불금.
속에 그리스도를 뫼시는 자 하는 일마다 성업, 보는 산천마다 절승, 만나는 사적마다 천 년 젖은 터임을 찬탄.
소액환은 내 편에서 군에게로 또한 여러 친구들께로 보내야 할 터인데 이렇게 역류가 되니 어깨가 무거울 뿐이오….

김삿갓의 글씨

이포는 여주군에서도 살기 좋기로 이름난 고장이다. 넓은 들 뒤로 용문산이 솟아 있고 앞에는 남한강이 유유히 흐른다. 이곳에 사는 처남 집에 들렀더니 며칠 쉬어 가라 해서 머물고 있는데, 뜻밖에도 난고(蘭皐) 김병연, 속칭 김삿갓의 손자인 김영진 씨가 만나자는 기별을 보냈다. 늦은 밤에 김영진 씨가 설립한 사찰인 석문사로 갔다. 동산 위의 조그만 암자였다.

김삿갓의 집안은 조부 김익순이 순조 11년 평북 선천 부사로 있을 때 홍경래의 난을 만나 적군에 항복하여 몰락했다. 손자 병연은 과거 시험에서 자신의 조부인 줄도 모르고 김익순을 불충의 죄인으로 탄핵했다. 죄의식을 느낀 그는 삿갓을 쓰고 전국을 유랑하면서 풍자와 해학이 넘치는 시를 남겼다. 정말 인류사에 보기 드문 일화를 남긴 방랑 시인이다.

그의 손자 영진도 첫눈에 비범한 인물로 보였다. 외지에서 자수성가한 입지전적 인물로 이포로 들어와 암자를 짓고 여유로운 말년을 보내고 있었다. 그날 밤 류달영은 김삿갓을 조물주의 특제품이라고 칭송하며 흥을 돋우었다. 서로 흉허물을 털어놓는 분위기가 무르익자 김영진은 정색을 하고 물었다. 자신은 전쟁의 결과가 너무나 궁금해 견딜 수가 없다고 솔직하게 말했다. 그리고 류달영의 처남에게서 식견이 높은 분이라고 들어서 모셨으니 부디 앞으로의 전망을 좀 들려 달라는 것이었다. 류달영은 조심스러워 선뜻 입을 열 수가 없었다. 자신은 아직도 요시찰 인물로 일경의 감시를 받는 처지였다. 손님의 조심스런 낯빛을 보자 김영진은 다가와 두 손을 잡고 간곡히 청했다.

류달영은 자신의 견해를 말해 주었다. "전쟁이란 물자로 승패가 결정 날 수밖에 없는데, 지금 일본은 군비가 바닥을 드러냈고, 또 전선이 너무 넓어 감당을 못할 것이고 아마 오래지 않아 일본은 두 손을 들게 될 것입니다." 하고 말했다. 김영진은 그 말을 듣고 감격했다. 이제 다리를 쭉 뻗고 그날이 오기만 기다리겠다고 했다. 류달영은 은사가 불러서 머지않아 함흥으로 가게 될 것이라 말했다.

그는 매우 섭섭해하면서 벽장에서 책 한 권을 꺼내 할아버지의 친필이니 살펴보라고 했다. 류달영이 김삿갓을 너무 좋아하는 것 같아 기념으로 책의 한 장을 주겠다고 했다. 류달영은 의외로 진귀한 기념품을 얻게 되어 기뻤다. 마음에 드는 한 장을 골라 내미니 김영진은 모서리에다 '할아버지 돌아가신 후 82년 4월 영진은 여백에다 엎드려 삼가 씀(王考棄世後八十二年四月榮鎭泣書于紙末)'이라고 쓰고 인장을 찍어 주었다.

류달영의 말은 적중해 일 년 뒤에 김영진은 감격의 만세를 불렀을 것이다. 그러나 석문사는 미군의 폭격으로 애석하게 불타 버려 난고의 유품은 잿더미로 변했다. 류달영은 평생 김삿갓의 진필 글씨를 아꼈다. 필자에게도 보여 줘서 자세히 봤는데, 김삿갓이 젊은 시절 필사하던 일종의 노트인 것 같았다. 세필로 한자를 얼마나 정성껏 빽빽이 썼는지 글씨 주인의 빈틈없는 성격이 보이는 것 같았다. 그런 그가 천하의 방랑객이 되었으니 사람 팔자는 참 모를 일이다.

흥남 일본질소연료주식회사

류달영이 여주에 있을 때 흥남의 김교신 선생이 편지를 보냈다. 김 선생은 고향 흥남에서 일본질소연료주식회사로 현지 징용되었다가 얼마 후 정식 사원으로 채용되었으며, 지금은 5천 명의 조선인 노동자의 관리를 책임지는 근로 계장을 맡고 있었다.

… 조용한 곳에서 독서하려는 군을 다망한 공장으로 끌어들이는 것에 대해 매우 주저했으나 마침내 뜻을 정하고 성패의 운명을 걸고 목적한 일에 돌진하기로 했네. 함석헌 선생에게도, 김종흡 교수와 박희병 선생에게도 초청장을 냈네. 만사 제쳐놓고 달려오게. 이창호 군도 벌써 와 있네 …

류달영은 편지에서 김 선생의 원대한 뜻을 읽었다. 김 선생은 〈뉴욕 타임스〉 등 미국 신문을 구독하면서 특히 경제면 기사를 통해 전쟁 추이를 세밀하게 파악하고 있었다. 이제 일본의 패전이 눈앞에 닥쳤음을 확신하고 고향 땅에 세워진 거대한 규모의 일본질소연료주식회사를 직접 인수해 경영하려는 결심을 한 것으로 보였다. 그래서 전국의 동지들을 현지 징용 형식으로 불러들여 앞날을 대비하려는 계획임이 확실했다.

류달영은 여주 생활이 징용 위험이 없고 생활비가 확보되고 고향도 가

김교신 선생(오른쪽)과
식물학자 정태현 선생.
김 선생은 일본 패전을 예견했으
며, 일본질소연료주식회사를 인
수해 직접 경영할 결심을 하고
공장으로 동지들을 불러모았다.

까우며 무엇보다 조용히 공부할 수 있어 만족스러웠다. 그러나 은사의 뜻이 간곡했기 때문에 곧 사표를 내고 단신으로 함흥으로 달려갔다. 김 선생은 그곳이 고향이라 가족과 함께 사택에 머물면서 출근을 했다. 류달영은 김 선생과 한방을 쓰면서 회사를 오갔다.

　류달영이 맡은 직책은 일본질소연료주식회사의 전 직원이 먹을 각종 채소를 재배하는 농장 책임자였다. 회사의 부설 농장의 농장장이 되었기에 본사 사무실에 책상도 마련되어 있었다. 그는 세계적 기업의 최신 시설과 빈틈없고 합리적인 조직 운영을 접하고 놀라움을 금할 수 없었다. 모든 것이 군대식으로 돌아갔다. 출퇴근 시간도 정문에서 기계로 체크되고 조금만 지각해도 월급을 감했다. 그곳은 군대에서 사용하는 연료를 생산하는 군수 공장이었고 모두들 분초를 다투어 열심히 일했다.

농장은 시작하는 단계라 일이 산적해 있었다. 사람들이 징용으로 끌려가서 일손도 턱없이 부족했고 필요한 기계도 대한해협 수송로가 미국 잠수함 때문에 막혀 제때에 들어오지 못했다. 다행히 담당 일본인 근로 과장 고다마가 동경제대 출신에다 사려 깊은 인물이어서 여러모로 손발이 잘 맞았다.

제2차 세계 대전 말기에는 생활 물자가 너무 부족했다. 모든 것이 전선에 먼저 공급되기 때문에 민간 사회에는 남아 있는 것이 없었다. 그런데 군수 공장 안은 딴 세상이었다. 밖에선 식량이 모자라 아우성인데, 공장에선 굶는 법이 없었다. 정식 사원이 되면 술과 담배까지 꼬박꼬박 지급되었다. 심지어 사택 뜰에 심으라고 꽃씨까지 나눠 주었다.

공장 근로자들에게는 식량과 소금, 비누 등 생활필수품과 작업복이 배급되었다. 그런데 그 배급권을 맡은 사람들은 경찰이나 헌병 출신의 일본인들이었다. 그들은 배급 물자를 횡령해 배를 채웠다. 근로자들은 모자라는 물품을 암거래 시장에서 몇 배로 비싼 가격으로 사야 했다. 김 계장은 배급이 원활하게 이뤄지도록 노력해 부패를 상당히 해소했다. 또한 성심껏 일본인 상관들을 설득해 조선인 근로자들의 복지를 확보하는 데 힘썼다. 근로자 전용 병원을 설립하고 자녀들을 위한 유치원도 만들었다.

군대 같은 계급 사회에서 하층민으로 살던 근로자들은 매사에 솔선수범하는 김 계장을 존경하게 되었다. 김 계장의 직속상관인 고다마 과장도 김 계장을 믿고 열심히 도와주었다. 근로자들은 자신들의 생활 복지를 위해 힘써 주는 김 계장과 고다마 과장을 믿고 따랐다. 광복 직후에 근로자들이 회사의 모든 일본인들을 감금했을 때, 고다마 과장만은 사택에서 지내게 하고 신변을 보호해 주었다.

류달영은 회사 안이 안전하고 물자도 상대적으로 여유가 있는 것을 보고 친지들이 탄광이나 동남아 일선으로 징용되지 않도록 회사로 불러들였다. 김교신은 회사가 비록 군수 공장이긴 하지만 자신은 개미굴에서 바다로 나온 기분이라고 했다.

장사 김교신 계장

질소연료 공장에서 일하는 조선인 중에는 악질 일본인들의 앞잡이 정보원이 되어 설치는 주먹들도 있었다. 특히 그 두목은 거구의 장사였다. 하루는 김 계장의 주선으로 팔씨름 대회가 열렸다. 고달픈 공장 생활의 애환을 달래 주기 위해서였다. 구름같이 모인 군중들 앞에서 선수들은 시합을 시작했다. 경기 분위기가 점점 무르익어 갔다. 사람들이 예측한 대로 승승장구하는 사람은 그 두목이었다. 그는 여덟팔자로 수염을 길러 폼을 잡기 때문에 사람들은 그를 지칭할 때 수염에 해당하는 일본어 '히게'를 붙여 '히게 아바이'라는 별명으로 불렀다.

마침내 결승전이 벌어졌다. 사람들은 마음을 조이며 상대방을 응원했지만, 결과는 역시 히게 아바이의 승리로 돌아갔다. 가뜩이나 사람들이 그의 완력을 두려워하고 있는데, 팔씨름 대회에서 우승까지 했으니 더욱 안하무인으로 나올 게 뻔했다. 그는 본부석에 앉아 있는 김 계장에게 상을 요구했다. 김 계장은 상 줄 생각이 없는 듯 웃었다. 그리고 앞으로 나와 자기하고 해 보자고 손을 내밀었다. 두 사람의 팔씨름이 시작되었다. 그런데 히게 아바이가 힘도 못 써 보고 맥없이 졌다. 이번에는 왼손으로 도전했지만 결과는 마찬가지였다. 사람들은 환호성을 질렀다. 그다음부터 히게 아바이는 김 계장 앞에서 기를 펴지 못했다. 김 계장의 통솔은 더욱 잘 통했다.

함경도의 겨울은 몹시 추웠다. 어느 날 류달영과 김 계장이 함께 방에 있는데, 당직 직원이 헐떡이면서 찾아왔다. 근로자들의 생활필수품을 독점으로 공급하는 일본인들이 김 계장을 혼내 주려고 작심하고 찾아와 술대접을 하라고 행패를 부린다는 것이다. 김 계장은 원래부터 술과 담배를 하지 않았다. 그는 한동안 생각하다가 작업복으로 갈아입고 집에 모아 둔 술병을 직원에게 들게 하고 밖으로 나갔다. 한방에 있던 류달영은 걱정이 되어 따라가겠다고 했더니 그냥 집에서 기다리라고 해 주저앉았다. 가뜩이나 날씨가 추운데, 술도 못 마시는 사람이 일부러 행패를 부리러 찾아온 사람들을 어떻게 대적해 낼지 걱정이 되어 잠을 이룰 수가 없었다. 김 계장은 자정이 훨씬 넘어 돌아왔다. 그러고는 제자 앞에서 술 냄새를 풍기기 싫었는지 아무 말 없이 안방으로 들어가 자는 것이었다.

다음 날 근로계 직원으로부터 전말을 자세히 듣게 되었다. 일본인 네다섯 명은 김 계장을 끌고 술집으로 가서 대작을 시작했다고 한다. 김 계장이 평소 술을 마시지 않는 것을 약점으로 잡아 혼내 주려는 것이었다. 그들은 자기가 마신 술잔을 꼭 김 계장에게 주고 술을 따라서 마시게 했다. 결국 혼자서 상대방의 술을 다 받아먹어야 하니 일본인들보다 몇 배나 많이 마시게 되었다. 만일 술잔을 거절하면 사람을 무시한다고 트집 잡아 아주 병신으로 만들어 버릴 작정이었다고 했다.

하지만 사정은 딴판으로 돌아갔다. 그들이 장사 김교신을 잘못 보았다. 다섯 명이 모조리 쓰러질 때까지 김교신은 잘 버텼고, 밤중에 눈 내린 먼 길을 걸어서 집까지 잘 찾아온 것이다. 김 계장은 다음 날 아무 일도 없었다는 듯이 정상적으로 출근해 일을 보았다. 젊은 시절 몸이 호리호리한 편이었던 류달영은 스승의 담력과 완력에 놀랐다. 그러나 누가 알았으랴. 상대적으로 몸이 약했던 제자가 금강역사 스승보다 두 배나 더 오래 살다 갈 줄을.

거목이 쓰러지다

　세계 최대의 미군 폭격기 B-29가 흥남의 하늘까지 종종 나타나던 때였다. 김교신은 일본의 종말이 목전에 다가온 것을 실감하고 있었다. 봄이 와서 공장이 바삐 돌아가자 류달영은 김 계장의 지시에 따라 한 명이라도 더 데려오기 위해 개성으로 출장을 갔다. 류달영은 오랜만에 집에도 들러 회포를 풀었다. 그런데 급성 맹장염이 발병해 도립병원에 입원해 수술을 받았다. 전쟁 통에 항생제가 없어 고통에 시달리며 병상에 누웠는데, 김교신 선생이 별세했다는 전보가 날아왔다. 하늘이 무너진 듯 천지가 캄캄했다.
　1945년 4월 25일, 해방이 불과 100여 일 남은 때였다. 근로자 중에 환자가 있어 병문안을 다녀왔는데, 김 선생도 감염된 것이라고 했다. 급성 발진티푸스였다. 갑작스런 고열로 유언 한마디 남기지 못하고 쓰러진 것이다. 류달영은 김교신 선생이 마치 모세처럼 여겨졌다. 이집트에서 노예로 고생하던 동포를 이끌고 40년에 걸친 천신만고 끝에 목적지에 도착했지만 가나안 땅이 눈앞에 보이는 곳에서 죽은 모세의 이미지가 김교신에게 그대로 겹쳐졌던 것이다.
　김 선생은 가족과 친지들 그리고 아끼고 돌보던 조선인 근로자들에 둘러싸여 이 땅을 떠났다. 고다마 과장은 조사에서 김교신이 비록 조선인 부하였지만 마음속으로 스승처럼 흠모했다고 말했다. 고다마 과장의 주선으로 김교신은 순직으로 처리되어 장례는 공장장으로 치러졌다. 법정 전염병이라 유해는 화장되어 함흥 선산에 모셔졌다. 류달영은 병원에서 꼼짝을 못하는 신세라 더욱 서러웠다. 친상을 당했을 때보다 더 슬프게 느껴졌다.
　병원에서 퇴원한 류달영은 서울 정릉의 김교신 선생 댁으로 가서 유품을 정리했다. 김 선생의 늙은 어머님과 사모님 그리고 육남매의 앞날이 걱정되었다. 류달영은 김교신이 이 땅에 남긴 발자취를 정리해 기록하는 일이 자신의 사명이라고 다짐했다. 후에 생각해 보니 김교신 선생이 그렇게 돌

왼쪽부터 류달영, 함석헌, 유영모

아간 뜻이 느껴졌다. 광복 후 북한은 공산당의 수중에 떨어졌는데, 강직한 성격의 크리스천인 김교신이 질소연료 공장을 접수해 경영하는 과정에서 공산당 쪽과 충돌이 생기지 않을 수 없을 것이다. 소련군이 점령한 땅에서 김교신이 공산당에 의해 희생될 것은 불을 보듯 뻔한 일이었다. 어쩌면 김교신 선생은 그다운 죽음을 미리 맞이한 것이 아닌가 여겨졌다.

김교신의 죽음을 애통해한 이 중에는 다석 유영모도 있다. 다석은 김교신의 죽마고우인 함석헌의 오산학교 선생이었고 김교신의 사람됨을 각별히 아꼈다. 유영모는 자기가 죽을 해를 67세로 정하고, 날짜는 김교신이 죽은 4월 25일 다음 날 죽겠다고 선언했다. 그는 그날이 되자 자신의 장례를 신문에 광고로 내고, YMCA에서 자신의 장례식도 거행했다. 유영모는 여생을 덤으로 생각하고, 자신보다는 진리를 위해 바쳤다. 류달영은 후일 다석 유영모의 사상을 흠모해 유일한(柳一韓) 상의 상금으로 받은 천만 원을 내놓아 성천문화재단 출판부에서 《유영모 명상록》 전 3권을 발행했다. 그리고 다석사상연구회를 후원하고 매년 다석 탄신일을 기념하기 위해 성천문화재단 강의실에서 추모 강연회를 개최해 왔다.

한편 김교신 선생의 가족을 걱정하는 류달영의 마음이 전달되었는지 몰라도 후일 장녀 인숙은 김교신의 장남 정손과 결혼한다. 류달영은 스승과 사돈이 된 것이다.

재운 좋은 종묘회사 전무

류달영은 맹장염 수술의 경과가 좋지 않아 퇴원 후에도 상당 기간 병원을 다니며 치료를 받아야 했다. 그리고 김교신 선생이 세상을 떠난 뒤라 흥남으로 돌아가고 싶지 않았다. 개성에는 가족이 있어 마음이 안정되었다. 일본이 전쟁 막바지에 몰린 상황이라 식민지 조선의 형편은 더욱 흉흉했다. 그의 일곱 식구는 생활이 매우 어려워졌고 종교에 의지해 더욱 단합했다.

하루는 종묘업을 하는 허진 사장을 만났는데, 자기 회사의 전무를 맡아 달라고 부탁했다. 류달영은 비록 수원고농을 나왔지만 종묘상은 어디까지나 사업이기 때문에 자신이 나설 일이 아니라고 생각했다. 자신은 경제적인 지식과 경험이 없다며 정중히 사양했다. 허 사장은 자기도 충분히 생각해서 결정한 일이기 때문에 나와서 자리만 지켜 주면 된다고 설득했다. 속마음은 경제 사정이 어려운 류달영을 도와주고 싶었던 것이다. 고마운 일이었다.

당시 채소 종자는 대부분 일본에서 수입했는데 수송로가 끊겨 큰 혼란이 일어났다. 회사에서는 묵은 씨를 새 씨와 섞어 팔았다. 당연히 묵은 씨는 싹이 나오지 않았다. 류달영은 이래선 안 된다고 생각하고 간부회의를 소집해 협잡을 당장 중지하자고 했다. 묵은 씨를 수거해 마당에서 태웠다. 소문이 좁은 개성 사회에 파다하게 났고, 새벽부터 손님들이 들이닥쳐 씨앗을 사 갔다.

다행히 그가 전무 일을 맡고 나서 회사는 번창했다. 육년생 인삼을 밭떼기로 샀을 경우 상황에 따라 큰돈을 벌기도 하고 반대로 잃기도 한다. 일종의 투기인 셈이다. 하지만 회사가 무슨 일을 하든 사업은 순조롭게 풀렸다. 농장도 새로 사고 시내의 건물도 늘려서 그는 재운 있는 전무 역할을 톡톡히 했다. 모든 직원에게 회사 주식도 나눠 주어 주주로서 회사 일을 자기 일처럼 하게 만들었다. 얼마 후 8·15 광복을 맞이하자 그는 회사를 그만두고 교육계로 돌아갔다. 새 나라를 건설하는 데 많은 일이 그를 기다리고 있었다.

해방과 조선 이야기

8월 15일에 중대 발표가 있다는 라디오 방송이 반복해서 흘러나왔다. 의견이 구구한 중에 일본 천황의 목소리가 전파를 탔다. 처음에는 잡음이 심해 내용을 잘 알아듣지 못했다. 일본이 무조건 항복한다는 사실을 확인하는 순간 가슴이 북받쳐 올랐다. 이제야 하느님의 심판이 내렸구나! 이제 죽어도 여한이 없다는 감격에 목이 메었다. 일순간 최악의 고통이 최상의 기쁨으로 바뀌었다. 눈앞에 선친과 스승의 모습이 어른거렸다. 살아계셨다면 얼마나 기뻐하셨을까? 이제 조국의 새 역사를 위하여 무슨 일을 할 것인가? 이 일을 과연 누구와 상의할 것인가? 스승의 빈자리가 너무나 컸다.

개성의 친구들 몇 사람이 찾아와 서로 위로하고 기쁨을 나누었다. 밤이 되자 평소 애국자로 존경했던 남궁억 선생의 맏딸 남궁숙경 여사가 찾아왔다. 그보다 연상의 부인이었다. 함께 해방의 기쁨을 나누고 조국의 광복을 위해 노력하신 남궁억 선생께 감사한다는 인사를 표했다. 여사는 가져온 보자기를 풀더니 안에 든 작은 꾸러미를 내어놓았다. 선친의 뜻에 따라 원고를 전달한다는 것이다. 남궁억 선생은 1884년에 영어 학교를 수석으로 졸업하고 서재필의 독립협회 회원으로 활약했고 〈황국신문〉 사장과 대한협회장 등으로 일하면서 무궁화 보급에도 힘썼던 선각자였다.

남궁억 선생은 일제의 극심한 탄압을 받으면서 강원도 홍천의 집으로 들어가 학원을 열고 청년들에게 국사 교육을 했다. 원고는 당시 강의하던《동사(東史)》전 4권과 누구나 읽기 쉽게 풀어 쓴《조선이야기》전 5권을 먹지에 대고 쓴 것이었다. 남궁억 선생은 딸에게 이 원고를 주면서 "소중히 보관하고 있다가 때가 되면 적당한 사람을 찾아서 전달하라."고 당부했다고 한다. 일본 경찰의 가택 수색이 심해 낮에는 치마 속에 품고 있고, 밤에 끌러놓고 하면서 애지중지 보관해 오던 보물이었다.

류달영은 자기를 믿고 원고를 건네준 정성이 고마워서 밤을 새워 읽어 나갔다. 그는 이미 함석헌으로부터《뜻으로 본 조선역사》를 공부했기 때문에 막히는 게 별로 없었다. 다음 날《조선이야기》중 마지막 제5권을 가지고 인쇄소로 갔다. 당시는 철필로 긁어 등사하는 게 가장 쉽게 책을 만드는 방법이었다. 그는 자비로 책을 복사했다. 제5권은 우리나라가 일제에 강점당하고, 선열들이 독립 투쟁을 벌인 기록이 적혀 있었다. 류달영은 이 책에 '조선최근사'라는 제목을 붙이고 각 학교와 유지들에게 나눠 주었다. 역사부터 제대로 알자는 취지였다.

인재 양성과 보이 스카우트 운동

광복을 맞았을 때 우리나라 사람들은 모두 기대에 부풀었다. 일제 치하의 36년간은 배달민족 오천 년 역사에서 주권을 완전히 뺏기고 노예와 같은 생활을 하던 유일한 시기였다. 류달영은 해방된 조국을 위해 무슨 일부터 시작해야 할지 곰곰이 생각해 보았다. '백만사(百萬事)는 모두 인간이 한다.'는 실천 원리가 떠올랐다. 아무리 생각해도 인재를 양성하는 것이 모든 일의 근본이라는 결론에 도달하지 않을 수 없었다. 그러나 교육은 시간이 많이 걸리는 일이다. 단시간 내에 사람을 만들어 내는 좋은 방법은 없을까? 생각 끝에 발견한 것은 스카우트 조직 훈련이었다. 전국의 인재를 광범위하게 교육시키는 좋은 방법임이 틀림없었다.

일본인들은 조선 보이 스카우트를 해산시켰다. 신념 있는 청소년을 육성하면 골치만 아플 것이기 때문에 그 싹을 잘라 내자는 것이었다. 역으로 보면 훌륭한 인재를 길러 내는 데 보이 스카우트 운동의 효과가 그만큼 크다는 것을 증명한다. 일본인들이 조선 보이 스카우트를 해산시킨 명목은 스카우트의 상징인 머플러에 무궁화 문장이 새겨져 있었기 때문이다. 그들은 나라꽃을 목에 매고 다닌 청소년이 자라나는 것이 두려웠던 것이다.

류달영은 친구인 최창순 의사와 김원규 목사를 찾아가 취지를 설명하고 보이 스카우트를 조직해 훈련시키자고 제안했다. 셋은 즉석에서 합의하고 재정은 최 의사가, 스카우트 선발은 김 목사가, 그리고 실무와 훈련은 류달영이 맡기로 했다. 해방 후 20일 만인 9월 4일 개성 남대문 중앙교회에 금강소년척후대의 간판이 내걸렸다. 류달영은 헌책방에서 보이 스카우트 교본을 구해 김 목사가 선발한 10여 명의 제1기 소년들을 훈련시켰다. 훈련을 마친 소년들은 조를 짜서 혼란한 질서를 바로잡는 봉사를 했다. 서울에서는 이듬해 정식으로 보이 스카우트가 발족되었다. 해방 후 최초로 조직된 개성 보이 스카우트는 나중에 한국 보이 스카우트 연맹에 경기 제1대로 편입되었다.

광복이 되어 조국은 해방을 맞았지만 마냥 부풀어 있을 수만은 없었다.

행정과 치안이 공백 상태여서 개성 시민들은 불안한 나날을 보내야 했다. 소련군이 들어와 은행을 털고 인삼 창고를 부수고 약탈하는 사태가 심심찮게 발생했다. 개성 유지들이 모여 시민대회를 개최하고 개성시 자치 위원을 선출해 행정과 치안을 맡겼다. 류달영은 10여 명의 자치 위원의 일원으로 선출되어 시청 부시장실로 출근했다.

태평양 전쟁에 학도병으로 끌려갔던 젊은 군인들이 속속 귀환했는데, 그들 모두 무장한 채로 돌아왔다. 그들은 장정대를 조직해 주요 기관의 경비를 맡았다. 류달영은 고문을 맡아 그들을 지도했다. 그들은 약탈에 나선 소련군을 막다가 발포 일보 직전까지 갔지만 그가 나서서 간신히 말렸다. 소련군이 가정집을 약탈하는 것을 보고 분노한 젊은이들에게 전쟁에 승리해서 들어온 주둔군과 충돌하면 뒷일을 감당할 수 없다고 설득했다.

나라는 광복을 맞았으나 사태는 나날이 심상찮게 돌아갔다. 한반도는 삼팔선으로 두 토막이 났고 서울은 미군이 진주해 군정을 실시했다. 삼팔선은 아슬아슬하게 개성을 관통해 지나갔다. 다행히 시내는 남쪽에 속하게 되었지만 북쪽의 교외에는 소련군이 주둔했다. 미국에서 구호물자가 들어와 도시의 가정에 분배되었다. 대부분이 군용 통조림이었다.

하루는 미군정 당국으로부터 발령을 받은 신임 경찰서장이 부임했는데, 부시장실에 인사차 들렀다가 류달영을 보고 그만 땅바닥에 납작 엎드렸다. 바로 경기도 고등계 형사로 류달영을 잡아다가 검사국으로 보낸 장본인이었다. 얼마나 많은 애국지사가 그놈 때문에 고생을 당했을까? 해방이 되었지만 친일파가 오히려 고위직에 진출하는 진풍경이 눈앞에서 벌어지고 있는 것이다. 경찰서장은 다음 날로 자기 얼굴을 알지 못하는 사람들이 있는 객지로 도망쳐 버렸다.

개성 시대의 막이 내리다

류달영은 일제 치하 36년을 고스란히 살았다가 해방을 맞았으니 오로지 나라 생각뿐이었다. 사심이 끼어들 수가 없었다. 마침 양정고보에서 배운 바 있는 김연창 선생이 개성고급중학교 초대 교장으로 부임해 왔다. 김 교장은 류달영을 불러 교편을 다시 잡으라고 권했다. 그는 즉석에서 승낙하고 학교로 돌아갔다.

개성고급중학교에는 한국사를 가르칠 선생이 없어서 류달영이 과학과 함께 한국사까지 가르쳤다. 어린 학생들이 하나하나 새 조국을 건설할 역군이라고 생각하니 소중하기 그지없었다. 미군정하의 학교는 형식도 미국식을 따랐다. 조회 때 학생들을 줄 세우지 않았고 수업 시작할 때 선생에게 인사하는 것도 각자 자유롭게 하도록 내버려 두었다. 류달영은 학생들에게 한국인으로서의 긍지와 자부심을 심기 위해 노력했다.

그러던 어느 날, 서울시의 이덕봉 교육국장으로부터 전화가 왔다. 그는 식물학 교사 출신으로 김교신 선생과 가까운 사이여서 류달영의 인품과 능력을 잘 알고 있었다. 서울로 와서 희망하는 학교를 하나 골라 맡으라고 권고했다. 하지만 그는 서울의 명문 중학교 교장이 될 수 있는 기회를 사양했다. 무엇보다 정든 개성을 떠나기 싫었고, 평교사로서 만족하고 있었기 때문이다.

해가 바뀌어 1946년이 된 어느 날, 류달영의 모교이며 학제 개편으로 서울대학교 농과대학으로 변한 수원고농에서 교수로 오라는 연락이 왔다. 정신의 고향에서 금의환향하라는 연락이 왔는데, 거절할 도리가 없었다. 그는 매우 기뻤다. 그는 농대로 발령을 받았지만, 개성고급중학교가 좌우 교사 간의 사상 싸움으로 혼란하게 되자 그것을 수습하느라 개성과 수원을 오가며 강의하다가 이듬해 1947년에야 가족과 함께 수원으로 갔다. 이로써 류달영의 개성 시대는 막을 내린다.

그는 별세할 때까지 개성에 대한 향수와 호의를 품고 살았다. 때때로 맑은 날이면 북한 땅이 건너다보이는 오두산 전망대에 가곤 했다. 그리고 빤히 보이는 개성의 송악산과 천마산 능선을 바라보며 죽기 전에 한 번 개성에 가 보았으면 좋겠다는 말을 하곤 했다. 그러나 끝내 이 소망을 이루지 못하고 돌아가셨다.

6

이 땅에 덴마크 부흥을 실현하자
— 서울대 농대 교수 시절

수원 농대 교수가 되다

류달영은 전 가족을 이끌고 수원으로 갔다. 농대 교수 관사로 이사 가니 일제 때의 비좁은 직원 관사를 그대로 사용하게 되어 불편했다. 낡은 목조 건물을 쓸고 닦고 해서 겨우 자리를 잡았다. 초창기 교수 월급은 쌀 한 가마 값도 안 되었다. 교수들은 대개 나이가 많아 대가족을 거느리고 있었다. 그래서 모두 관사 근처에 채마밭을 개간해 자급자족하기에 힘썼다. 류달영도 옥수수, 감자, 토마토, 완두콩, 고추, 시금치 등 작물을 심어 식량을 보충했다. 한동안 감자를 주식으로 먹은 적도 있다.

집집마다 메주를 쑤고 간장과 된장을 만들어 시장에 내다 팔기도 했다. 류달영의 집에서는 아내가 실을 사다가 손수 소창을 짜 시장에 팔기도 하고, 된장도 담가 판매해 살림에 보태 썼다. 당시 우리 국민의 일인당 GNP는 겨우 몇 십 불 정도였다. 새롭게 취임한 농대 교수들은 대부분 고등보통학교 교사 출신들이 많아 나름대로 열심히 교안을 만들고 강의 준비를 했다. 생활은 어려웠지만 새로운 일을 개척한다는 사명감이 충만했다.

농학 과장 지영린 교수는 수원고농 시대에 조교수로 작물학을 강의한 전력이 있는 유일한 학자였다. 농학과 교수들은 모두 그의 지도를 받았다. 류달영은 채소 원예학을 담당하게 되었다. 또한 한국에는 화훼 원예학을 전공한 사람이 없어 그 과목도 맡았다. 수원고농 시절에 배운 것을 토대로 책을 봐 가면서 강의했다. 채소 종자를 거의 일본에서 수입하는 형편이라 채소의 채종 기술을 개발하려고 노력하고, 산나물도 재배용으로 채소화하려고 힘썼다. 하지만 후배가 새로 와 채소 원예학 과목을 넘겨주었고, 류달영은 화훼 원예학만 맡았다. 농대에서 30여 년 재직하면서 화훼를 계속 가르쳤다. 그는 화훼를 산업화해 수출 작물로 개발해야 한다고 생각하고 이를 장려했다.

류달영은 농대에 와서도 호수돈여학교 시절부터 시행해 온 무시험 전통을 이어 갔다. 대학에서는 자기가 맡은 과목에 대한 시험 감독을 담당 교수가 책임지기 때문에 간섭하는 사람이 없었다. 농대에서 류달영 교수의 시험 문제는 매년 거의 같았다. 선배들이 그의 시험 문제를 기록해 두었다가 후배들에게 물려주어서 누구에게나 공개된 비밀이 되었다. 예컨대 이런 식이었다. '1. 한국에서 화훼 원예가 산업화되려면 그 최선의 방향은 무엇인가? 2. 화훼나 관상식물은 인간 생활에 어떤 영향을 주는가?'

그는 시험 시간에 교실에 들어가 칠판에 문제를 쓴 뒤 답안지를 나눠 주

서울대 농대 교수 시절

고 나오면 그뿐이었다. 답안을 맨 마지막에 내는 학생이 답안지를 모아 교수실로 가지고 왔다. 대신 그는 답안을 잘 읽어 보고 공정하게 채점을 했다. 어느 날 강의 시간에 들어가서 시험 답안을 나눠 주는데, 한 학생이 손을 들고 자기 답안이 채점이 잘못되었다고 했다. 답안을 살펴보았더니, 첫 문제는 답안을 썼고 둘째 문제는 백지로 냈는데 80점을 받은 것이다. 점수 배당이 문제 당 50점이니까 무언가 잘못되었다는 학생의 말이 일리가 있었다.

학생들도 여기저기서 수근거렸다. 그러나 류달영은 채점에 이상이 없다고 설명했다. "첫 번째 답안에는 30점을, 두 번째 답안에는 50점을 준 것이다. 그렇게 채점한 까닭은, 첫 번째 답안은 쓴 내용대로 30점을 주었고, 두 번째 답안은 정직에 대해 50점을 준 것이다. 시험 감독도 없는데, 백지로 냈다는 것은 낙제를 각오한 행동이다. 나의 교육 목적은 올바른 인간을 만드는 것인데, 이 학생은 급제를 한 것이다." 이후로 류달영의 채점에 대해 이의를 제기하는 학생은 없었다. 출석이 개근이면 무조건 A학점인 것도 전통이 되었다.

류달영은 살아생전에 여러 강연에서 이 일화를 자주 인용했다. 인간 교육에 대한 자신의 신념과 교육관이 담긴 좋은 일화이기 때문이다. 하지만 비판적인 시선으로 듣는 사람도 있었다. 류달영이 현실을 모르는 이상주의자라는 것이다. 지금은 대학에서 학점 따는 것이 일종의 전쟁인데, 어쨌든 이 일화는 인간 류달영이 그만큼 순진하고 순수했다는 방증이다. 이러한 약점 아닌 약점을 통해 그의 살가운 인간적인 풍모를 엿볼 수 있다.

폐허로 만든 6·25 전쟁

1950년 여름, 이북의 공산군이 38선을 넘어 남하했다. 불과 며칠 만에 서울은 적의 수중에 떨어졌다. 류달영의 수원 집은 개성 시절 알고 지낸 친지들이 들이닥쳐 졸지에 피난민 수용소로 변했다. 그들은 조금만 참으면 국군이 공산군을 격퇴해 고향으로 돌아갈 수 있다는 희망을 품고 있었다. 한강 다리가 끊어지고 정부 장관들이 수원 농대의 학장실로 몰려와 허둥대고 있는데, 라디오에서 이승만 대통령의 녹음 방송이 계속 흘러나왔다. 용감한 우리 국군들이 곧 공산군을 물리칠 것이니 서울 시민들은 안심하고 동요하지 말라는 내용이었다. 하지만 알고 보니 이 대통령은 이미 남쪽으로 도망친 뒤였고, 공산군도 계속 남하하고 있었다. 급박한 상황이었다. 정부를 철썩같이 믿었던 류달영도 아차 싶었다.

류달영은 학교를 지키기 위해 동분서주했다. 공산당원의 신분을 숨기고 있던 젊은 교수들이 들고 일어나 학장실을 차지하고, 대학을 통제하기 시작했다. 공산당원 교수들은 평소에 천주교인으로 가장하고 일요일마다 성경을 끼고 수원 시내의 천주교 성당 미사에 참여했던 사람들이라 놀라움을 금할 수 없었다. 그들은 비밀리에 조직을 구축하고 정기적으로 모여 사상 학습을 했으며, 공산당에서 보낸 자금을 관리하기도 했다. 그러고도 전혀 티를 내지 않았으니 참으로 철저하고 교묘한 위장이었다.

요란한 대포 소리가 수원 근처까지 들려왔다. 류달영은 대학에 남아 있을 상황이 아니란 것을 깨닫고 피난하기로 결심했다. 어머니와 막내딸을 고향인 이천군 소리울로 먼저 피신시켰다. 그리고 남은 가족과 함께 떠나려고 하자 아내는 류 교수 혼자 먼저 떠나라고 주장했다. 류달영은 장남인 인걸만이라도 데려가겠다고 했지만 아내는 그 말도 듣지 않았다. 두 사람 다 고생할 것이 너무나 뻔하기 때문이었다. 아내는 애들을 데리고 멀지 않은 친척집으로 피하면 되니까 걱정하지 말라고 했다. 대포 소리는 더 가까이 들려오고 길에는 피난민들이 넘쳐 났다.

결국 아내의 말에 떠밀려 류달영은 집에 들린 양정고보 선생 두 명과 함께 피난을 떠나게 되었다. 일행은 우선 걸어서 충청도 병점까지 갔다. 마침 남하하는 화물차가 있어 가까스로 지붕 위에 올라탔다. 그날 밤은 대전의 여관에서 보냈다. 다음 날 일행 중 한 명이 전주에 지인이 있어 전주로 갔다. 며칠 뒤 전주마저 공산군에게 점령되어 다시 마산을 향해 떠났다. 도중에 순천에서 농대 제자를 만나 고맙게도 후한 대접을 받았다. 제자가 자기와 함께 있자고 붙잡는 것을 사양하고 마산으로 향했다.

마산도 안전하지 않았다. 소개령이 내렸지만 미군 헌병들이 부산 가는 길을 막았다. 삼랑진으로 우회해 밀양까지 갔다. 그는 농대의 동창 명부를 뒤져서 제자 주소를 찾아냈다. 물어물어 찾아갔더니 의외로 부유한 집안이었다. 그날 밤은 모처럼 사랑방에서 편히 쉬며 융숭한 대접을 받았다. 하지만 마냥 남의 집 신세를 질 수만은 없었다. 전쟁 통이라 인심이 요동치고 있었다. 류달영은 밀양 시내에 자취방을 얻어 그곳에서 생활했다. 그리고 밀양의 농잠학교 김정수 교장을 만나 그 댁으로 옮겼다. 참으로 파란만장한 피난 생활이었다.

낙동강 전선을 사이에 두고 양쪽에서 치열한 공방이 오갔다. 북한군의 장비는 원시적인 데 비해 미군의 장비는 첨단을 달렸다. B-29 편대가 낙동강 전선을 폭격하기 시작하자 전세는 역력히 기울어 갔다. 아군 진영에 여유의 빛이 돌기 시작하자 막혔던 부산 가는 길이 뚫렸다. 류달영은 부산으로 향했다. 부산의 산비탈은 피난민들의 판잣집으로 뒤덮여 있었다. 그 와중에도 미군 부대에서 흘러나온 피복, 통조림, 약품 등 물자들을 사고파는 국제 시장은 활기가 넘쳤다.

류달영은 농대 후배인 이창복 교수를 만나 그의 단칸 셋방에 따라가 신세를 졌다. 후일 들어보니 호수돈여학교 제자인 이경숙 여사가 방을 구해 놓고 그를 찾았지만 만나지 못했다고 했다. 그는 동래의 원예 시험장으로 가 육종학자 우장춘 박사와 함께 지내기도 했다. 이 인연을 계기로 서울 농대 교수로 복직했을 때 수시로 학생들을 데리고 동래로 내려가 우장춘 교수를 만나 보게 하고 원예 시험장에서 실습을 실시했다.

마침내 9월 16일이 되자 UN군이 인천 상륙 작전을 감행해 성공했다. 9월 28일에는 서울을 수복해 공무원들은 부산에서 배를 타고 인천으로 갈 수 있었다. 류달영은 첫 배에 승선해 인천으로 향했다.

잿더미가 된 서울

인천에 도착한 그는 서울로 갔는데, 대한민국 수도는 상상도 못할 폐허로 변해 있었다. 서울역, 명동 성당 등 몇 채만 남아 있을 뿐 나머지는 모두 잿더미로 변해 서울은 그야말로 허허벌판이었다. 한숨만 나왔다. 서둘러 수원으로 내려가 농대 관사로 향했다. 아내는 벌써 아이들을 데리고 돌아와 집 청소를 하고 있었다. 아내는 관사를 떠나기 전 교수 남편의 장서 3천여 권을 상자에 담아 머리에 이고 십리 밖 안전한 곳에 숨겨 놓았다. 그 모습을 본 사람들은 감탄하며 '여장사'라는 별명을 붙였다고 한다.

한편 축산과 동료 박 교수의 부인을 만났는데 계속 눈물만 흘렸다. 혼자 피난 가겠다고 나서는 남편을 붙잡고는 이 판국에 혼자만 살려고 도망가느냐고 주저앉혔는데, 결국 공산당에게 붙잡혀 월북되고 말았다는 것이다. 류달영은 돌아보니 똑같은 상황에서 자기는 아내가 등 떠밀어 가벼운 마음으로 피난 갔다 왔는데, 박 교수는 정반대로 아내가 붙잡아 떠나지 못하다가 애꿎게 잡혀가고만 것이다. 아내에 대한 고마움이 이루 말할 수 없었다.

대학으로 돌아온 교수는 아직 서너 명밖에 되지 않았다. 비어 있는 관사에는 미군들이 들어왔고 교내 식물원에 천막을 치려고 귀중한 나무들을 마구 잘라 내고 있었다. 류달영은 백인 장교를 만나 그곳은 학술적 가치가 있는 한국의 귀중한 식물들이 있으니 물러가 달라고 항의했다. 장교는 곧 알아듣고 벌목을 중지시켰다. 류달영 덕분에 농대 식물원 나무들은 보존될 수 있었다.

어머니를 모시러 이천으로 가 보니 어머니 머리가 더욱 백발이 되었다. 안타깝게도 막내딸 옥신이는 디프테리아로 세상을 떠나고 없었다. 약을 구하기 어렵던 시절이라 한번 전염병에 걸리면 속수무책이었다. 그는 무덤을 찾아가 나무를 깎아 묘비를 세워 주었다.

인천 상륙 작전으로 서울이 수복되었지만 일반인들은 서울로 돌아갈 수 없었다. 서울대 학생들은 수원 농대 캠퍼스로 몰려들었고, 교수들이 몇 명 되지 않아 학생들을 단과대학별로 가르칠 수 없었다. 그래서 연합 수업을 시작했고 류달영은 부득이 역사와 문화사 강의도 맡았다. 그는 문화사 시간에 좀 엉뚱하게도 '덴마크 부흥사'를 강의했다. 덕분에 류달영은 '덴마크 부흥사'를 완벽하게 숙지할 수 있었고, 이것이 밑거름이 되어 얼마 후 다시 피난길에 나섰을 때 대구에서 수중에 아무런 자료도 없이 '덴마크 부흥사'를 주제로 한 《새 역사를 위하여》를 집필할 수 있었다.

수원으로 돌아온 지 어느덧 네 달이 지났다. 겨우 적응하는가 싶었는데, 1951년 1월 4일 다시 대피령이 내려졌다. 류달영의 가족도 다시 피난을 떠나야 했다. 가족들과 함께 수원역에 도착하니 농대 동료 지영린 교수는 가족을 화성군 노하리 마을로 보낸다고 했다. 그곳은 농학과의 실험 농장 직원이 살고 있는, 바다가 가까운 마을이다. 아내도 지 교수의 가족을 따라가고 싶다고 해 그렇게 하기로 했다. 아내는 맏딸 인숙이가 빨래나 심부름 등 아버지의 시중을 들 만한 나이가 되었으니 데리고 가라고 했다. 결과적으로 가족과 헤어져 피난한 것이 현명했다.

류달영 부녀는 지 교수 등과 함께 1월 10일 김천에 도착했다. 겨울비가 쏟아져 피난민들이 어지럽게 오고 가는 길바닥은 진창으로 변했다. 일행은 우여곡절을 겪으며 30일 만에 목적지인 대구에 도착했다. 중공군의 참전으로 이번 전쟁은 아무래도 오래 끌 것 같아 피난민들의 마음은 6·25 피난 때보다 더 무거웠다. 류달영은 86일간의 대구 피난 시절 내내 수원고농 4년 선배인 양인석 교수 댁에서 신세를 졌다.

새 역사를 위하여

피난지 대구에서 지영린, 이창복, 류달영 세 농대 교수는 같은 집에서 생활했다. 그들 모두 양 교수와 선후배 간이었다. 양 교수는 독실한 불교 신자로 새벽에는 좌선을 하고 주말에는 내외가 함께 농장에 가서 일했다. 단아한 외모 못지않게 부지런한 데다 심성도 겸손하고 학구와 교양 쌓기에도 힘쓰는 등 참으로 존경할 만한 학자였다. 후일 류달영이 나이 80세에 성천문화재단을 세우고 대구에도 고전아카데미를 부설해 시민 교육에 나섰을 때, 양 교수는 수강생들의 수료식장에 꼭 찾아와 축사를 해 주었다. 류달영은 양 교수를 진심으로 존경했다.

여러 명이 좁은 골방에서 함께 지냈기 때문에 낮이면 답답해 거리로 나가는 날이 많았다. 전쟁 통에 남루한 차림의 대구 시민들과 피난민들이 한데 뒤섞여 물결처럼 흘러가는 광경을 지켜보며 '이들에게 희망을 줄 수 있는 일은 없을까?' 하고 고민했다. 어떻게 되찾은 해방인데 나라는 두 쪽으로 나뉘어 험한 전쟁을 치르고 있다. 외세로부터 겨우 벗어났나 싶었는데, 이번에는 더 큰 호랑이들인 미국과 소련과 중국이 들어와 먹이를 놓고 서로 싸우고 있다. 어떻게 하면 한국인들이 정신적으로 성숙해지고 또 자립할 수 있을까? 만일 김교신 선생이 살아 있다면 그는 무슨 생각을 했을까? 류달영의 가슴속에는 조국을 향한 사랑이 들불처럼 타올랐다.

그는 조국의 살길은 덴마크처럼 국민 정신이 깨어나는 수밖에 없고, 이 시점에 그의 사명은 국민정신을 일깨우는 책을 쓰는 것이라고 결론을 내렸다. 수원에 돌아가면 쓰려고 했던 '덴마크 부흥사'를 지금 여기서 집필하자! 시간은 많고 할 일은 없는데 잘된 일이지 않은가! 전쟁 통이라 비록 수중에 참고 문헌은 없지만, 수원고농 학생 시절부터 사토 교수나 김교신 선생이 간절한 염원을 담아 자신에게 전해 준 책을 읽고 또 읽었기에 기억을 더듬으면 전혀 불가능할 것도 없었다. 다행히 얼마 전 문화사 시간에 학생들에게 강의하느라 전체를 살펴보지 않았는가!

그는 책의 내용과 뼈대를 여러 날 구상했다. 그리고 거리로 나가 광고지를 모으기 시작했다. 원고지 구하기가 어려워 이면지로 활용하기 위해서다. 덴마크 국민들은 독일과의 전쟁에서 패해 넓은 옥토를 다 빼앗기고 불모의 황무지로 쫓겨 갔다. 그들은 현명한 지도자를 중심으로 뭉치고 불굴의 의지로 협동 정신을 발휘해 세계 최고의 민주 복지 국가를 재건했다. 그 영향을 받아 주변의 노르웨이, 스웨덴, 핀란드 등 스칸디나비아반도의 약소국가들도 번영을 누리게 되었다.

바로 그 사례를 거울 삼아 국민들에게 우리도 일어설 수 있다는 희망을 주고 용기를 북돋워 주자는 것이 집필 목적이었다. 일단 펜을 들기 시작하자 마치 누군가 불러 주는 것을 받아 적는 것처럼 글이 쉼 없이 흘러나왔다. 후끈 달아오른 펜은 47일간 쉬지 않고 춤을 추었다. 마침내 펜을 놓았을 때 책 제목을 '새 역사를 위하여'라 짓고, '덴마크의 교육과 협동 운동'이라는 부제를 달았다.

류달영은 그 원고를 품에 안고 수원으로 돌아왔다. 약간의 수정 보완을 거친 후 이듬해 수원의 작은 서점에서 출판했다. 책은 전후의 어려운 상황에서 나와 인쇄나 장정은 보잘것없었지만 판매 속도는 놀라울 정도로 빨랐다. 몇 해 동안 26판을 거듭 찍었다. 다석 유영모는 그 책을 보고 감격했고 10여 부 사서 YMCA 연경반 강의에 출석한 사람들에게 나눠 주기도 했다. 이 책은 '한국 농민 운동의 바이블'로 불리면서 아래로는 농민으로부터 위로는 대통령에 이르기까지 전 국민의 애독서가 되었다. 또한 공무원과 군인들의 필독서이기도 했다. 당시 지성인치고 이 책을 읽지 않은 사람은 드물 것이다.

《새 역사를 위하여》로 류달영은 한국덴마크협회 회장이 되었고, 그 인세로 오늘날 성천문화재단의 모태인 평화 농장을 개설했으며, 이 책을 낸 출판사는 농업서적 전문 출판사로 성장했다. 그 책을 읽고 가슴이 뜨거워진 수많은 우국 청년들이 서울대 농대에 입학 지원서를 냈다. 10여 년 후에 국무총리급인 국가재건국민운동본부 본부장을 맡아 동분서주하며 봉사하게 된 것도 출발점은 이 책이었다.

객관적인 평가를 내리면 이 책의 출판으로 인해 류달영의 인생이 바뀌었다 해도 이의를 제기할 사람은 없을 것이다. 그만큼 개인적으로, 국가적으로 매우 중요한 저서였다. 저자의 의도대로 국민의 정신이 깨어나는 기폭제가 된 것이다. 암울한 피난 시절을 생애 최고의 창조적 시간으로 바꾼 그의 지혜와 안목에 놀라지 않을 수 없다.

국민의 부유, 건강, 교육, 복지 사회

《새 역사를 위하여》 서문에서 저자는 집필 의도를 명확히 밝힌다.

이 저서의 목표는 덴마크 역사가 실증한 바 보람 있는 인생과 영원한 민족 번영의 원동력을 파내어 우리나라 농민과 학생과 교사와 우국의 젊은이들에게 밝히고자 하는 데 있다. 새 역사의 선구자적 영광이 젊은 제군들 위에 빛나기를 기원하면서 이 책을 조국의 농촌과 학원과 도시의 성실한 젊은 친구들에게 보낸다. 20여 년 동안 내가 연구해 온 덴마크지만 저서로 세상에 내놓기에는 아직도 부족한 점이 많은 것을 자인한다. 그러나 전전 유랑하는 6·25 전란의 피난 생활 중에 견딜 수 없는 나의 비분과 열정이 미비한 대로 집필을 주저치 않게 했다는 것을 말해 둔다.

그리고 16판에 추가한 새 서문에서도 저자의 바람을 자세히 적고 있다.

오늘의 우리나라를 중흥하는 건설 작업의 핵심적인 문제점은 오로지 백년 전 덴마크의 역사 속에서만 찾아낼 수 있다. 하늘도 감동케 하는 애국자들의 성실, 소박하면서도 우둔한 것처럼 보이는 젊은이들의 꾸준한 분투, 조국의 민 미래를 내다보는 건전한 슬기 등 약자지만 위대한 능력을 발휘할 수 있도록 하는 원리, 즉 번영의 원리를 그들은 남김없이 찾아내어 도탄에 빠진 조국뿐만 아니라 노르웨이, 스웨덴, 핀란드 등 스칸디나비아반도 여러 나라를 오늘의 복지 국가로 이끌었다. 젊은 우리들은 이 시련 속에서 조국을 동양의 복지 국가로 창조하는 영광을 스스로 버리는 우를 범해서는 안 된다. 필자는 조국의 아름다운 미래상을 그리면서 독자들의 분투를 염원하여 마지않는다.

저자는 제1장 '폐허의 땅 덴마크'에서 '덴마크로의 지향'을 밝힌다. 전에 없이 참혹한 동족상잔의 환난 속에서 우리는 희망을 어디서 발견할 수 있을까? 칠흑같이 어두운 밤에 앞길을 밝혀 줄 등대는 농업 문화 창조와 복지 국가 건설에 성공한 '덴마크 부흥사'라고 확신한다. 빈곤을 물리쳐 어느 나라 국민보다 부유하고, 체육을 진흥시켜 어느 나라 국민보다 건강하며 장수하고, 국민 교육 수준은 세계에서 최고이고, 복지 사회 건설에 빈틈이 없는 나라, 덴마크!

저자는 덴마크가 조국 재건에 성공한 근본 원인은 교육에 있다고 보았다. 건전한 교육을 떠나서는 나라 재건과 민족 번영과 인류 발전은 이룰 수 없다는 것이다. 덴마크는 비상한 정열과 노력으로 확실한 교육 목표와 특유의 교육 제도를 창안해 전 국민을 단시일 내에 교육시키는 데 성공했고, 바로 이것이 오늘날 덴마크 번영의 근저가 되었다. 또한 농업은 건전하고 순박한 국민성뿐 아니라 환경 사랑 정신을 심어 주기 때문에 '교육과 농업'은 수레의 두 바퀴처럼 한 국가가 앞으로 전진하는 데 필수불가결한 두 요소라는 것을 강조했다. 그리고 류달영은 농업은 협동조합 운동을 통해 비약적인 발전을 할 수 있다고 하면서 덴마크가 산 증거라고 했다.

저자는 이어서 황무지 개척자들을 소개한다. 개인이나 국가나 민족이나 역경의 시련 속에서 단련되지 않고는 위대한 업적을 이룰 수 없고, 도가니 속에서 수천도의 열로 달궈지고 망치로 두들겨 맞아 정련되지 않고는 예리한 보검이 만들어질 수 없다. 덴마크는 가혹한 역사의 시련을 훌륭히 극복해 평화와 장수와 부와 지식을 모두 가지게 되었다. 온 국민이 패전의 어둠 속에서 비탄에 잠겨 있을 때, 비록 전쟁에서 패했지만 정신은 전혀 패하지 않은 사람들이 있었다. 그 대표적인 사람이 그룬트비와 크리스텐 콜 그리고 달가스였다.

그룬트비의 국민 교육

그룬트비는 시인, 종교인, 역사가, 철학자였으며 무엇보다 애국자이자 선각자였다. 그는 북유럽 신화 책을 내어 '덴마크의 칼라일'이라 불렸던 작가다. 그는 무엇보다 덴마크 청년들을 교육시킬 국민 교육을 창안해 낸 사람이다. 그는 자신의 사상을 이런 구호들로 표현했다.

'역사적으로 진실하게'
'윤리적으로 고상하게'
'심미적으로 순수하게'
'여기 아름다운 나라가 있네'
'역사 교육으로 젊은이를 개조하자'
'신과 가정과 국토에 대한 뜨거운 사랑을 기초로'
'덴마크 건설은 광범위한 지식 위에'
'국민의 근본적인 자산은 흙에서 온다'
'전체는 한 사람을 위하여, 한 사람은 전체를 위하여'

그룬트비가 제시한 국민 교육 방법론은 '국민고등학교'였다. 저자는 그룬트비에게서 '산 인격에서 솟아 나오는 생명의 말씀이 그대로 사라지지 않는 역사적 실례'를 발견하고 감격한다. 그는 대학에서 신학을 전공했고,

국민들에게 북유럽의 역사를 알려 주고자 애썼다. 그는 자유로운 신앙과 사상을 주창해 기존의 완고한 보수 신학자와 사상가들과 갈등을 빚었다. 하지만 굳은 신념으로 국민들에게 호소해 자유 신앙 운동이 전국적으로 일어났다. 그리고 자유 신앙을 바탕으로 덴마크의 역사 속에 흐르는 위대한 민족성과 빛나는 과거를 되살리려고 했다.

또한 그는 '산 말씀' 운동을 펼쳐 강연회가 전국적으로 유행하게 되었다. 덕분에 썩은 교육은 무너지고 죽은 학교가 부흥했다. 국민들은 생의 가치와 역사적 사명을 깨닫고 국가를 부흥시키기 위해 단합해 나갔다. 그는 이를 위해 특히 교사 육성에 열정을 쏟았다. 모든 것은 민간의 자발적인 참여로 이뤄져 국민은 서로 돕고 뭉치는 협동 정신, 인격 평등사상, 뜨거운 애향 애족 애국 정신을 북돋웠다.

크리스텐 콜

크리스텐 콜은 그룬트비의 이상을 받아들여 비상한 열성과 탁월한 역량으로 생애를 바쳐 국민고등학교 교육을 실천하고 발전시킨 선구자였다. 그는 겨우 초등교원양성소를 졸업한 학력이었지만 평이한 문답식 교육법을 개발해 관료적이며 형식적인 교육을 개혁했다. 특히 그는 그룬트비의 이상을 실현할 학교를 설립하는 데 열정을 쏟았다.

그 학교가 개교할 당시 유명한 에피소드가 있다. 정원이 20명이었는데, 개교 전날까지 단 한 명만 지원했다. 그는 그날 밤 간절하게 기도했다. 세 사람이면 만족하겠으니 두 명만 더 보내 달라고 했다. 아침이 되자 15명의 학생들이 마차에 짐을 싣고 구내로 들어왔다. 그는 어린아이처럼 기뻐했다고 한다. 이 작은 학교가 점점 발전해 덴마크를 근본적으로 바꾸었다는 사실은 믿기 어려울 정도다. 모든 위대한 사업은 작은 씨앗에서 시작한다.

작은 불씨 하나가 온 산을 다 태울 수 있는 것이다.

실천적 교육가인 콜은 학생들에게 무엇이 보람 있는 인생인지 깨닫도록 하는 데 중점을 두었다. 어느 날 한 학생이 물었다. "선생님의 말씀은 우리에게 큰 감동을 줍니다. 그러나 그 귀중한 말씀을 다 기억할 수 없어서 큰 걱정입니다." 그는 이렇게 대답했다. "염려 말게. 보통 지식이라면 모르겠지만 내 말은 그것과 다른 걸세. 땅속에 토관을 묻었다면 그 위에 표지가 있어야 곧 찾아낼 수 있겠지만 씨를 심은 곳에는 표지가 필요 없는 걸세. 씨를 심은 자리에서 반드시 싹이 나오게 마련이니까. 깊이 느낀 것은 필요한 때 틀림없이 다시 살아나는 것일세."

특히 국민고등학교는 체조와 노래를 중시했다. '덴마크 사람은 하나는 독서를, 둘은 담화를, 셋은 노래를 의미한다.'는 구호하에 노래 부르기 운동을 거국적으로 펼쳤다. 류달영은 여기에 많은 감화를 받아 직접 여러 편의 가사를 작사했다. 그중에는 서울대학교 농대 학생의 노래인 '상록의 아들'이 있다.

창궁에 날개 펴는 대붕의 뜻을
고동치는 가슴에 듬뿍 안고서
반세기 싸워 나온 서둔(西屯)의 투지
펼쳐진 일터는 무궁하고나

(후렴)
새 역사를 바라고 깃을 다듬는
자유의 젊은 날개 상록의 아들

광교의 푸른 봉에 구름 감돌고

서호의 맑은 물에 깊은 숲속에
이상에 불타는 정열이 모여
진리의 탐구에 쉬임이 없다

동서에 널리널리 고금에 걸쳐
겸허의 마음으로 참을 배우자
우리의 달려가는 산과 바다에
인생의 찬미소리 드높으리라

거세인 눈보라야 불 테면 불라
대양의 미친 물결 올 테면 와라
북극의 별 같은 우리 이상은
불사조의 넋으로 영원하리라

류달영이 덴마크 교육을 보고 가장 색다르게 느낀 것은 교육의 목표가 우리나라와 다르다는 것이다. 우리나라 교육이 간판을 획득하는 경쟁이라면 덴마크는 뜨거운 인격 교육이 목표였다. 교육 목표의 명확함, 교사 양성의 철저함, 형식을 초월한 실천적인 교재, 실질적인 능력 배양 등 '실사구시(實事求是)'하고 '무실역행'하는 덴마크의 모습에서 류달영은 큰 감동을 받았다. 그리고 사실상 그의 인생 전체를 이러한 덴마크 교육을 한국에서 실현하는 데 바쳤다고 해도 과언이 아닐 것이다.

달가스와 황무지 협회

덴마크 유틀란트반도 북쪽에 '로열 히드 파크(Royal Heath Park)'라는 특이한 공원이 있다. '왕립 황무지 공원'이라는 뜻이다. 공원 한가운데 있는 광장에는 바윗돌이 서 있는데, 그곳에 달가스의 이름이 새겨져 있다. 달가스는 '밖에서 잃은 것을 안에서 찾자.'는 각오로 황무지 개간에 나선 입지전적인 인물이다.

전쟁에서 패하고 돌아온 공병 대령 달가스는 조국의 미래를 그려 보았다. 모두가 실의에 빠져 허둥대고 있는 상황에서 과연 살아날 길은 없는 것일까? 그는 모두가 개간이 불가능하다고 생각한 황무지를 장미꽃이 만발하는 기름진 땅으로 바꾸는 것만이 패망한 덴마크가 살아날 유일한 길이라는 결론에 도달했다.

그는 몇몇 동지들을 모아 '황무지 협회'를 만들었다. 수차례의 시행착오 끝에 노르웨이산 붉은 전나무가 매서운 북풍을 이기고 자란다는 것을 알게 되었다. 그러나 얼마 지나지 않아 그 나무들도 다시 시들기 시작했다. 열악한 환경에서 자라기엔 질소 흡수 능력이 부족했던 것이다. 이번에는 질소 흡수 능력이 뛰어난 알프스산 전나무를 붉은 전나무 사이에 심었다. 그랬더니 알프스산 전나무 뿌리에 생기는 일종의 세균이 옆 나무의 뿌리로 퍼져 나가 붉은 전나무도 질소 성분을 흡수하는 능력을 잘 갖추게 되었다. 숲은 날로 푸르러 갔다.

이후에도 여러 번 우여곡절을 겪지만 황무지 협회 회원들은 끈질기게 나무를 심었다. 숲만 형성되면 북풍을 막을 수 있고 그러면 농작이 가능하게 될 것이다. 일단 숲이 생기기 시작하자 사람들이 점차 몰려와 함께 황무지 개간에 나섰다. 상록수 숲이 바람을 잠재우자 기후까지 변하기 시작했다. 여름에도 서리가 내렸는데, 자취를 감춘 것이다.

나무 한 점 없는 참혹한 황무지 유틀란트반도는 서서히 푸른 숲과 그림 같은 목장과 아름다운 농가가 펼쳐지는 낙원으로 변해 갔다. 황무지 협회 창설 30년 만에 황무지의 90퍼센트가 개간되었다. 하느님은 덴마크 사람들을 시험하기 위해 이 세상에서 가장 나쁜 황무지를 주었지만 시험을 훌륭히 통과했다. 그 지도자가 달가스였다. 하느님은 시험에 합격한 덴마크 사람들에게 지상 최고의 복지 국가라는 선물을 주었다.

류달영은 달가스를 통해 어려운 환경 속에서 오히려 새 역사를 창조하는 기회가 주어진다는 것을 배웠다. 개척 정신을 가진 사람만이 값진 역사의 주인공이 될 수 있는 것이다. 류달영은 달가스와 황무지 협회를 통해 나라를 사랑하는 실천적인 방법을 배우게 되어 기뻤다. 뜻이 있는 곳에 길이 있다. 달가스는 '두드려라, 그러면 열릴 것이다.'는 성경 구절을 가장 좋아했다고 한다.

그룬트비와 콜과 달가스의 정신은 류달영의 펜을 통해 그대로 전후 한국 청년들의 황무지 가슴에 내리꽂혔다. 비록 전쟁으로 폐허가 되었지만 유틀란트반도의 황무지에 비하면 한반도의 금수강산은 얼마나 유리한 조건인가! 수많은 청년들이 《새 역사를 위하여》를 읽고 서울대 농대로 진학했다는 사실은 한국 지성계에서 한동안 전설처럼 회자되었다.

미국의 교육 지원

한국 전쟁 직후 미국 정부는 한국의 대학을 재건하려는 계획을 세우고 실행에 들어갔다. 서울대 농대, 공대, 의대 등 세 대학을 국제적인 수준으로 높이자는 것이다. 캠퍼스를 대대적으로 정비하고 세 단과대학의 교수들을 미국 미네소타대학교로 유학을 보냈다. 미국의 서울대학교 재건 계획으로 한국의 과학 발전은 급속히 앞당겨지게 되었다. 대부분의 교수들은 2년간 체류하며 박사 학위를 취득했지만, 류달영은 대학 강의 때문에 장기간 자리를 비울 수 없어 6개월간의 교환 교수로 초빙 받아 갔다.

류달영은 미국으로 떠나기 일 년 전부터 미국 기관에 가서 영어 시험도

치고, 미국인이 원장인 서울의 위생병원에 가서 신체검사도 받았다. 비자를 받기 위해 미국 대사관에서 인터뷰할 때는 굵은 비지땀을 흘려야 했다. 인터뷰가 문제가 되어 비자가 나오지 않아 미국으로 못 간 교수도 있었다. 해외에 나가려면 비행기 표 값이 집 한 채에 해당하고 서류 준비를 하려면 도장 한 말이 있어야 한다고 말할 정도로 해외여행이 어려운 시절이었다. 마침내 준비를 마치고 공항으로 향하는 류달영에게 함석헌 선생은 아래의 환송시를 써서 보내 주었다.

산엘 오름은
달을 보잠일세

들에 나감은
바람 쐬잠일세

태평양 건넘은
무엇 하잠인가?

그대가 수평선 넘을 젠
나 바위처럼 서서 보려네

그대가 돌아올 때도
나 바위처럼 서서 보겠네

갈 제 그대 얼굴
올 때도 그 얼굴일까?

미국 정부의 지원을 받아 미네소타대학교로 가기 위해 류달영 등 서울대 교수들이 여의도 비행장에 왔다.

 당시 우리나라의 유일한 비행장은 여의도에 있었다. 류달영은 1956년 4월 4일 작은 프로펠러 비행기를 타고 동경으로 가서 비행기를 갈아타고 미국으로 향했다. 미국 정부의 초청이라 항공권이 일등석 표였다. 동경에서 하룻밤을 자면서 곰곰이 생각해 보니 가난한 나라의 교수로서 그대로 일등석을 타고 간다는 것은 사치였다. 그는 공항 항공사에 들러 알아보니 불과 몇 십 불만 더 내면 세계 일주 표와 바꿀 수 있었다. 호기심 많은 그가 이 기회를 놓칠 리 없었다. 덕분에 그는 귀국할 때 보고 싶었던 덴마크의 '왕립 황무지 공원'을 들러 보존 되고 있는 옛 황무지를 두 눈으로 확인할 수 있었다.

학문의 바다 미네소타대학교

류달영은 미국 땅에 첫발을 디뎠다. 영국의 이상주의자 청교도들이 자유로운 삶을 위해 고향을 떠나 찾아온 땅. 그들은 광활한 대륙을 개척해 민주국가를 세웠다. 그는 미국이라는 나라를 하느님이 선정한 인류사의 새 시험 무대라고 보았다. 미국에서는 누구를 만나도 서민적이어서 모든 사람을 신분에 관계없이 마음 편히 상대할 수 있어 좋았다.

그는 미네소타대학교 연구실에서 저명한 학자 스나이더 교수의 지도를 받으며 본격적으로 화훼학 공부를 시작했다. 도서관에는 전 세계의 웬만한 도서는 모두 구비되어 있었고, 만일 구하는 문헌이 없으면 다른 대학에 연락해 구해 주었다. 참으로 학문의 천국이었다. 다만 영어 실력이 모자라 의사소통이 마음대로 되지 않고 또 책을 빨리 읽을 수 없어 고통스러웠다.

양정고보 시절 김교신 선생은 외국어 공부를 열심히 하라고 여러 차례 강조했다. 김 선생은 매주 영어 잡지를 구독해 읽으면서 외국어 공부를 게을리하지 않았다. 하지만 엄혹한 식민지 시절 학생들은 마음껏 영어 서적을 사기도 어려웠고 미국인을 만나 회화를 익히기에는 기회가 너무 적었다. 생활에 필요한 것은 일본어와 한자였다. 심지어 일반인들은 한글조차 배울 기회가 없어 말은 하지만 제대로 쓰는 사람이 드물 정도였다. 호수돈여학교 교사 시절과 서울대 농대 시절에는 가르치기에 바빠 따로 영어를 익힐 기회가 거의 없었다. 사실 그로서도 이렇게 미국의 명문 대학에 와 공부를 하게 될 줄은 꿈에도 생각하지 못했다.

그는 미네소타대학교에서 열심히 강의실에 들어가 학부생들과 함께 강의를 들었다. 또 도서관에는 교재까지 수십 부씩 비치되어 있어 여건이 어려워 공부하지 못한다는 말은 아예 성립이 되지 않았다. 학생들은 화훼 원예 실습을 개인이 경영하는 큰 농장에 가서 했다. 모두 자가용이 있어서 자기 차를 타고 갔다. 그는 미국에 있는 동안 미네소타대학교와 코넬대학교

미국 미네소타대학교 시절. 류달영은 미네소타대학교 연구소에서 화훼학 공부를 했다.

에서 세계적인 석학들을 만났고 밤을 새며 공부했다. 후일 류달영은 '우물 안 개구리가 큰 바다로 나온 것 같았다.'고 술회했다.

한국의 밤

하루는 미네소타대학교가 있는 세인트 폴 시의 우드버리 교회에서 강연 요청이 왔다. 한국에 대해 말해 달라는 것이다. 교회 입구에는 '한국의 밤'이라는 플래카드가 붙어 있었다. 강사는 한국전에 출전했던 미군과 류달영 두 사람이었다. 한국 전쟁이 끝난 지 아직 얼마 되지 않아 관심이 많았던지 교회 안은 청중이 가득했다. 첫 번째 강사는 슬라이드를 비추면서 한국을 소개했다. 강연이 시작되자 젖통을 드러낸 시골 할머니 사진이 나왔다. 청중들이 '와!' 하고 웃었다. 다음에는 아이들 사진이 나왔는데, 아랫도리를 발가벗고 고추를 드러낸 모습들이었다. 마치 우리가 지금 아프리카의 어느 시골 모습을 보는 것 같은 광경이었다.

류달영은 등에 진땀이 흘렀다. 찬란한 한국 문화에 자부심을 갖고 영어 원고를 치밀하게 준비해 갔는데, 참전 미군이 찍어 온 사진 몇 장의 강력한 인상에 밀려 자신이 준비한 내용은 청중들에게 허구로 들릴 것이라 생각되었다. 류달영은 즉석에서 강연 내용을 바꾸지 않을 수 없었다. 그는 우선 전쟁을 겪고 있는 중에 찍은 그 사진들은 한국 본래의 모습이 아니라는 점을 차분히 그러나 확고히 말했다.

교회에 온 미국인 청중들은 동양에서 문화가 가장 오래된 나라를 일본이라고 알고 있었다. 그는 한국은 영국과 같고, 일본은 미국과 같다고 설명했다. 원래 일본은 아누이라는 원주민만 사는 섬이었고, 한국의 조상들이 건너가 나라를 세웠다고 설명했다. 미국인의 역사에 빗대 설명하니 이해를 하는 눈치였다. 또한 일본의 국보 1호인 목조 미륵보살반가사유상이 한국인이 만든 작품으로 판명난 것처럼 일본 문화의 뿌리는 한국 문화라는 점을 설명했다.

그리고 한국이 36년간 일본의 식민지가 된 것은 미국의 잘못이 크다는 것도 설명했다. 미국은 일본과 비밀리에 가쓰라·태프트 밀약을 맺었는데, 그 내용은 미국이 필리핀을 독점하기 위해 한국을 일본의 식민지로 내주었던 것이다. 일본을 앞세워 러시아가 태평양으로 진출하는 것을 막자는 속셈이었다. 나아가 오늘의 한국이 다시 남북으로 나뉘어 동족상잔의 비극을 벌인 것도 미국의 정치가들이 원인을 제공한 것임을 설명했다. 미국이 한국을 도왔지만 그 이년에는 미국의 국가 이익을 위해 한국이 희생된 면도 적지 않다고 했다.

교회 분위기는 떠들썩하던 전반부와 달리 엄숙하게 변했다. 류달영은 이어서 한민족은 중국의 수나라와 당나라를 격파할 만큼 강했고, 세계에서 금속 활자를 가장 먼저 발명한 뛰어난 문화의 나라라고 말했다. 끝으로 재능 있는 한국인들은 미국의 발전된 민주주의와 과학을 열심히 배워 한국을 세계 속의 어엿한 독립 국가로 일으켜 세울 것이고, 미국은 적극적으로 도와주기 바란다고 말하며 강연을 마쳤다. 큰 박수가 터져 나왔다. 미국 땅에서 열린 '한국의 밤' 행사에서 한국인으로서 최소한의 자존심을 지킨 류달영의 가슴은 나라 사랑으로 발갛게 달아올랐다.

코넬대학교와 한국의 들잔디

류달영은 미네소타대학교에서 화훼 중 국화를 집중적으로 공부했다. 미네소타대학교는 세계 국화학의 본산이었기 때문이다. 그러나 그는 한국을 떠나올 때는 난초학을 공부하리라고 마음먹었다. 그런데 난초 연구는 코넬대학교가 세계 중심지였다. 그는 대학 당국과 상의해 코넬대학교로 자리를 옮겼다. 그는 원예 과장인 실리 박사에게 난 종자를 무균 배양하는 실습을 하겠다고 요청해 승낙을 얻었다.

서양 난초는 열대 삼림에서만 자생하기 때문에 일반적인 환경에서는 씨가 발아가 되지 않았다. 그래서 양란을 기르려면 열대 삼림에 들어가 채취를 해야만 했다. 그런데 코넬대학교의 크느슨 교수가 난초 종자 발아법을 발명해 귀했던 양란을 널리 보급하게 되고 육종도 가능하게 되었다. 크느슨 교수는 정년 후에도 명예 교수로 연구를 계속하고 있었다. 류달영은 그의 연구실에서 양란을 체계적으로 공부할 기회를 얻었다. 그는 온도와 습도 조절 등 모든 것이 자동으로 돌아가는 온실을 보고 감탄했다.

하루는 잔디 포장에 갔는데, 한국의 들잔디도 있어서 반가웠다. 실리 박사는 한국의 들잔디가 척박한 땅에서도 잘 자라고 관리비도 적게 들어 세

류달영은 난초학 공부를 위해 코넬대학교로 옮겨 난초 종자 배양 실습을 했다.

계적인 보배 잔디라고 말했다. 다만 종자 번식이 되지 않아 세계화를 못 시키고 있다고 했다. 류달영은 귀가 번쩍 열리는 것 같았다. 너무나 귀중한 정보였다. 한국에서 무덤을 덮는 들잔디가 보배라니, 좋은 연구 대상을 만난 것이다. 미국은 집집마다 잔디밭이 있어 잔디가 식용 작물 못지않게 중요한 식물이었다.

크느슨 교수는 기한이 되어 한국으로 돌아가는 류달영에게 각종 난초 종자와 관련 문헌을 제공해 주었다. 류달영은 한국에 돌아와 한국 잔디의 종자 발아 연구에 성공했고, 한국 잔디를 일본과 미국에 수출하는 길을 열었다. 난초 연구는 제자인 김일중 박사가 전담해 발전시켰다.

류달영은 미국에서 한국으로 돌아오는 길에 유럽에 들러 여러 나라를 보았다. 특히 덴마크의 '왕립 황무지 공원'에 들러 역사의 현장인 황무지를 직접 밟아 보았다.

영국과 독일의 인상

류달영은 귀국길에 유럽에 들렀다. 그가 선진 유럽에서 무엇을 보고 느꼈는지 궁금하지 않을 수 없다. 영국 런던의 첫인상은 안개의 도시였고 그가 관심을 둔 것은 역시 인물이었다. 찬란한 영국 문화도 결국 사람이 쌓아 올린 것이다. 문제는 누가 어떤 정신으로 그 일을 해냈나 하는 것이다. 그는 두 사람의 동상을 주의 깊게 살펴보았다. 런던 중심지에 넬슨 광장이 있었다. 해양 제국인 영국의 자존심을 대변하는 인물이 넬슨 제독이다.

하이드 파크(Hyde Park)에서는 제너 동상을 찾아보았다. 류달영은 어렸을 때 수많은 사람들이 천연두로 죽었던 기억을 떠올렸다. 오늘날에는 천연두가 거의 사라졌지만 당시만 해도 사람들이 제일 무서워한 병이 천연두였다. 구사일생으로 살아난다 해도 얼굴에 마맛자국이 고스란히 남는다. 그의 머릿속에는 최용신의 얼굴이 떠올랐다. 바탕이 미인인 사람도 이 병을 앓고 나면 별수 없이 얼굴이 얽게 되는 것이다.

제너가 어린 아들을 무릎 위에 뉘어 놓고 침을 놓는 장면을 재현해 놓은 동상을 그는 유심히 살펴보았다. 아직 약의 효과가 증명되지 않았을 때 아들의 몸을 통해 실험하는 과학자의 정신이 감동으로 다가왔다. 그가 천연두 예방 접종법을 발견한 뒤로 인류는 천연두로 인한 죽음과 마맛자국의 공포로부터 동시에 해방이 되었다. 우리나라는 지석영이 일본에서 종두법을 도입해 온 국민에게 접종하여 많은 생명을 구했다.

류달영은 높다랗게 솟은 원주 위에 있는 넬슨 동상과 공원의 낮은 대 위에 있는 제너 동상을 비교하며 씁쓸한 미소를 띠었다. 한 사람은 많은 사람을 죽이고 영웅이 되었고, 다른 사람은 많은 사람을 살리고 인류의 은인이 되었다. 참 흥미로운 대조였다.

독일에 들렀을 때 카메라를 한 대 사기로 마음먹었다. 식물학자로서도 필요했고, 무엇보다 본인의 미적 감각을 표현하기 위해 사진이 좋은 수단이 되었기 때문이다. 류달영은 이후로 평생 사진을 찍었고, 비디오가 나왔을 때는 동영상도 자주 찍곤 했다. 독일의 카메라 가게 주인은 일본어를 잘해서 사진 촬영법과 카메라 다루는 법을 자세히 설명해 주었다. 직업을 물어봐서 교수라고 했더니 교육자를 존경한다는 뜻이라며 10퍼센트를 깎아주었다. 그는 손에 든 롤라이플렉스 카메라가 만족스러웠다.

함부르크에서는 호텔 비용을 절약하기 위해 민박집에 들었는데, 주인아

주머니가 너무나 정성껏 대해 줘 감동적이었다. 빨래는 물론 식사와 잠자리까지 세심하게 신경을 써 주었다. 류달영은 세계 대전을 두 번이나 일으킨 독일에 대해 별로 좋지 않은 선입견을 갖고 있었다. 그러나 견고한 독일제 카메라에 이어 그에 못지않게 성실한 민박집 주인을 보고 그들이 얼마나 정확하고 검박한 민족인가를 실감했다. 비록 지금은 패전국으로 고생하고 있지만 머지않아 불사조처럼 다시 일어서리란 것을 예감할 수 있었다.

덴마크를 찾아가다

1956년 11월 8일, 류달영은 덴마크 유틀란트반도의 작은 도시 비보 근처에 있는 황무지 협회를 찾아갔다. 20여 년 전 '덴마크 부흥사'를 접하고, 우리나라를 동양의 덴마크로 만드는 일에 일생을 바치기로 마음먹은 그가 아닌가. 《새 역사를 위하여》의 저자로서 일종의 성지 순례를 온 셈이었다. 이상 국가를 실현한 덴마크, 이상 국가의 상징이 된 덴마크에 발을 디딘 것이다. 그것도 역사의 현장인 황무지를 직접 밟아 보고자 했다.

존경하는 달가스가 창립한 황무지 협회에서 그의 동상을 바라보고, 협회 간부의 안내로 1,000여 헥타르에 이르는 '왕립 황무지 공원'의 한복판에 섰을 때 그의 감회가 어떠했을까! 덴마크 정부는 공원 내 황무지를 선조들의 개척 정신을 가르치는 국민적 교과서로 보존하고 있었다. 황무지는 덴마크 애국심의 살아 있는 바이블이다. 황무지에는 잡초만 바람결에 무성히 흔들리고 있었다. 불과 100년 전만 해도 유틀란트반도 전체가 이런 황무지였다. 북해의 모진 겨울바람을 맞으며 헐벗은 농부들이 맨발로 방황하던 불모의 땅, 그 땅을 옥토로 바꿔 놓은 개척자들의 불굴의 의지가 류달영의 가슴을 뜨겁게 달구었다.

류달영은 그룬트비가 설립한 국민고등학교, 각처의 협동조합, 꽃으로 정돈된 아름다운 도시, 숲으로 둘러싸인 목장 등을 둘러본 그의 가슴은 한없이 부풀어 올랐다. 그는 마음속으로 덴마크 시인 마크스 라우에센의 시를 읊고 있었다.

아득하게 끝이 없는 황무지
나무 한 그루 없는 히드의 벌판
이것이야말로 창조의 하느님이
용기의 시금석으로 우리에게 주신 선물
오늘에, 모든 불모의 황무지는
아름다운 숲과 목장으로 변하였네
오, 느껍다!
덴마크의 정신은
가슴 벅찬 소원을 이루었네.

그는 덴마크에서 본 광경을 독일에서 산 카메라의 슬라이드 필름에 하나하나 담아 귀국했다. 그리고 방방곡곡을 다니면서 스크린에 비춰 국민들에게 보여 주었다. 저들은 황무지를 옥토로 바꿨는데, 이미 금수강산인 한반도를 옥토로 바꾸지 못할 이유가 어디 있겠느냐고 역설했다. 그는 덴마크에 가 보지 못한 채로 《새 역사를 위하여》를 썼지만, 이제 직접 가서 두 눈으로 확인까지 했기 때문에 '한국을 동양의 덴마크화'하는 데 더욱 확신을 갖고 주장할 수 있었다.

류달영은 유럽 여행에서 영국, 프랑스, 독일, 네덜란드, 덴마크, 노르웨이, 핀란드 등 여러 국가를 방문했다. 미국행 일등석 표를 세계 일주 삼등석 표로 바꾼 덕분이다. 당시로는 드문 유럽 일주였다.

7

나라의 부름을 받고
— 국가재건국민운동본부장 시절과 이후

박 의장과 조건부 수락

1961년 여름 어느 날, 낯선 사람이 수원으로 류달영을 찾아왔다. 고려대학교 총장이자 5·16 군사 정변 직후 조직된 국가재건국민운동본부(이하 국민운동) 본부장이 된 유진오 박사의 비서였다. 유 박사가 그를 만나고 싶어 한다는 전갈을 가지고 온 것이다. 두 사람은 아직 한 번도 만난 적이 없었다. 류달영은 보내 온 지프를 타고 서울에 있는 그의 자택으로 향했다. 유 박사는 한복을 입은 단정한 선비형 인물이었다.

차를 마시고 나서 유 박사가 입을 열었다. 국가재건국민운동본부장은 총리와 동급인 높은 자리다. 국민운동은 군사 정부가 온 국민이 국가 발전을 위해 분발하도록 조직한 단체다. 박정희 최고회의 의장의 간곡한 요청과 문인인 김팔봉의 권유로 국민운동을 맡기로 했지만, 자신은 사회 운동 경험이 없고 본부의 실무진은 모두 현역 군인들이라 도무지 의사소통이 되지 않아 일을 할 수가 없다고 했다. 그런 차에 류달영의 저서《새 역사를 위하여》를 읽고 그를 차장으로 임명해 함께 일하고 싶다고 했다. 류달영은 그 자리에서 대학을 떠날 생각이 없다는 점을 분명히 밝혔다. 더군다나 군사 정부의 산하에서 일을 한다는 것은 꿈도 꾸지 않았다고 대답했다.

열흘쯤 뒤에 이번에는 뜻밖에도 박정희 의장이 만나자고 장교를 보내 왔다. 장교에게 왜 만나자고 하는지 물었더니 자기는 전혀 모르고 심부름만 할 뿐이라고 했다. 그는 지프를 타고 서울로 가서 박 의장과 단둘이서 면담을 했다. 검은 안경을 쓴 작달막한 무인으로 당차 보이는 인상이었다. 박 의장은 차를 마신 후 만나자고 한 이유를 설명했다. 낙후된 조국을 일으키는 것은 온 국민이 단합해 국가 재건에 매진해야만 가능한 일인데, 그러려면 국민운동이 명실상부하게 제 몫을 다해야 한다고 역설했다. 그래서 고려대학교 총장 유진오 박사를 모셔 왔지만 그는 저명한 법학자일 뿐 국민운동의 총책임을 맡기에는 적합하지 않다는 것을 알게 되었다고 했다. 그래서 '덴마크 부흥사'에 조예가 깊은 류달영을 국민운동 본부장으로 위촉하고 싶다고 했다. 최고회의 의원들도 모두 자신과 같은 생각이니 사양치 말아 달라고 부탁했다.

류달영은 변변치 못한 자신에게 중책을 맡기려는 박 의장에게 감사의 뜻을 표한 뒤 자신은 대학에서 인재 양성과 연구 생활에 전념하고 싶으니 본부장을 맡을 수 없다고 정중히 거절했다. 그리고 일어나 수원으로 돌아왔다. 며칠 후 박 의장은 만나자고 또 차를 보냈다. 두 번째 만난 자리에서 대화는 전과 다름없이 흘러갔다. 박 의장은 맡아 달라고 간곡하게 요청했다. 그 뜻을 마냥 물리치기 어색해서 류달영은 유진오 본부장의 후임이 될 만한 사람들 명단을 메모지에 써 주며 성의를 표했다. 박 의장은 그분들도 이미 검토를 마쳤고, 여러 가지 고려 끝에 류달영을 모시기로 결정한 것이라고 했다. 류달영은 말없이 자리에서 일어나 물러나왔다.

그 뒤 수원으로 국민운동의 행정을 담당한 내무위원회의 장교가 두 차례 찾아왔다. 그들은 5·16의 당위성과 새나라 건설을 위한 자신들의 뜻을 설명하고, 국민운동을 이끌 적임자는 류달영밖에 없다고 설득했다. 여름이 가고 9월 초가 되자 또다시 박 의장이 차를 보냈다. 박 의장과 세 번째 만나는 자리에서 박 의장은 더없이 간곡하게 부탁해 왔다. 류달영은 무조건 거절만 할 수는 없었다. 대신 박 의장에게 조건을 내세우고 본부장을 맡겠다고 말했다.

첫째, 서울대 교수를 겸임할 것
둘째, 국민운동은 자신의 이념대로 맡기고 박 의장이 간섭하지 않을 것
셋째, 우선 6개월 동안 맡기로 하고, 다음은 경과를 보아서 연장할 것

서울대 교수 신분은 법적으로 공무원이다. 공무원법에 따르면 한 사람이 두 개 이상의 직책을 동시에 맡을 수 없게 되어 있다. 그렇다, 류달영은 서울대 교수직을 놓을 수 없었다. 본부장 임기는 짧지만 교수 임기는 길다. 그리고 조건을 내세운 것은 완곡한 거절 의사를 표시한 것이다. 하지만 무소불위의 권력을 쥐고 있는 박 의장은 즉석에서 승낙했다. 최고회의는 즉시 대학본부에 조치를 취했다. 그리고 약속대로 박 의장은 국민운동에 거의 간섭하지 않았다.

류달영은 국가재건국민운동본부 본부장이 된 뒤 각지를 돌며 연설을 했다.

국가재건국민운동본부 본부장 취임

1961년 9월 7일, 세종로에 있는 서울시회관 별관에서 각계각층의 인사들이 모인 가운데 취임식이 거행되었다. 국민운동에서 취임사를 준비했지만 내용이 너무 형식적이었다. 류달영은 호텔에서 취임사를 직접 구상한 뒤 소신을 피력했다.

"지금 우리의 마음씨, 지금 우리의 몸차림, 지금 우리의 행동은 그대로 삼천만 민족의 운명과 직결되어 있다는 사실을 명심하자."

그리고 취임사에는 이런 대목도 있었다.

"국민운동의 분명한 목적은 하루속히 군정을 끝내는 데 있다."

류달영의 속마음은 한국을 하루속히 '동양의 덴마크'로 만들자는 것이다. 그리고 박 의장도 이 점을 잘 알고 있었기에 그를 초빙했던 것이다. 객관적으로 보아도, 어쩌면 당시 한국에서 국민운동을 이끌 사람으로 류달영만 한 사람을 찾기가 어려웠을 것이다. 그는 여러모로 '준비된 본부장'이었다.

본부장의 관사로 이기붕 씨가 살던 서대문의 큰 건물이 배정되었다. 하지만 그런 호화 건물은 국민운동의 본뜻과 맞지 않다고 생각해 안암동의 작은 목조 건물을 전세 내어 들어갔다. 안암동에는 처사촌 이홍렬이 살고 있었는데, 마음 편히 의논할 수 있는 인물이 없던 터라 누군가 믿을 수 있는 사람이 곁에 필요했던 것이다. 그는 수요일마다 수원에 내려가서 종일 강의를 했다. 점심 식사를 하면서 교수 회의를 하는 농대의 관례에 따라 교수들과 점심을 함께하면서 교수 회의에도 참석했다.

이후 류달영은 여러 단체를 조직해 사회 사업을 하게 되는데, 무슨 일을 해도 교육 사업부터 시작했다. '백만사(百萬事)는 사람이 하는 것이며, 사업의 승패는 그 일을 하는 사람의 신념과 능력에 달린 것'이라는 그의 소신 때문이다. 류달영은 국민운동도 덴마크 국민 교육을 벤치마킹해 전국 청년들의 정신 교육부터 실시하는 것으로 출발했다. 시와 군에 교육원을 설치하고 연수 교육을 계속 이어 갔다. 거국적인 국민 의식 교육은 대성공을 거뒀다. 국민 의식이 단기간에 이처럼 고양된 예는 고금에 전례를 찾기가 어려울 것이다.

동양의 덴마크 건설

나이 51살의 장년으로 국민운동의 본부장에 취임한 류달영은 일생의 꿈이었던 '동양의 덴마크 건설'에 몸과 마음을 바쳐 몰두하게 된다. 과거에는 어려운 일을 만나면 '만일 김교신이라면 이 일을 어떻게 처리할까?' 하는 물음을 스스로에게 던지고, 그때 내면에서 우러나오는 답을 기준으로

류달영은 경향 각지를 돌면서 민간이 자발적으로 농촌 운동에 참여할 수 있도록 농민들과 만났다.

일을 처리하곤 했다.

이제 본부장을 맡아 동양의 덴마크를 건설하기 위해 물어야 할 대상은 자연스럽게 덴마크 구국의 아버지 그룬트비로 바뀌었다. 류달영은 스스로 한국의 그룬트비가 되기로 결심했다. 덴마크 여행 때 사 온 그룬트비 사진을 집에 걸어 놓고, 출근 전에 기도하는 마음으로 바라보고 집을 나섰다. 그는 만년에도 별세할 때까지 집 거실에 그룬트비 사진을 걸어 놓았다.

국민운동은 단순히 덴마크를 흉내 내자는 것이 아니라 그들이 이룩한 부흥의 정신 교육과 협동 사업을 한국화해서 나라를 재건하자는 것이었다.

한국이 덴마크와 다른 점은 그들은 황무지를 옥토로 개간하는 일이 주였지만, 우리는 남북이 처절히 대치하고 있는 상황에서 우선 남북 간의 이념 전쟁에서 승리하는 일이 급선무였다. 광복 직후에는 북한이 남한보다 경제적으로 앞서 있었다. 북쪽에 발전소와 공장들이 남아 있었던 것이다. 하지만 남쪽은 산업적인 면에서 거의 무에서 출발해야 했다.

남한은 반공을 국가 이념으로 하고 있었고, 류달영은 공산주의를 반대하는 것에서 나아가 그들을 이겨 내는 승공(勝共)을 해야 한다고 생각했다. 그래서 국민운동은 승공 운동이라고 방향을 잡았다. 무기로 이겨 낼 뿐 아니라 아예 월등히 잘 살아 보자는 것이다. 이 대목에서 류달영의 무실역행 사상이 드러난다. 이념 전쟁은 피곤한 소비적 투쟁이다. 그보다는 누가 더 잘 사는가 하는 생산적 경쟁이 훨씬 더 현실적이고 바람직하다.

신임 본부장은 조직을 개편하고 전국의 재건 청년회와 재건 부녀회를 주축으로 각 지방마다 살기 좋은 향토를 건설하도록 경쟁시켰다. 온 국민이 활동하기 쉬운 재건복을 입고 능률적으로 일해 나가도록 유도했다. 도시에는 각 기관마다 촉진회를 조직해 도시 재건에 나서도록 추진했다. 국민운동의 노래도 직접 작사해 만들고, 국민운동의 기(旗)도 직접 디자인했다. 류달영은 드물게 문학적 소양과 미술적 안목을 두루 갖춘 인물이었다. 이후 수십 개의 군가(郡歌)와 교가(校歌)도 작사하고, 단체를 맡게 되면 심볼은 거의 다 손수 디자인했다.

나중에 국민운동은 류달영이 본부장을 사임하면서 새마을 운동으로 이어졌다. 두 운동의 차이는 주체 동력이었다. 국민운동은 형식적으로는 관 기구지만 실제는 민간 운동이었고, 새마을 운동은 전적으로 관 주도 운동이었다. 류달영은 국민운동이 민간 주도로 나가야 성공할 것이라 예상하고 본부에 중앙위원회를 설치했다. 당시 민간에서 존경받는 50여 명의 인사를 초빙해 중앙위원회를 구성하고, 모든 일은 그들의 의결을 거친 후에

류달영 본부장은 농민 교육, 농지 개간, 농로 개발, 생활 개선 등 농촌 활성화에 온 힘을 쏟았다.

집행했다. 민의를 반드시 거치는 과정을 밟은 것이다.

류달영은 올바른 인사를 중앙위원으로 모시도록 힘썼다. 함석헌 선생의 은사인 유영모 선생과 기독교 장로회를 만든 외고집 김재준 목사를 기어이 중앙위원으로 모셨다. 특히 김 목사를 초빙하기 위해 삼고초려를 했다. 중앙위원회의 의장으로는 언론계의 원로인 이관구 선생이 선출되었다.

국민운동의 네 기둥

류달영은 밤낮없이 온몸을 바쳐 뛰었다. 취임한 지 일 년 동안 국민운동의 네 기둥인 국민 교육, 향토 개발, 생활 혁신, 사회 협동 부문에서 이룩한 업적은 다음과 같다. 우선 교육 부문이다.

중앙교육원 수료자   7,125명
시도지부교육원 수료자   64,387명
시군교육원 수료자   13,455명

그 밖의 지부 자체 교육, 순회 교육, 문맹 퇴치 수료자 등은 일일이 셀 수 없을 정도다. 다음은 향토 개발 부문이다.

청년회관 건립   6,936동
농로 개설   54,508킬로미터
수로 개설   3,365킬로미터

그 밖에 농지 개간, 조림, 양어장 설치, 저수지 구축, 제방 축조 등도 큰 성과를 거두었다. 그리고 생활 혁신 부문은 아래와 같다.

주방, 아궁이, 변소, 우물, 울타리 개량
식생활 개선 및 의생활 개선 강습 전국적 실시

마지막으로 사회 협동 부문은 이렇다.

도시와 농촌의 자매결연   5,016부락
재해대책협의회 사업   163,702,739원
사랑의 모금   12,366,415원

결식아동 급식   27,436명

농어촌 학생 봉사대   410,572명

3·1 독립 선언 기념비 건립 모금   5,365,490원

4·19 혁명 기념비 모금   16,699,644원

UN군 자유 수호 기념비 모금   22,237,000원

그 외 국민운동 교재, 홍보용 잡지 발간

  류달영은 이 모든 사업에서 앞장섰다. 발이 닳도록 경향 각지를 누비고 다녔다. 시골 벽촌에 갔을 때는 우마차가 못 들어가는 마을이 많았다. 그는 마을 사람들에게 농로 개발을 역설했다. 좁은 면적은 희사 받도록 하고 넓은 면적은 마을에서 모금해 지불하도록 유도했다. 골목이 좁은 곳은 집을 옮겨 짓고 길을 넓힌 곳도 많았다.
  당시 한국 사회의 문제 중 하나는 결혼으로 빚지는 사람이 너무 많고 혼인 절차도 매우 복잡했다. 혼인식은 대개 두 시간 정도 걸렸다. 신랑과 신부의 들러리 네 명은 모두 예복을 세내어 입었고, 주례 외에도 축사하는 사람이 경찰서장, 초등학교 동창회 회장, 우체국 소장 등 예닐곱 명이나 되었다. 그러니 축사 시간만 해도 한 시간이 넘었다.
  그래서 국민운동은 의례 준칙을 만들어 전국에 시달해 실시하도록 했다. 들러리, 축사, 피로연 등을 폐지했는데, 전 국민의 호응이 컸다. 축하하러 온 손님들에게 선물하는 기념품도 과한 상품 대신 수건이나 비누 등 일용품으로 대체토록 했다. 현재 결혼식 시간이 평균 30여 분 정도로 정착된 것은 국민운동 시절의 노력이 결실을 맺은 것이다.
  막상 일을 시작하고 보니 할 일이 너무 많았다. 분부장 이하 전 직원이 불철주야 뛰어다녔다. 직원 중에서 조현영, 안중기 등 일터에서 쓰러져 순직한 사람도 12명이나 되었다. 덕분에 일 년이라는 짧은 기간 동안 이상과

같은 많은 업적을 남길 수 있었다. 물론 그 열기는 계속 이어졌다.

공과 사

1962년 1월 어느 날, 류달영은 다른 날과 마찬가지로 바쁜 일과를 보내고 있었다. 그런데 집에서 전화가 오고 또 왔다. 전화를 받는 류달영의 얼굴에 순간 그늘이 스쳐 지나갔다. 하지만 간략히 응대하고 평상시와 마찬가지로 업무를 계속 보았다. 가까운 직원들조차 통화 내용이 무엇인지 알지 못했다.

며칠 지나서야 전화 내용을 알고는 모두 놀라고 애석해했다. 류달영의 10살 난 막내아들 인석이는 신장암을 앓고 있었다. 아내는 남편에게 막내아들의 임종이 가까웠음을 여러 차례 전화로 알리면서 빨리 집으로 오길 원했다. 하지만 류달영은 중요한 공무를 보다 말고 사사로이 자리를 어떻게 뜨느냐고 계속 거절했다. 그러던 중 막내아들은 아버지를 기다리다 눈을 감은 것이다. 류달영이 가장 사랑한 아이였다.

당시 류달영은 매우 슬펐다. 막내아들은 유난히 똑똑하고 재주가 많았다. 국민운동에서 아침마다 조회 때 재건 체조를 하는데 류달영은 곧잘 틀렸다. 체면이 말이 아니었다. 그래서 출근 전에 집에서 연습을 했다. 그러면 막내는 지켜보다가 틀린 부분을 지적하곤 했다. 아빠를 무서워하지 않는 천진스런 아이였다.

막내아들이 병원에 치료하러 다닐 때 류달영은 어린 아들이 안쓰러워 가지고 싶은 것이 무어냐고 물었다. 신발을 원한다고 하자 가게에 들러 흰 가죽신을 사 주었다. 아들은 팔짝팔짝 뛰며 좋아했다. 그날 부모는 아들의 손을 한쪽씩 잡고 집으로 돌아오며 눈물을 삼켰다. 류달영은 초등학교 앞에서 아이들이 줄지어 지나가는 것을 보면, 흰 신을 신고 좋아하던 아들이 눈앞에 어른거려 얼른 고개를 돌려야 했다.

공(公)을 앞세우고 사(私)를 뒤로 돌리는 류달영의 태도는 나중에 애제자의 죽음에서 반복된다. 류달영의 연구실 조교 출신으로 학문적인 아들이나 다름없던 염도의 교수가 불의의 교통사고로 운명을 달리했다. 그리고 그의 1주기 추모 모임이 열렸다.

아내는 "당신은 꼭 참석해야지요." 하면서 추모 모임에 가라고 남편에게 간곡히 말했지만, 류달영은 "나는 올림픽(88서울올림픽) 개막식에 한국적십자사 대표 자격으로 참석해야 하오. 염도의 교수도 이러한 사정을 잘 이해해 줄 것이오." 하고는 끝내 추모 모임에 참석하지 않았다.

하지만 류달영은 염 교수 가족의 생계를 걱정했고, 제자의 부인을 교사로 취직시키기 위해 백방으로 뛰었다. 자식의 앞날을 위해서는 한 번도 누구를 찾아가 부탁해 본 적이 없던 그였는데 말이다.

보통 사람들은 류달영을 이해하기 어려울 것이다. 더욱이 가족의 입장에서는 매우 섭섭할 것이다. 사랑하는 아들이 하늘나라로 가는데, 아무리 바빠도 그렇지 사무실에 있으면서 집으로 뛰어오지 않은 남편이 아내는 얼마나 야속했을까?

류달영의 가장 큰 약점이 될 수도 있는 이러한 태도는 역설적으로 그가 그 많은 일을 할 수 있었던 원동력이었음을 인정하지 않을 수 없다. 일을 하느라 아들의 임종을 보지 않은 류달영을 옆에서 지켜본 부하 직원들은 근무 자세를 가다듬지 않을 수 없었다. 국민운동을 하다가 과로로 순직한 직원들이 나온 것도 우연이 아니었다.

김두한의 사과

어느 날 류달영은 5·16 군사 정변과 관계가 깊은 군인 집안의 결혼식에서 주례를 맡아 달라는 부탁을 받았다. 류달영은 국민운동 본부장으로서 검소한 결혼식을 치러야 했다. 결혼식장인 용산의 국방회관에 도착하니 고급 장성의 차들로 혼잡했다. 결혼식이 시작되었다. 신랑은 군복을 입었고 신부는 류 본부장의 부탁대로 한복을 입었다. 주례 류달영은 활의 대와 줄에 비유해 주례사를 했다. 단단하고 부드러운 두 물건이 잘 조화를 이룰 때 화살이 멀리 날아가듯이 신랑과 신부는 서로 잘 화합해 좋은 가정을 이루라는 덕담을 했다.

그런데 류달영은 주례사를 마친 뒤 정색을 하고는 하객으로 결혼식장을 가득 매운 군인들에게 호통을 쳤다. 5·16은 부패하고 무력한 이 나라를 바로 세우자는 것인데, 일과 시간 중에 지휘관인 장성들이 자리를 비우고 사사로운 결혼식에 몰려와서야 어찌 나라를 바로 세울 수 있겠는가? 장군 하객들의 어깨 위 별들로 은하수 물결을 이루던 결혼식장은 일순간 조용해졌다. 이후로 군인들은 류달영을 주례로 모시지 않았다. 류달영은 큰 짐을 벗은 것처럼 홀가분한 기분이었다.

한편 또 하루는 최고회의 위원의 친동생이 결혼하게 되어 초청장을 받고 식장에 가게 되었다. 양정고보 선배로 총리 격인 행정 수반이 주례를 맡았다. 주례사가 끝나고 신랑 신부가 퇴장하려고 할 때 류달영이 자리에서 일어나 큰 소리로 말했다. "군사 정부가 출범한 지 얼마 지나지 않았으니 행정 수반이 얼마나 바쁘고 할 일이 많겠는가? 그런데 그런 분을 결혼식 주례로 모시는 것이 말이 되는가?"하고 지적했다. 특히 신랑은 5·16 주역의 집안사람이고, 이런 결혼식 모습을 보고 국민들은 어떻게 5·16 주체들을 신뢰할 수 있겠느냐고 반성을 촉구한 것이다. 그 후부터 그 행정 수반은 주례를 부탁하는 사람이 있으면 류 본부장의 허락을 맡아 오라고 농담을 하면서 거절했다고 한다. 또 주례의 고역에서 해방시켜 줬다고 고등보통학교 후배인 류달영에게 고마움을 표했다고 한다.

류달영 본부장이 김두한을 만난 자리에서 막걸리를 따르고 있다.

어느 날 김두한 씨가 부하 두 명을 대동하고 본부장실로 찾아왔다. 그는 김좌진 장군의 아들이라고 밝히고, 순국열사를 추모하는 행사를 열어 달라고 부탁했다. 본부장은 여러 사업을 경중에 따라 차례차례 실시하고 있는 중이니, 선열들의 추모 행사도 순서가 되면 당연히 거행할 것이라고 말하고 돌려보냈다. 그 뒤 김좌진 장군 추모 행사가 국민운동 본부 강당에서 열리게 되었다. 본부장이 추모사를 하고 있는데, 강당 뒤쪽에서 김두한이 일어나 고함을 질렀다. 이 중요한 행사에 장관이 한 사람도 참석하지 않았다는 것이다. 여기저기서 무례하다고 맞고함이 터져 나왔다. 겨우 장내가 진정되고 무거운 분위기 속에서 행사가 끝났다. 10여 일 뒤에 김두한이 다시 찾아왔다. 류달영도 기다리고 있던 참이었다.

"잘 왔소. 내가 김두한이란 인물에 대해 알고 있는 것이 두 가지요. 첫째는 공부를 못하여 무식하다는 것과 또 하나는 의리를 아는 사나이라는 점이오. 맞소?"

"네, 맞습니다."

"그런데 불행하게도 하나는 맞았는데, 다른 하나는 아주 틀렸단 말이오."

"그게 무엇입니까?"

"무식하다는 것은 맞았는데, 의리의 사나이라는 것은 내가 잘못 알고 있었소."

순간 김두한은 류달영을 빤히 쳐다보았다. 긴장감이 감돌았다.

"바빠서 잠도 못 자고 일하는 지금의 나로서는 많은 시간과 경비를 들여서 그것도 첫 번째로 김 장군의 추모 행사를 거행했는데, 당신이 대중 앞에서 나를 모욕하지 않았소? 의리의 사나이가 곧 사과하러 올 줄 알았는데, 참으로 유감이었소. 나는 이제부터는 김두한을 의리의 사나이라고 믿지 않겠소."

이 말을 듣고 김두한은 고개를 숙이더니 벌떡 일어나 땅에 엎드려 사과했다. 그리고 다시는 무엇을 요구하러 찾아오지 않았다. 자기 잘못을 지적받고 즉석에서 인정할 줄 아는 그는 덩치에 어울리지 않게 천진한 구석이 있는 사람이었다. 본부장으로서 류달영의 하루하루는 많은 일을 겪고, 또 많은 사람을 만나야 하는 바쁜 나날이었다.

혁명 정부에 부치는 직언

국민운동 본부장으로서 류달영이 겪어야 했던 가장 어려운 일은 5·16 주체들과의 인간관계였다. 나라의 부름이라는 대의를 위해 국민운동이라는 배에 올라타 키를 잡았지만, 권력을 쥔 군인들을 상대하는 것은 결코 쉬운 일이 아니었다. 서슬 퍼런 군사 정부 시절 그들은 무소불위의 힘을 휘둘렀고 애꿎은 민간인들의 희생이 뒤따랐다. 피해를 본 민간인들은 군인들과 직접 접촉할 길이 없어 자연히 민간인인 국민운동 본부장에게 호소하는 경우가 많았다. 일반 청탁은 들어주지 않았지만, 억울한 일은 도와주기도 했다.

 천우사의 사장으로 독실한 기독교인이며 덴마크 명예 총영사였던 전택보 씨가 별안간 구속되었다. 부인은 다급하게 류 본부장을 찾아가 사정을 말했다. 함경도 출신 인사들이 친목회 모임을 했는데, 대화 중에 정보부의 비위를 건드리는 내용이 있었던 것 같았다. 또 하루는 동아일보사 고재욱 사장이 구속되었다는 연락이 왔다. 특별한 죄목도 없고, 고분고분하지 않다는 것이 이유라고 했다. 이럴 때 류달영은 박정희 의장에게 민심을 전했다. 이런 일로 군사 정부가 신망을 잃어서는 안 된다고 설득했다. 좋은 정치의 근본은 민심을 얻는 것이라고 강조했다.

 류달영과 박 의장은 둘 다 국수를 좋아했다. 박 의장은 칼국수로 점심을 같이 하자며 자주 찾아왔다. 이럴 때 자연스럽게 나랏일 이야기를 하게 되고, 자연히 류달영은 민심의 기류를 전하곤 했다. 어느 날은 사상계사의 장준하 사장이 한복을 입고 찾아왔다. 함석헌 선생의 글을 실었는데, 틀림없이 문제가 될 것 같아 언제 유치장에 끌려갈지 모르니 아예 유치장에서 생활하기 편한 한복을 입고 다닌다고 했다. 이번에도 류달영은 박 의장에게 이런 기사를 문제 삼지 않으면, 역으로 지성인들 사이에 군사 정부의 공신력이 높아질 거라고 설득했다. 류달영이 본부장으로 재직하던 시절에는 류달영이 중간에서 완충 역할을 해 사상계사와 군사 정부 간의 충돌은 완화되었지만, 나중에 군사 정부의 집권이 길어지고 류달영도 본부장에서 물러나면서 사상계사는 필화를 겪게 된다. 또한 류달영 역시 정보부에서 자신의 일거수일투족을 감시하고 있다는 것을 알게 된다. 친구와 우동 한 그릇 먹은 것까지 상부에 보고되고 있었던 것이다. 그는 독재 국가에서는 인화가 참 어렵다는 것을 실감했다.

　군사 정권 통치 아래 국민의 자유의사가 완전히 봉쇄되어 민심은 굳을 대로 굳어 갔다. 지성인들은 대수롭지 않은 일인 데도 툭 하면 잡혀가고, 중앙정보부에서 곤욕을 치렀다. 류달영은 계엄령이 내려져 있었지만 군사 정부를 향해 공개적으로 솔직하게 충고하기로 결심했다. 1962년 12월, 류달영은 밤중에 장충단의 의장 공관으로 직접 찾아갔다. 무슨 일이냐고 묻는 박 의장에게 그는 메모해 온 글을 읽어 주었다. 박 의장은 묵묵히 듣고만 있었다. 주된 내용은 이랬다.

- 군인들은 정치인이 아니다. 본인들이 정치에 문외한이라는 것을 잠시도 잊어서는 안 될 것이다. 군정이 아무리 정치의 성과를 거둔다 하더라도 그것은 정상적 정치라고 할 수 없다. 또 나라 안의 질서가 잡혀 평온하지만 그것은 계엄령하의 상태이지 정상적인 평온은 아니다.
- 군사 정부는 혁명 공약을 발표했는데, 국민과의 약속은 반드시 지켜야 한다.
- 군인들의 기질로 모든 일을 서둘러 해결하려 드는데, 그것은 큰 과오를 범하기 쉬우니 매사에 신중을 기해야 한다.
- 군사 정권은 후일의 역사가 값지게 평가할 수 있도록 당당한 업적을 남기도록 힘써야 한다. 그것은 국민의 협조를 얻는 대의(大義)의 혁명을 성취하는 일이다.

　류달영은 이런 내용을 골자로 하는 '혁명 정부에 부치는 직언'이라는 글을 발표했다. 그의 직언을 새겨들었는지 아닌지 몰라도, 박 의장은 1963년 2월 27일 시민회관에서 구정치인들을 모아 놓고 2년간의 군정을 끝내면 반드시 정치에서 물러날 것을 공표했고, 구정치인들은 그 자리에서 크게 감복했다. 또한 국민들은 박정희를 훌륭한 인물이라고 믿었다. 그런데 박 의장은 눈물까지 보이며 사퇴 의사를 밝혔지만, 그런 일은 일어나지 않았다. 구데타를 이끈 젊은 장교들이 정권을 내놓고 물러나는 것에 결사반대했기 때문이다. 박 의장은 장교들의 어깨 위에서 목말을 타고 있는 상태라 발이 공중에 떠 있었다. 다시 말해 자기가 원하는 대로 움직일 수 없는 상태였다. 아이로니컬한 권력의 속성이다.

 5·16의 주력 육사 8기생들은 오래도록 권력을 잡고 싶었다. 그들은 장기 집권을 위해 군인을 그만두고 정치인으로 변신해야 했다. 또한 그들은 정당을 만들어야 했다. 그런데 사회에 기반 조직이 없었기에 기존 조직을 이용하려고 했다. 당시 최고의 조직은 국민운동이었다. 그들의 대표 격인 김종필 씨가 국민운동 조직을 공화당의 모태로 삼으려고 압력을 가해 왔다. 국민운동의 각 도 지부장은 전원이 육사 8기생들이었고, 그들은 류달영이 군인을 좋아하지 않는다고 비난하면서 눈엣가시처럼 여겼다.

 하루는 김형욱 정보부장이 조용히 충고했다. 류달영이 차기 대통령 출마를 준비하고 있다는 첩보가 들어왔으니 조심하라는 것이다. 모종의 음모가 진행 중임을 눈치챌 수 있었다. 기가 막힐 일이다. 아니, 정치판의 생리가 그런 것이다. 일종의 사퇴 압력이었다. 류달영은 더 이상 국민운동에 머물러 있을 때가 아니라고 판단했다.

 류달영은 1963년 5월 사표를 내고 국민운동을 떠났다. 그런데 후임으로 박모 씨가 내정되었다는 소식을 들었다. 그는 다시 박 의장을 찾아갔다. 박 의장은 박모 씨는 대구사범 재학 시절의 은사여서 후임 본부장으로 추천하려 한다고 설명했다. 류달영은 박모 씨는 일제 치하의 장학관으로 황민화 교육에 앞장선 인물이며, 우리나라 교육계에서는 이완용 다음으로 치는 매국노라고 알려 주었다. 박 의장은 수긍하더니 그러면 후임을 추천해 달라고 했다.

류달영은 언론계의 원로이며 국민운동 중앙위원회 의장인 이관구 씨를 추천했다. 중앙위원회 의장에서 본부장으로 가는 것은 국회의장이 행정 수반 자리를 맡게 되는 셈이었다. 자연스런 인사이동이라고 할 수 있다. 결국 후임 본부장으로 이관구 씨가 임명되었다.

군사 정부와 국민운동 해산

제3대 국민운동 본부장 이관구 씨는 류달영보다 연장자이고, 사회 경험도 많았다. 언론인 출신답게 성격도 원만하고, 자유 민주 정신도 투철한 편이었다. 국민운동의 의결 기관인 중앙위원회 의장을 지냈기 때문에 업무의 연속성에서 국민운동의 뜻을 잘 이해하고 있었다. 따라서 전임 류달영이 추진해 온 사업을 그대로 계승해 추진했다. 하지만 육사 8기생 시도 지부장들의 거센 정치화 바람을 막기엔 역부족이었다. 이 본부장은 류 본부장이 재직 시 모금한 자금으로 3·1 독립선언기념 동상, 4·19 혁명 공원 묘지, UN군 자유수호참전 기념탑 등의 준공식을 거행하고 퇴직하고 말았다.

후임 제4대 본부장으로 이승만 박사를 도와 미국에서 독립운동을 한 임병직 씨가 맡았다. 하지만 군사 정부는 하루아침에 국민운동 설립 법을 폐기하고 국민운동을 해산시켰다. 군정을 연장하고, 무엇보다 국민운동 조직을 토대로 공화당을 창당하기 위해 해산시킨 것이다. 국민운동에 적극 참여해 온 전국의 민간인 회원들은 격분했고, 독자적으로 정당을 만들자는 여론이 비등했다. 하지만 류달영이 나서서 군인들의 정치 바람에 함께 휩쓸리지 말고 독자적으로 국민운동을 계속해 나가자고 역설했다. 초심을 지켜 나가자는 뜻이었다.

이 주장은 설득력을 발휘했다. 이관구, 김팔봉, 고재욱, 김활란 등 인사

류달영은 재건국민운동중앙회를 발족해 학생들을 위해 재건 학교를 운영했다.

들이 류달영을 중심으로 모였다. 그들은 민간단체인 사단법인 재건국민운동중앙회(이하 중앙회)를 발족하고 초대 회장으로 류달영을 선출했다. 이 소식을 들은 육사 8기생들은 위기의식을 느꼈다. 그들도 새 모임에 참여하겠다고 고집을 부려 예전대로 시도 지부장을 맡았다. 중앙회는 새로 작은 사무실을 얻어 직무를 시작했다. 국민운동이 해산되면서 사용하던 집기들은 정부에서 모두 가져갔다. 류달영은 지방을 다니면서 운동을 하려면 차가 필요했다. 국민운동 때 본부장용으로 쓰던 지프만은 남겨 두라고 했지만 그것도 거절당했다.

중앙회는 나름대로 값진 사업을 추진했다. 우선 국민신문을 발간했다. 그리고 중앙회는 두 가지 역점 사업을 확정해 추진했다. 첫째는 재건 학교고, 둘째는 마을금고였다. 의무 교육인 초등학교를 졸업한 뒤 중학교에 진학하지 못한 아이들을 위해 전국적으로 재건 학교를 창립해 운영하기로 했다. 류달영은 무슨 일을 하든지 교육을 추진해 토대로 삼았다. 모든 일은 사람이 한다는 소신에 따른 것이다. 먼저 사람을 길러 내야 그들이 길을 열고 건물을 쌓아 올린다는 것을 경험을 통해 체득한 것이다.

국민운동이 다시 민간 운동 '중앙회'로 재출발했지만, 재정적으로 후원하는 사람은 없었다. 교육을 해야겠는데, 자금이 없었다. 그래서 일요일에 모든 학교가 빈다는 점을 이용하기로 했다. 중앙회는 전국적으로 일요 학교를 개설해 중학교 과정 교육을 실시했다. 교회에서도 많이 동참했다. 당시 사립대학교를 졸업했지만 일자리가 부족해 쉬고 있는 사람들이 많았다. 그런 사람들이 무보수 교사가 되어 적극 참여했다. 각 대학교의 저명한 교수들이 단기간용으로 사용할 수 있도록 중학 과정 교재를 만들어 주었다. 중앙회는 새 교재를 전국에 배부했다. 전국 각지의 재건 학교는 점차 뿌리를 내려 후에 고등공민학교, 중학교, 고등학교로 발전해 정착하게 된다.

또한 영농 자금을 필요로 하는 젊은 농민들을 위해 마을금고를 설치했다. 국민운동의 청년 회원이던 젊은이들이 농촌에서 벼농사 외에 양계, 양돈, 낙농, 채소 원예 등 사업을 시작해 보려고 중앙회 사무실로 많이 찾아왔다. 그들은 영농 자금을 융자할 수 있는 길을 애타게 찾아다녔다. 은행은 보통 부동산을 담보로 융자를 해 주었는데, 농민의 부동산은 담보로 잡지 않았다. 농협만이 유일하게 농민의 부동산을 담보로 자금을 융자해 주는 공식 기관이었다. 하지만 농협의 기금이 너무 빈약해 지방의 농민들에게 차례가 가지 않았다. 그래서 중앙회에서 마을금고를 설치하기로 한 것이다.

마을금고의 시작은 이렇다. 캐나다의 빈민 마을에서 선교하던 신부가 10여 명의 회원을 모아 '안티고니스 무브먼트(Antigonis movement)' 즉 신용 조합 운동을 시작했는데, 이 운동은 크게 성공해 세계로 퍼졌다. 부산 메리놀 병원의 메리가별 수녀는 이 신용 조합 운동을 한국의 천주교 안에서 시작했다. 중앙회의 농민 회원들 중 경상남도 회원들이 메리놀 병원의 신용 조합에 대해 교육을 받은 뒤 각자 고향으로 돌아갔고, 산청군, 창평군, 의령군, 마산 등지에서 신용 조합을 발족시켰다. 류달영은 이 신용 조합을 마을금고라 이름 짓고 본격적으로 교육과 조직을 확대해 나갔다. 마을금고는 지역마다 큰 성공을 거두었고, 1995년 통계로는 20조 원이 훨씬 넘는 금융 기관으로 성장했다. 마을금고는 후일 새마을 금고로 개명되어 오늘에 이르고 있다.

박정희에 대한 평가

1963년 초에 박 의장은 2년간의 군정이 끝나면 정계를 떠나겠다고 선언했다. 하지만 박 의장은 끝내 약속을 지키지 못하고 1963년 말에 대통령이 되었다. 공화당은 겨우 33퍼센트의 표를 얻는데 그쳤지만, 야권 구정치인들의 분열로 군정이 민정의 탈을 쓰고 연장되었다. 군 출신 인사들이 나라를 장악하면서 곳곳에서 마찰과 물의를 일으켰다. 그들의 서슬 퍼런 횡포 앞에 함부로 입을 열어 비판하기란 쉽지 않았다.

1965년 봄, 나라를 걱정스레 지켜보던 류달영은 5·16 군사 정변 이후 군정이 4년째 계속되고 있는 데도 이 땅의 지성인들이 침묵만 지키는 것은 부끄러운 일이라고 생각했다. 지금 누군가가 군정을 날카롭게 비판할 필요가 있다고 느꼈다. 서울대학교 농대 교수이면서 중앙회의 회장으로 고군분투하던 그는 5·16 군사 정변 4주년 하루 전날인 5월 15일자 동아일보에 군사 쿠테타를 비판하는 글을 실었다. 류달영의 사진과 서명까지 곁들인 장문의 글이 대문짝만 하게 신문에 실렸다.

제목은 '비극의 5·16이 준 이 나라 역사의 교훈'이었다. 군정은 슬픈 촌극이고 실패작이라고 논리적으로 지적했다. 4년이 지난 오늘 혁명 공약을 실천한 것이 하나도 없다고도 했다. 류달영은 군사 정권하에서 국민운동 본부장을 지냈지만, 어디까지나 자신의 신념대로 대한민국의 국민운동을 한 것이지 군정의 국민운동을 한 것이 아니다.

용기는 사심 없는 마음에서 솟아나는 법이다. 그는 자유 민주 국가에서 비록 군사 쿠데타가 성공해 상당한 업적을 남긴다 해도 명분상 후손들에게 내세울 것이 못 된다고 했다. 이 글을 읽은 육사 8기생들은 격분해 류달영을 혼내 주자고 했다. 하지만 국민들이 신뢰하는 전임 국민운동 본부장을 건드려 봐야 이득이 없다고 판단해 그만두었다고 한다. 사실 이런 움직임을 막은 사람은 박정희였다. 그는 류달영이 적어도 사심 없는 사람이란 것을 인정했다. 거의 일 년 동안 매일 점심 식사를 함께 먹다시피 한 두 사람이 아닌가. 그만큼 서로를 잘 알았다.

류달영은 박정희를 객관적으로 판단했다. 박정희는 일부에서 오해하는 것처럼 냉혈 인간도 아니고, 그렇다고 봉건 시대의 영웅도 아니었다. 결점도 많고, 남들이 쉽게 따라갈 수 없는 장점도 많은 사람이었다. 경제 부흥이란 큰 업적을 세우고, 민주주의를 짓밟고, 복잡한 여자관계와 영구 집권을 위한 온갖 비리 등 박정희를 류달영은 누구보다 잘 알았다. 공도 있고 과도 있기 때문에 역사는 양면을 공정히 파악해 기록할 것이라고 보았다.

칼국수를 같이 먹을 땐 소탈한 사람이고, 평가 교수단 등을 통해 한국 지성인들의 지혜와 지식을 배우고 활용한 점에서는 슬기와 겸손을 지닌 사람이었다. 이런 하심(下心)과 용인술이 경제 기적을 일으킨 박정희의 주된 자산임을 류달영도 인정했다.

새마을 운동

군사 정부가 국민운동을 없애자 전 국민이 한마음 한뜻으로 합심해 국가와 향토 재건에 동참할 수 있는 구심체도 사라졌다. 군사 정부로선 재건 주도권을 민간단체인 중앙회에 넘기자니 심기가 편할 리가 없었다. 박 대통령은 고심 끝에 농촌 지도자들을 교육해 다시 향토 건설의 주역으로 만들자는 생각을 하게 된다.

박 대통령은 젊은 독농가들을 뽑아 농협 대학에 교육을 맡겼다. 그리고 그 교육 성과를 검토한 뒤 이 교육이 국민운동과 같은 구실을 할 수 있을 것이라 판단했다. 박 대통령은 특명을 내려 수원 농촌진흥청 구내의 농민회관에 새마을 연수원을 설치했다. 이 연수원의 직원들은 모두 농협의 핵심 인물로 대부분 서울대 농대 출신이었다. 그중에서 박 대통령의 신임을 얻어 연수원 원장으로 임명된 김준 역시 농대 출신으로 류달영과 사제지간이었다. 김준 원장이 후배들과 함께 시골에서 산을 개간하면서 새로운 농촌 건설에 착수했을 때, 류달영이 불러서 국민운동 중앙연수원의 교수로 참여시켰다. 그리고 국민운동이 해체되자 농협 대학에서 교편을 잡도록 주선하기도 했다.

김준 원장은 새마을 연수원을 정착시키기 위해 피나는 노력을 했으며, 과로로 쓰러지기도 했다. 이번에는 제자인 김 원장의 초청으로 류달영은 새마을 연수원 교수로 동참하게 된다. 연수원에서는 주로 일주일 기간의 단기 교육을 실시했는데, 항상 마지막 날 마지막 강의는 류달영 교수가 맡았다.

새마을 연수원에서 교육받고 나온 젊은 농촌 지도자들의 활동을 '새마을 운동'이라고 부르게 되었다. 교육 성과가 뚜렷해지자 '새마을 운동' 교육은 농민 지도자뿐 아니라 각계각층으로 넓혀 나갔다. 신이 난 박 대통령은 '잘 살아 보세'라는 새마을 노래도 직접 지어 부르게 했고, 새마을을 상징하는 새마을 기를 전국 방방곡곡에 휘날리게 했다. 청와대에서는 덴마크와 이스라엘에서 유학하고 돌아온 류태영이 새마을 운동을 담당했고, 농대 출신의 박진환은 농촌 담당 특보로 이 사업을 도왔다.

대통령의 지대한 관심과 지원하에 전국의 도지사, 군수, 면장, 이장에 이르기까지 모든 행정 책임자들이 새마을 운동에 경쟁적으로 뛰어들었다. 경비도 중앙 정부에서 후하게 지원했다.

새마을 운동은 세계적으로 성공한 모델이 되었다. 2005년에는 전 세계 27개국에서 821명의 지도급 인사들이 새마을 운동을 배우기 위해 방한했다. 2005년 10월 중국 정부는 11차 경제개발 5개년 계획(2006~2010년)을 세우면서 '신농촌 운동' 추진을 확정했다. 이것은 새마을 운동을 그대로 중국 말로 옮긴 것이다. 2006년 3월에는 북경의 중국 공산당 중앙학교에서 후진타오(胡錦濤) 국가 주석과 원자바오(溫家寶) 총리도 참석한 가운데 전국 31개 성과 시의 주요 간부 200여 명이 모여 한국의 새마을 운동을 중국 농촌에 접목시키는 방안을 놓고 일주일 동안 토론회를 열었다. 이 토론회에는 인민해방군 주요 지휘관도 참석해 새마을 운동을 군에 도입하는 방안도 모색했다.

중국이 추진하고 있는 '신농촌 운동'의 5대 강령을 보면 그 정신이 새마을 운동과 그대로 일치한다는 것을 알 수 있다.

- 우선 정부가 주도하고 농민들의 자발적 참여 유도
- 실사구시에 역량을 집중해 추진
- 쉬운 일부터 추진하고 어려운 일은 나중에
- 중요한 일을 찾아내 우선적으로 추진
- 형식주의를 배제하고 농민이 원하는 일을 추진

중국 신농촌 운동의 강령은 새마을 운동의 강령인 근면, 자조, 협동 정신을 풀어 쓴 것이라 할 수 있다. 그리고 새마을 운동의 뿌리도 류달영이 강조한 무실역행 정신에 닿아 있다는 것을 알 수 있다. 류달영은 이 정신을 덴마크의 그룬트비와 달가스에게서 배웠다. 그들 또한 계몽주의에서 배웠고, 계몽주의는 르네상스 정신을 이어받았다. 마치 물이 높은 곳에서 낮은 곳으로 흐르듯이 하나의 정신이 이 나라에서 저 나라로 흐르고 있다는 것을 알 수 있다. 그 물길이 지금은 중국, 러시아, 베트남, 칠레 등지에서 도도히 흐르고 있는 중이며, 앞으로도 다른 나라로 옮겨 가며 생명력을 유지할 것이다.

중요한 것은 그 정신을 감지해 자신이 선 자리에서 실현하는 것인데, 우리나라는 류달영이 그 물꼬를 트는 일을 맡았다는 사실이다. 그리고 장군 시절의 박정희가 《새 역사를 위하여》를 읽고 감동받아 혁명을 일으키자마자 재건국민운동을 추진하고 이것이 새마을 운동으로 발전해 나갔다는 것도 엄연한 사실이다. 누가 뭐래도 한국이 단군 이래 가장 부유한 나라로 변신한 데는 재건국민운동과 새마을 운동의 역할이 지대했다는 것을 역사가 평가할 것이다. 모든 일은 인간이 하고 인간을 만드는 것은 정신이다. 만사를 시작할 때 의식 교육 사업부터 손대는 류달영의 정신 자세는 귀감이 될 만하다.

평화 농장과 농민 운동

1·4 후퇴 때 피난지 대구에서 집필한 《새 역사를 위하여》는 저자의 인생을 여러모로 바꿔 놓았다. 재건국민운동 등을 통해 국가에 봉사할 기회가 주어졌고, 또 재판이 거듭되어 저자에게 적지 않은 인세를 선물했다. 류달영은 1960년대 초 이 인세로 수원에 땅을 사서 평화 농장이라 이름 짓

류달영 박사와 아내 이창수 여사가 평화 농장을 함께 돌보고 있다.

류달영은 스스로 농민이 되어야 농민들과 함께할 수 있다는 생각으로 평화 농장을 개간했다.

고 땅을 개간했다.

서울에서 수원으로 들어가는 길목인 지지대 고개의 남쪽 사면에는 천주교 공동묘지가 있었다. 지금 지지대 고개의 정조대왕 동상과 기념관이 있는 효 공원의 바로 아래쪽이다. 좌우로 울창한 송림 산줄기가 두 팔을 벌려 감싸고, 바로 앞에는 수원의 명소 노송 지대가 정원처럼 펼쳐져 있고, 멀리 칠보산 봉우리가 안산 역할을 하는 명당 지역이다. 그는 이 땅이 마음에 들어 당시 시가의 8배를 주고 구입했다. 류달영은 이 땅을 개간해 과수원과 목장이 있는 평화 농장으로 평생을 공들여 가꾸었다. 농장에는 주인 부부의 땀이 짙게 배어 있다.

그가 농장을 만든 이유는 농민 운동 때문이다. 국민운동 본부장 시절에 전국의 농민들을 만나러 다니면서 농민들의 의식이 깨어나도록 설득했다.

그의 신분이 서울대 농대 교수이자 본부장이다 보니 농민들이 어려워해 가까워지지가 않았다. 류달영은 자신도 농민이 되어야 그들과 함께할 수 있다고 생각했다. 그래서 모아 둔 인세로 농장을 사 개간하면서 스스로 농민이 된 것이다. 그리고 평소에 먹지 않던 막걸리도 먹고 담배도 배웠다. 농촌에 가면 동네 사랑방으로 가서 농민들과 술을 주고받고 담배도 권하고 평화 농장의 농사일도 이야기했다. 그러자 농민들이 가슴을 열고 친해지면서 농민 운동도 더욱 원활히 돌아가게 되었다.

류달영은 본부장 시절에도 일요일이면 부인과 함께 농장으로 내려갔다. 그는 여러모로 농장을 시범적으로 운영해야 한다고 생각해 포도, 사과, 딸기 농사를 시작했다. 과일을 재배해서 돈을 벌 수 있다는 것을 직접 보여주고 싶었던 것이다. 평화 농장에서 시작한 딸기 농사는 소문이 나기 시작해 봄철 주말이면 수백 명의 서울 사람들이 싱싱한 딸기를 먹으러 찾아왔다. 2천여 평의 정원에는 봄, 여름, 가을까지 각종 꽃이 만발했다. 본부장이던 류달영은 바빠서 대부분의 농장 일은 아내가 도맡아 처리했다. 전쟁 통에 수천 권의 책을 직접 머리에 이고 운반해 '여장부'라는 별명을 얻은 것처럼 농장 일도 억척같이 해냈다. 실제로 돈을 벌어서 농장도 5천 평을 더 늘릴 수 있었다.

농장이 서울 사람들로 붐비던 어느 봄 일요일, 영화배우 허장강 씨가 찾아와 딸기를 맛있게 먹은 후 돗자리에 길게 누워 농장 일꾼에게 물을 한 잔 떠다 달라고 주문했다. 헙수룩한 옷에 밀짚모자를 쓰고 발에는 장화까지 신은 일꾼은 흔쾌히 물을 떠다 손님에게 건네주었다. 바가지를 받아 물을 마시던 허 씨는 일꾼의 얼굴을 보고 깜짝 놀라 벌떡 일어났다. 연일 신문 지상을 장식하는 단골손님으로 국무총리와 동급인 국민운동 본부장이 눈앞에서 웃고 있는 것이 아닌가! 그는 무례하게 군 것을 백배 사죄했다. 하지만 류달영은 농장 주인으로 손님을 맞고 있다며 너털웃음을 터뜨렸다.

전국농업기술자협회의 제2대 총재가 된 류달영은 농민의 정신 혁명, 기술 혁명, 생활 혁명을 이뤄 복지 국가를 건설한다는 목표를 향해 열심히 일했다.

류달영은 국민운동을 하면서도 두 가지 일은 계속해 나갔다. 하나는 서울대 농대 교수로서 강의하는 일이고 또 하나는 평화 농장을 가꾸는 일이었다. 본부장을 물러난 뒤 이 두 가지 일에 더욱 열정을 쏟았다.

전국농업기술자협회

건국대학교 설립자인 유석창 박사는 농업 진흥에 큰 뜻이 있었다. 그는 한국의 농민 단체로서 가장 오랜 역사를 갖고 또 회원도 가장 많이 확보하고 있는 전국농업기술자협회의 초대 총재를 지냈다. 이 협회는 농민의 정신 혁명, 농업의 기술 혁명, 농촌의 생활 혁명을 성취해 살기 좋은 복지 국가를 이룩하자는 것이 목표다. 건국대학교 농과대학이 창립될 무렵, 이 협회 간부들이 심혈을 기울여 농과대학 창설과 운영을 도왔다. 그런데 불행히도 1972년 1월에 유 박사는 세상을 떠났다. 협회 간부들은 제2대 총재를 추대하려고 근 일 년 동안 사방으로 후보를 물색하며 찾았다. 그들은 류달영 교수를 총재감으로 지목하고, 상도동 자택으로 찾아와 조르기 시작했다.

하지만 그 큰 단체를 책임지려면 재산도 있어야 하고, 시간 여유도 있어야 했다. 류달영은 서울서 수원으로 학교 버스를 타고 통근하는 처지였다. 그런데 협회는 건국대학교 농장 사무실 내에 방을 빌려 쓰고 있고, 상도동에서 건국대학교까지 거리가 너무 멀어 자가용도 없는 그로서는 가고 오는 것부터 심각한 문제였다. 더구나 수원 평화 농장도 점점 넓혀지고 있어서 더욱 여유가 없었다.

협회는 매년 연말에 전국 회원들이 전국대회를 열고 있었는데, 류달영에게 한 시간만 대회 의장을 맡아 달라고 졸랐다. 유석창 박사는 민간운동으로 새 출발한 중앙회의 재정위원장을 맡아 그를 도와주었고, 그는 답례로 전국농업기술자협회의 전국 지부에서 수차례 강연을 했던 동지 사이다. 잠깐 의장을 맡는 정도의 일을 차마 거절할 수 없었다. 건국대학교에서 열린 1972년 연말 전국대회에 나가 한 시간 동안 의장을 맡고 나와 총장실에서 차를 마시고 막 집으로 돌아가려는 참에 협회 간부들이 총장실로 찾아와 총회에서 류달영을 제2대 총재로 선출했다고 통고했다. 그는 손사래를 쳤지만 도저히 빠져나갈 구멍이 없었다.

결국 제2대 총재가 되어 협회 살림을 살펴보았다. 형편이 말이 아니었다. 720만 원의 빚이 있었고 유 박사는 미처 빚을 정리하지 못하고 떠난 것이다. 당시로는 매우 큰돈이었다. 건국대학교 상무이사를 만나 부채 상환을 요청했지만 건국대학교와 협회는 별개의 법인체라 빚을 갚아 줄 수 없다고 거절했다. 류달영은 우선 빚부터 갚아 나갔다. 그리고 농업진흥관을 새로 지어 독립하기로 하고 전력투구했다.

농업진흥관 건립

전국농업기술자협회의 수만 명 회원들은 자체적으로 농업진흥관 건물을 확보하기 위해 꾸준히 모금을 했다. 마침 동부이촌동에 땅이 나와 매입하게 되었다. 공화당 시절 몇몇 권력형 인사들의 재산을 정부가 몰수했는데, 그중의 하나였다. 그 땅은 유치원 건물이 세워져 있어서 용도가 교육기관으로 묶여 있었다. 그래서 최후까지 팔리지 않았던 것이다. 유치원 건물을 증축하기로 했다. 하지만 준비 자금은 이내 바닥이 드러났다. 류달영은 궁리 끝에 기업가의 도움을 받기로 하고 직접 휘호를 써서 뜻을 전하기로 했다.

첫 번째로 삼성의 이병철 회장에게 그의 아호인 호암(湖巖) 두 글자를 넣어 '춘일청정호(春日淸淨湖) 상풍부동암(霜風不動巖)'이라 글씨를 써서 보냈다. 뜻은 '봄날에 맑고 깨끗한 호수요 서릿바람에도 끄떡 않는 바위일세'다. 이 회장은 액자를 받고 호 풀이가 걸작이라고 기뻐했다고 한다. 그리고 회장 비서가 삼성의 남녀 손목시계 한 쌍을 들고 찾아왔다. 류달영은 비서에게 농업진흥관 건립에 관심을 가져 달라는 뜻을 회장님께 전해 달라고 했다. 며칠 후 수천만 원의 수표가 든 봉투가 왔다.

또 개성 출신으로 삼일문화재단을 만들어 삼일상을 수여해 온 이정림 회장에게도 같은 일을 했다. '이화봉춘(梨花逢春) 향만정림(香滿庭林)' 즉 '오얏꽃이 봄을 만나 향기가 뜰에 가득하구나'라는 휘호를 써서 보냈다. 여기서도 수표가 왔다. 대우의 김우중 회장에게는 김우중의 중(中) 자와 대우의 대(大) 자를 넣어 '중용대덕(中庸大德)'이라는 액자를 보냈다. 그가 가장 많은 금액을 보내 주었다.

일본인 자선사업가 다자와 고자부로(田澤康三郎) 씨가 소식을 듣고 제1차로 7만 달러를 보내 주겠다는 전갈이 왔다. 하지만 류달영은 고심 끝에 그 돈을 사양했다. 독립 정신으로 건축하는 농업진흥관을 일본인의 거액으로 짓는다는 것은 자존심이 허락하지 않았기 때문이다. 고생이 되더라도 우리 손으로 건축하는 게 더 떳떳하고 의미 있을 것이다. 이 일은 일본에서도 화제가 되었고 다자와 씨는 류달영을 더욱 좋아하게 되어 한국에 오면 불편하더라도 농업진흥관에서 묶고 갔다. 농업진흥관은 결국 3만 명이 20년을 모금해 완성되었다.

농민 대학

류달영은 전국농업기술자협회에서도 먼저 교육 사업을 추진했다. 농업진흥관 내에 농민들을 교육하는 농민 대학부터 설치한 것이다. 농민 대학은 여름과 겨울 농한기에 전국의 유능한 중견 농민들을 모아 농업의 최신 기술을 가르쳤다. 막상 교육을 시작하자 의외로 농민들의 배움의 열기가 대단했다. 전국에서 모여든 농민들은 삼복더위에 냉방 장치도 없는 교실에서 땀을 줄줄 흘리며 열심히 강의를 들었다. 때때로 류달영이 직접 마이크를 잡기도 했다. 그는 틈만 나면 덴마크 농민들 이야기를 들려주었다.

나무 한 그루 자라지 않는 황무지에서 백결 선생 같은 누더기 옷을 걸치고 겨울에도 맨발로 걸어 다니던 덴마크 농민들이 오늘날에는 세계 최고의 복지 국가를 건설해 잘 살고 있다. 덴마크와 비교해 금수강산에 살고 있으니 한국 농민들은 정신만 차리면 잘 살 수 있다. 누워서 떡 먹기다.

그는 농업을 수확한 농산물 가격만으로 평가하는 것은 어리석은 일임을 강조했다. 이때 류달영은 '농사짓는 마음' 곧 '농심'이라는 말을 만들어 냈다. 어느 기업가가 그 말을 듣고 '농심 라면'을 만든 것도 이때다. 농심은 곧 하늘의 마음이다. 사람과 땅과 하늘이 일체가 되어 성심을 다해 식물과 가축의 생명을 가꾸는 것이 농업이다. 그는 자신의 농심 철학을 이렇게 표현했다.

봄에 희망을 안고 논밭을 일궈 씨를 심고 가꿔 가면 여름에 꽃피고 열매 맺어 가을에 무르익어 그것을 거둬들일 때 그 즐거움은 그지없고 감사한 마음이 절로 솟아 나온다. 희망을 안고 올바로 이웃과 더불어 열심히 살아가며 일한 바를 거둬들여 즐거워하고 감사하는 마음, 그와 같은 마음으로 자기가 살아가는 터전에 평화를 이룩하겠다는 그런 희망을 가지고 젊은 시절 신뢰의 밭에 사랑의 씨를 심고 가꾸어 나간다면 필경 인생의 가을이 되어 자유와 평화의 열매를 풍성히 상으로 받게 될 것임에 틀림없다.

대자연 가운데서 인간이 자연과 하나가 되어 생명체를 가꾸는 일은 최고의 성스러운 직업이며 즐거운 생활이다. 그래서 농업은 경제적 가치 기준만으로 따질 수 없다는 것이 그의 신념이다. 농업은 가장 인간다운 삶인 것이다. 사람이 농사짓는 것처럼 성실하고 정직한 마음으로 살아간다면 하늘이 도와줄 것이라고 그는 믿었다. 그리고 직접 그런 마음으로 살았다. 류달영의 장수와 건강의 비결은 여기에 있다.

농업진흥관 현관에는 늘 '농업은 나라의 바탕, 농민은 민족의 뿌리'라는 표어가 붙어 있다. 지금도 류달영의 한글 휘호가 들어서는 사람을 반긴다. 그가 전국농업기술자협회 회장으로 재임한 20여 년 동안 농민 대학은 한 번도 쉰 적이 없다. 가난한 농민들이 열심히 공부해 실력을 길러 나가는 모습을 지켜보며, 그 뒷바라지를 하면서 그는 뿌듯한 자부심을 느꼈다. 정부로부터 단돈 백 원도 교육비 조로 후원받지 않았다. 정부에서 농민을 대상으로 무료로 교육하는 곳은 정원이 채워지지 않았지만, 농민들이 자기 돈 내고 공부하는 농민 대학은 늘 성황이었다. 아마도 주인 의식 때문일 것이다. 밤에는 농업 전문가끼리 세미나를 열고 토론하는 모임이 끊이지 않았다. 그의 20년 재임 기간 동안 약 3만 명의 수료생이 배출되었다. 그동안 16회를 계속해 수강한 농민도 있었다.

수강생 중에 김주항이라는 사람이 있었다. 그는 1930년 무렵 일제 강점기 때 미국으로 유학을 갔고, 미국인 부인과 결혼하고 귀국해 농사를 짓고 있었다. 부부는 당시에 사람들이 별로 살지 않았던 홍제동 비탈에 시냇가의 돌을 주워 집을 짓고 양돈을 했다. 그들이 가공한 돼지고기 햄은 조선호텔에 공급될 정도로 신망을 얻었다. 부인 안네는 밀가루 포대로 치마를 만들어 입고 한국의 전통 생활 개선에 힘썼다.

지하에 온실을 만들어 겨울에도 채소를 가꿔 먹고, 털실로 고급 넥타이를 짜서 신세계백화점에 내다 팔아 소득을 올렸다. 재래식 부엌도 개량해 물을 효과적으로 데워 쓰고 수제 세탁기도 만들어 빨래를 쉽게 했다. 그녀는 쉬지 않고 농민을 계몽했다. 또한 새벽에는 자전거를 타고 시내의 여러 식당을 돌면서 음식찌꺼기를 모아다가 사료로 활용했다. 춘원 이광수는 김주항 씨 집을 찾아가 보고는 '창조의 생활'이란 글을 신문에 게재해 전 국민의 사기를 올려 주기도 했다. 부인 안네는 《코리안의 아내》란 저서를 미국에서 출판해 큰 화제가 되기도 했다. 그녀는 광복 후 서울여자대학교에서 가정과 교수로 열심히 가르쳤다.

류달영은 이 집을 여러 차례 방문해 친교를 두텁게 가졌다. 식민지 백성이라고 낙심하지 않고 창의력과 용기를 가지고 열심히 살면 어떤 악조건 속에서도 잘 살아갈 수 있다는 진리를 그 부부가 몸소 실천해 보여 준 것

류달영은 농약과 화학 비료의 폐단을 절감하고 한국유기농업협회를 만들었다. 협회의 활동은 눈부신 발전을 거듭했다.

이 고마웠기 때문이다. 그런 김주항 씨가 농민 대학에 나와서 강의를 듣는다는 것은 류달영에게 큰 자부심을 안겨 주었다. 마치 백만 원군을 얻은 기분이었다. 수강생 농민들도 그런 동료와 같이 공부한다는 사실에 크게 고무되었다.

한국유기농업협회

서울대 농대 제자인 정진영이 전국농업기술자협회의 직원으로 들어왔다. 그는 대학 때부터 유기 농업에 눈을 뜬 소신 있는 젊은이였다. 아직 혼자서는 벅차서 전국 조직을 가진 협회에 들어와 힘을 키워 가겠다는 의도 같았다. 협회는 각종 간행물에 광고를 실어 그 수입으로 직원 봉급 등을 지급하며 살림을 겨우 꾸려 가는 형편이었다. 당연히 농약과 비료 광고가 대부분을 차지했다. 그런데 유기 농업은 농약과 비료를 쓰지 말자는 입장이라 이율배반에 빠지지 않을 수 없었다.

당시 일본에서는 언론이 정직하게 농약과 화학 비료의 폐단을 보도했다. 농약과 비료를 친 농산물을 먹고 탈이 난 사람들이 많이 소개되었다. 우리나라는 농양과 비료를 일본보다 훨씬 많이 쓰기 때문에 그 피해가 더욱 심한 데도 정부는 증산에만 신경을 쓰고 부작용은 쉬쉬하며 덮고 있는 형편이었다. 류달영은 협회 안에서는 유기 농업 운동을 펼치기 어렵다고 판단하고 독립시키기로 결정했다. 정진영이 실무를 맡아 일하기로 하고 일본의 유기 농업 단체들과 긴밀한 협조를 유지하기로 했다.

일본은 미국의 값싼 농산품이 밀려올 것에 대비해 정부 차원에서 유기 농업을 장려했다. 하지만 우리 정부는 식량 증산에 온 힘을 기울이고 있었기 때문에 농약과 비료가 인체에 끼치는 해악은 안중에도 없었다.

유기 농업의 공신력을 높이기 위해 농림부에 법인 등록을 하려고 했지만 아예 상대도 해 주지 않았다. 농약을 뿌리지 않고 또 화학 비료를 쓰지 않으면, 생산량이 떨어져 농림부의 실적이 감소된다는 근시안적 안목 때문에 유기 농업을 백안시했다.

방편으로 이름을 '유기농업환경연구회'로 바꾸고 환경청에 등록했다. 농약 회사와 비료 회사의 견제를 피할 수 있는 데다 실무자가 농대 제자여서 설득하기 수월했기 때문이다.

몇 해가 지나면서 환경청에 소속되어 농림부의 지원을 받지 못하자 유기 농업을 하는 농민들의 불평이 많았다. 마침 농대 제자인 허신행이 농수산부 장관으로 취임했고, 찾아가 일본의 예를 들어 유기 농업의 중요성을 강조하고 도움을 받아 냈다. 마침내 '한국유기농업협회'로 개칭하고 농수산부 산하의 법인으로 등록했다.

그 후 한국유기농업협회의 활동은 눈부신 발전을 거듭했다. 고추 생산

류달영은 농민의 실질 소득을 올리기 위해 한국농산물유통연구회를 창설하고 교육을 실시했다.

왕이나 벼 수확 왕도 모두 유기 농업에서 차지했다. 유기 농업으로 지질이 회복된 까닭이다. 요즘은 웰빙 붐이 일어 정부도 유기 농업을 장려하고 있다. 유기 농업 운동이 선견지명을 가지고 시대를 선도했다는 것이 판명되었다. 초대 회장이던 류달영은 90살이 넘어서도 협회 회장으로 봉사했다.

한국농산물유통연구회

류달영은 고등보통학교 시절부터 농촌 운동에 뛰어들어 좋은 품질의 농산물을 생산하도록 독려하는 데만 신경 썼지 농업 경제에 대해서 생각할 기회를 갖지 못했다. 당시 한국의 농업 종사자들은 일본의 농학을 많이 연구했다. 우리나라와 식생활 습관이 비슷하고 농사 환경도 유사해 참고할

류달영은 〈유통정보〉를 발행해 유통 교육 및 정보를 알렸고, 이후 〈유통정보〉는 〈한국농어민신문〉으로 발전했다.

만한 것이 많았기 때문이다. 류달영은 일본의 농산물 유통 사례를 접하고 배울 것이 많다는 것을 깨달았다.

농민이 정성껏 양배추를 재배해 도시에 16개 들이 한 상자를 팔면 농민 손에 들어오는 돈은 양배추 하나 값밖에 되지 않았다. 현실이 이렇다 보니 농민이 아무리 열심히 연구하고 땀 흘려 농사를 지어 봤자 경제적인 형편이 나아질 수 없었다.

실제로 배추나 양파가 과잉 생산된 해에는 수확하지 않은 채 그대로 갈아엎는 경우도 비일비재했다. 그런데 일본은 농민들이 농산물 유통을 배워 실질 소득을 높이고 있었다.

류달영은 전국농업기술자협회 직원이자 농대 제자인 황의충을 독립시켜 '한국농산물유통연구회'를 창설하게 했다. 이 연구회를 법인으로 등록하고 용산 원효로 청과물 시장 안에 연구소를 개설해 농민, 상인, 공무원 등 모두에게 유통 교육을 실시했다. 또한 관련자들과 함께 대만, 일본의 대

도시 청과물 시장의 유통 과정을 시찰하기도 했다.

류달영은 타블로이드판 〈유통정보〉를 발행해 널리 보급하는 데 심혈을 기울였다. 이 정보지는 후에 〈한국농어민신문〉으로 발전해 농어민의 친구가 되었다. 주 2회 10만 부를 발행하는, 농어민이 만든 농어민의 신문으로 발전시킨 것을 류달영은 큰 보람으로 여겼다.

류달영은 별세할 때까지 이 신문에 원고지 두 장 400자 분량의 미니 칼럼을 연재했다. 그는 만년에는 주로 짧은 에세이를 많이 썼는데, 촌철살인하는 글들은 《짝사랑》과 《짝사랑의 세레나데》 두 권으로 묶여 출판되었다.

초인적인 사회봉사 활동

1974년 이미 60대를 훌쩍 넘긴 류달영은 엄청난 일복과 만나게 된다. 이 시기를 전후해 전국농업기술자협회 총재, 서울대학교 교수협의회 회장, 국민윤리학회 회장, 대한가족계획협회 회장, 전국재해대책협의회 회장, 한국덴마크협회 회장, 카운슬러협회 회장, 4H운동 회장, 건전생활중앙협의회 회장, 한국원예협회 회장, 인간교육원 회장, 한국산업카운슬러협회 이사장, 세종기념사업회 부회장, 서울특별시 문화위원, 대한적십자 서울지사 상임위원, 사회교육 심의위원, 한국잡지윤리위원회 위원, 국제가족계획협회연맹 이사 등의 일을 맡아 국내외에서 초인적인 활동을 벌였다. 1972년에는 건국대학교에서 명예 농학 박사 학위도 받았다. 그는 1976년 서울대 교수로 30년을 근속하고 정년 퇴임한다. 그리고 명예 교수가 되어 사회봉사 활동에 더욱 박차를 가하게 된다.

이 무렵 그는 국토통일원 고문으로 위촉되었다. 정부는 매달 중요 사업을 보고하고, 각 분야의 산업 시찰도 실시해 그로서는 새로 배우는 것이 적지 않았다. 당시에는 조선총독부 건물이 중앙청으로 사용되고 있었고, 박정희 대통령은 충무공에 심취해 세종로에 동상을 세우고 현충사와 한산도 등 관련 유적을 복원했다. 류달영은 이순신에 비해 상대적으로 세종대왕의 치적이 과소평가되고 있는 것을 안타까워했다. 마침 서울시에서 짓고 있던 시민회관이 준공 단계에 있었다. 그는 시민회관의 간판을 세종문화회관으로 바꿔 다는 것이 여러모로 적절하다고 주장했다. 소설《세종대왕》을 쓴 예술원장 월탄 박종화와 노산 이은상 선생이 적극 찬성하고 나섰다. 결국 그의 주장은 관철되어 오늘날의 세종문화회관으로 정착되었다.

1980년에 그는 헌법개정심의위원으로 위촉되어 평소의 소신대로 국민의 평생 교육을 헌법으로 제정토록 했다. 1982년에는 각계 원로들이 정부의 자문에 응하도록 한 헌법기관인 국정자문위원회의 위원으로 위촉되었다. 전 대통령과 총리와 국회의장 등 정치인뿐 아니라 노산 이은상, 강원룡 목사 등 민간 원로들도 포함되었다. 국정자문위원들은 장방형의 테이블에 앉아 매달 각 부처의 행정 현황을 보고받고, 그에 대한 각자의 의견을 개진했다. 그는 주로 농업과 교육 분야 사안들에 대해 많은 발언을 했다. 특히 한국인의 명석한 두뇌를 개발하기 위해 사회성을 길러야 한다고 기회 있을 때마다 역설했다.

박정희 대통령 시절에는 청와대에 농업 관계 인물이 농업특보, 새마을 운동 담당 비서, 농업 담당 비서 세 사람이 있었다. 그런데 다음 정권에서는 한 명도 없었다. 농수산부에서 파견된 과장 한 명이 겨우 농업 부문을 맡고 있었다. 경제기획원에도 농업 전문가가 한 명도 없었다. 류달영은 정부가 농업을 너무 홀대하고 있다고 느끼고 국정자문회의에서 강력한 발언을 사양치 않았다.

류달영은 적십자 봉사 운동에도 적극 참여했다. 이미 1967년에 대한적십자 서울지사 상임위원으로 위촉되었고, 1980년에는 본사 중앙위원이 되는 등 만년까지 30년이 넘는 기간 동안 봉사했다. 적십자사는 처음에는 구

1960년대부터 적십자사에서 활동한 그는 1985년 대한적십자 봉사회 중앙협의회가 조직되면서 초대 의장이 되었다.

호 활동을 벌였지만, 우리나라가 발전함에 따라 봉사 활동으로 방향을 바꿔야 한다고 류달영은 생각했다. 1985년 대한적십자 봉사회 중앙협의회가 조직되고, 그가 초대 의장으로 선출되었다. 독자적으로 사무실도 차리고, 전국 대회를 개최해 회원 간의 유기적 결합을 강화해 나갔다. 1991년에는 총리를 지낸 강영훈이 총재로 선출되었다. 류달영은 이때부터 그와 사귀기 시작해 평생을 서로 아끼며 지냈다.

또한 그는 21년간 적십자간호대학 학교법인 이사로 봉직했다. 간호 인력을 양성하는 일에 커다란 관심을 가져 '사랑과 봉사'라는 휘호를 써서 기증했다. 그 휘호는 지금도 적십자간호대학 교내에 걸려 간호학도들과 함께 살아 숨 쉬고 있다.

나라꽃 무궁화

류달영의 나라 사랑은 자신의 전공 분야에서도 발휘되었다. 서울대 농대의 화훼학 교수로서 그 어떤 꽃보다 겨레의 상징인 무궁화 가꾸기에 심혈을 기울였다. 일제 강점기에는 일본 경찰이 보이는 족족 뽑아 버린 나라꽃 아니던가. 무궁화와 비슷한 문양을 사용만 해도 죄가 되던 시대 아니었던가. 남궁억과 문일평 같은 선각자들이 애써 가꾸었던 희망의 징표 아니었던가.

해방이 되고 수원의 서울대 농대에서 무궁화 연구를 시작하려 할 때 무궁화 품종 자체가 너무 귀했다. 일제에 의해 모조리 제거된 것이다. 그는 무궁화 연구를 위해 마라도에서 판문점까지 전국을 돌아다녔다. 그리고 조사를 해 보았더니 일본은 한국의 무궁화를 일본으로 가져가 육종 연구에 사용하고 있었다. 일본인들은 우리에게는 '쓸모없는 나무'라고 속이고, 자기들은 몰래 연구하고 개량하고 있었다. 진딧물이 많은 나무라고 악선전을 하더니 알고 보니 효과가 큰 약용 식물이었던 것이다.

그는 직접 일본으로 건너가 일본인들이 보존하고 있던 우리 무궁화 품종을 들여와 교배시키고 새 품종을 개발해 나갔다. 그는 이 모든 일을 사재를 털어 했고, 자신의 농장에서 직접 가꾸었다. 그는 이후 100여 종의 신품종 무궁화를 개발했다. 1972년 제1회 무궁화 전시회를 전후해 우리나라 전통을 반영한 품종명이 등장했다. 그는 신품종에 민족 고유의 심성과 정서를 담아 일편단심, 춘향, 사임당, 에밀레, 진이, 산처녀, 옥토끼, 파랑새, 한마음, 신태양, 아랑, 아사달, 아사녀, 평강공주, 새아침, 꽃뫼, 선덕, 향단, 소월, 계월향, 설악 등의 이름을 붙였다.

류달영은 1985년 무궁화연구회를 창립하고 초대 회장을 맡았다. 2년 뒤에는 제자 염도의와 공저로 《나라꽃 무궁화》를 학원사에서 간행해 성대한 출판기념회를 가졌다. 그 뒤 무궁화연구회에서는 1995년 국내 약 200여 종

류달영은 일제가 모조리 제거한 무궁화를 찾아내 연구하고 품종 개발을 해 나갔다.

의 무궁화를 총 6권의 도감으로 집대성해 《무궁화대전》을 펴냈다. 류달영의 나라 사랑이 또 하나의 결실을 맺은 것이다.

  류달영을 도와 무궁화 연구에 함께 매진한 사람은 서울대 농대의 제자 염도의 교수와 김일중 교수였다. 특히 류달영이 가장 아꼈던 제자 중 한 명인 염 교수는 1987년 안타깝게도 농촌 봉사 활동을 하던 학생들을 지도하다가 교통사고로 세상을 떠났다. 그리고 김일중 교수도 미국 일리노이대학교에서 연구하던 중 젊은 나이에 저세상으로 가고 말았다. 어버이 같던 류달영의 가슴은 비통함에 찢어졌다.

  제자인 심경구 성균관대 교수는 자신이 2002년 8월에 개발한 무궁화에 '성천'이라는 이름을 명명하여 스승의 학덕을 기렸다. 이 꽃은 하얀색으로 가장 크고 우아한 모습을 지녀 특별히 나라꽃 무궁화 연구에 평생을 바친

평화 농장에는 30년 이상 된 무궁화들이 많이 자라고 있었다. 무궁화를 되살리려는 집념의 결과다.

스승의 아호를 따다 붙였다는 것이다. 병충해에 강한 성천 무궁화는 백단심계의 홑꽃으로 꽃이 크고 꽃잎도 두껍다. 백단심계의 '우정'을 모계로, 홍단심계의 '영광'을 부계로 해서 교배된 신품종이다.

수원 평화 농장의 약 5천 평 되는 땅에서 재배되던 30년생 이상의 큰 무궁화들은 류달영의 사후 성천문화재단의 뜻에 따라 이천시 설봉 공원 현충탑 진입로에 식재되었다. 모두 220주 이상으로 시가로 치면 가치가 1억 원을 훨씬 상회한다. 이천시는 이 지역을 정비해 '성천 무궁화거리'로 조성했다. 류달영이 애지중지하던 무궁화들이 고향 이천으로 옮겨져 시민들의 사랑 속에 계속 커 나가게 된 것을 그도 다행으로 여기고 만족했다.

8

마지막 필생의 사업
― 성천문화재단을 세우고

성천문화재단의 창립

류달영이 나이 80세에 접어든 1990년 무렵의 일이다. 안산시에서 경부 고속도로로 연결되는 새 고속도로가 나게 되었는데, 평생 피땀 흘려 가꾼 수원 평화 농장의 반 정도가 동수원 인터체인지로 수용되었다. 그는 뜻밖의 큰돈을 보상금으로 받게 되었다. 그는 이 돈을 사회에 환원하기로 결심하고 생애 마지막 사업을 펼치기로 했다.

그는 여러 친지들과 사업 구상에 대해 의논했다. 마침 여의도 시범아파

류달영은 1991년 성천문화재단을 설립했고, 구상 시인은 성천아카데미 초대 원장으로 취임했다.

트 앞뒷집에 나란히 살면서 친형제처럼 지내던 구상 시인이 좋은 의견을 내놓았다. 구상 시인은 평소 이웃사촌 류달영을 '흥부 형님'이라고 부르며 해가 바뀔 때마다 세배를 거르지 않았다. 그는 노산 이은상 선생이 생전에 나라의 지도자에게 인문고전을 교육할 '민족의 도량'을 남한산성 아래에 건설하기로 하고 실제로 여러 채의 한옥까지 지었다. 하지만 학교를 열기도 전에 사망해 빛을 보지 못했다고 말했다. 구상 자신도 그 사업에 동참해 커리큘럼을 짜고 교수들도 모집했는데, 끝내 실현을 보지 못한 것이 안타까웠다는 것이다.

성천 류달영 선생이 농장 보상금으로 새로운 사업을 한다는 소문을 듣고 여러 농민 단체에서 도와 달라고 요청해 왔다. 하지만 성천의 뜻은 달랐다. 일본 강점기에는 농민이 전 국민의 90퍼센트 이상이라 국민 의식 개혁 차원에서 농촌 운동에 뛰어들어 평생을 매진할 수밖에 없었다. 하지만 우리나라가 산업 국가로 바뀌어 도시민이 농촌 인구를 훨씬 능가하게 되었으니 이제는 도시인들의 의식을 개혁하는 평생 교육 사업을 해야겠다고 마음먹은 것이다.

그리고 장차 한국인들에게 건전한 정신 문화와 건실한 생활 문화를 심어 주기 위해 구상 시인이 추천한 대로 인류 성현들의 정신 유산인 인문고전을 교육하는 것이 바람직하다는 결론을 내렸다. 교육이야말로 민족과 국가에 봉사하는 최선의 방법이라고 믿어 온 그는 이제 생애의 마지막 봉사로 일반인을 위한 정신 교육에 전념하기로 한 것이다. 그는 인문고전 교육을 통해 한국인의 가슴을 일구고 마음 밭에 씨를 뿌리기로 결심했다. 마치 '어린 솔포기가 구름을 어루만지는 마음씨(稚松拂雲心)'라는 옛 시구와 같은 심정이었다.

류달영은 1991년 봄에 재단법인 성천문화재단을 설립하고 생활문화아카데미를 부설했다. 아카데미 이름을 '생활 문화'라고 붙인 것에서 류달영의 무실역행, 실사구시의 실천 철학이 고스란히 드러난다. 인류 문화의 꽃인 고전을 정성껏 배운 후에는 각자의 생활 속에서 실천하여 문화로 승화시키자는 뜻이 담겨 있는 것이다.

재단 발기인으로 윤근환, 서영훈, 권태완, 김도창, 전택부, 이은복 등이 참여했고, 설립 후에는 전원 이사가 되어 계속 창설자의 고귀한 뜻에 동참했다. 특히 구상 이사는 아카데미 초대 원장으로 취임했고, 이후 저세상으로 돌아갈 때까지 종신 명예원장을 지냈다. '세상살이가 아무리 오염되어 연탄 빛 강물처럼 흐른다 해도 누군가는 어느 구석에서 맑은 샘물을 파서 흘려야 언젠가는 맑은 세상을 이룰 수 있으리라.'는 신념을 갖고 있었기 때문에 고전 교육 사업이 오랜 숙원이었고 기쁨을 넘어 눈물겨운 감동을 지니고 참여했다.

성천아카데미는 여의도에 구상 시인 시비를 세웠다. 류달영의 한글 글씨로는 이 시비가 가장 대표적인 것 중 하나다.

성천아카데미는 류달영을 아버지로, 구상을 어머니로 하여 태어났다고 보아도 과언이 아닐 것이다. 성천아카데미는 회원들의 모금으로 여의도 한강변에 구상 시인 시비(詩碑)를 세웠다. 앞뒤에는 '강'을 주제로 한 구상 시인의 대표 시 두 점이 새겨져 있는데, 글씨는 기꺼이 류달영이 맡아서 썼다. 성천의 한글 글씨로는 이 시비가 가장 대표적인 것 중 하나다. 앞서거니 뒤서거니 같은 해에 5개월 차이로 나란히 돌아간 두 동지는 아마 저승에서도 이웃 간에 사이좋게 지내고 있을 것이다.

한편 류달영이 사재를 사회에 환원해 문화재단을 설립하고 교육 사업을 펼친다는 말을 듣고 부산의 한 독지가가 동참 의사를 밝혔다. 그는 류달영과 어떤 혈연이나 지연 혹은 학연조차도 없는 사람이었다. 고무장갑을 생산하는 중소기업을 운영하는 박덕준 사장은 서울 남대문시장의 땅과 동대

성천문화재단이 설립될 때 사업가 박덕준 사장이 사회에 기여하고 싶은 마음으로 땅과 건물을 기증했다.

구역 근처의 건물을 성천문화재단에 기증했다.

자신도 사회를 위해 뭔가 기여하고 싶었지만 여건이 허락하지 않아 마음뿐이었는데, 마침 평소 인격자로 흠모해 온 류달영 선생이 사회 사업을 한다니 자신도 약소하나마 땅과 건물을 기꺼이 내놓아 돕고 싶다는 것이었다. 이 재산은 성천문화재단의 소중한 기반이 되었다. 그는 재단 이사로 참여해 달라는 강력한 요구를 끝내 뿌리치고 끝까지 얼굴을 드러내지 않았다. 또한 이후로도 재단 사업에 일체의 간섭도 하지 않았다. 참으로 노블레스 오블리주의 귀감이라고 하지 않을 수 없다.

성천아카데미는 1992년 4월에 제1회 미래지향문화강좌를 개설했다.

생활문화아카데미의 동서인문고전강좌

1991년 9월에 제1기 동서인문고전강좌가 개설되자 각계의 지도층 인사들이 수강생으로 대거 참여했다. 그중에서 고등법원장을 지낸 기세훈 변호사, 여성유도회(儒道會) 회장을 지낸 김정자 여사 그리고 전 유한양행 홍병규 회장 등이 열심히 공부했고, 이들은 수료 후 재단 이사로 참여했다.

제1기 강좌에는 주역(김충렬 고려대 교수), 논어(안병주 성균관대 교수), 노자(송항용 성균관대 교수), 대승기신론소(이기영 동국대 교수), 퇴계와 율곡(윤사순 고려대 교수), 마태오복음서(정양모 서강대 교수), 팡세(변규용 교원대 교수), 플라톤(조우현 연세대 교수), 데카르트(김형효 한국정신문화원 교수) 등의 과목이 개설되어 가르치는 사람과 배우는 사람들의 열기 속에 강의실은 연일 뜨겁게 달아올랐다.

류달영은 '고전을 공부해야 하는 까닭'이란 글을 써서 수강생들에게 나눠 주었다.

최선의 과일나무는 예외가 없이 야생의 나무뿌리를 대목으로 하여 접목한 것이다. 2만여 품종의 화려한 장미도 그와 마찬가지로 야생찔레의 뿌리에 접목한 것들이다. 야생나무의 뿌리를 대목으로 하지 않고서는 어떠한 좋은 과수도, 어떠한 좋은 장미도 그 실력을 발휘하지 못한다. 그리고 그 수명도 아주 짧아지는 것이다. 인간의 정신문화도 이와 다름없이 그 정신의 대목이 될 만한 것은 반드시 고전에서 찾아내야 한다. 이러한 의미에서 우리가 값진 인간의 삶을 영위하려면 누구나 고전 공부를 알차게 해야 할 것이다.

한편 초창기에 실무를 주도했던 박영인 상임이사의 건의로 아카데미에 미래지향문화강좌와 현대생활문화강좌가 개설되었다. 후자는 넓은 주제를 다루면서 매월 특강 형식으로 진행되었다. 미래지향문화강좌에서는 각 분야의 미래학자들이 인류의 바람직한 앞날을 예견하고 이를 건전하게 수용, 대비토록 하는 내용을 집중적으로 강의했다.

한국미래학회를 이끌었던 이한빈 전 부총리, 김호길 포항공대 총장, 장회익 서울대 교수, 김용준 고려대 교수, 김용정 동국대 교수, 공성진 미래구상연구소장, 김성훈 중앙대 교수, 최정호 연세대 교수, 이재규 대구대 교수, 김용운 한양대 교수 등이 참여해 열띤 강의를 해 주었다. 류달영은 '미래학을 공부해야 하는 까닭'도 써서 나눠 주었다.

육상경기 중의 가장 중요한 경기는 아무래도 마라톤이다. 마라톤 선수는 42.195킬로미터의 먼 거리를 달려야 한다. 때로는 기분 좋게 강가를 뛰

성천아카데미에서는 우리 문화를 공부하는 우리문화밝힘강좌도 개설했다.

기도 하고, 때로는 비탈길을 헐떡이면서 달려야 한다. 그리고 반환점을 돌아서 출발점으로 다시 돌아오기도 한다. 그런데 모든 선수들이 순간이라도 잊어서는 안 될 사실은 결승점의 위치다. 결승점을 벗어나 달린 선수는 아무리 초인적인 속도로 달렸다 하더라도 누구도 그 가치를 인정하지 않을 뿐 아니라 웃음거리가 될 수밖에 없다. 오늘과 같이 속도가 빠른 역사의 흐름 속에서 살아가야 할 우리가 미래에 대해 무지하다면 그 생애는 어떤 결과를 거둘 것인가? 대답은 명백하다.

그 밖에 우리문화밝힘강좌도 개설되어 한동안 계속되었다. 성천문화재단의 주력 사업이었던 동서인문고전강좌는 후에 대구와 부산에도 분원이 생겨 인문고전교육사업은 전국으로 퍼져 나가 3천여 명의 수료생을 배출

성천문화재단은 고전 현장을 답사하는 '해외강좌여행'도 해마다 개설했다.

했다. 또한 교육은 현장 강의와 더불어 출판 사업을 병행해야 효과가 배가 된다는 경험을 살려 류달영은 강의 내용을 기록한 잡지 〈진리의 벗이 되어〉를 발간했다. 그동안 격월간 혹은 계간으로 발간한 이 잡지는 현재 141호째 발간되고 있는 중이다.

성천문화재단 출판부는 더불어 각종 단행본도 다수 발간했다. 특히 성천아카데미 문고는 많은 이들의 호응을 얻었다. 《조선지리소고》(김교신 저), 《뜻으로 본 한국역사》(함석헌 저), 《한국의 미래상》(류달영 저), 《오늘》(유영모 저), 《칸트》(백종현 저), 《코란의 이해》(최영길 저) 등이 그 시리즈에 포함되어 있다. 그 밖에 중요한 단행본으로 《유영모 명상록》(전 3권), 《새흐름》(아카데미 교수 및 수료생 글모음집), 《먹거리의 미래학》(권태완 저) 등이 있다.

8. 마지막 필생의 사업 249

성천문화재단은 고전 교육의 효과를 높이기 위해 강의에서 배운 고전의 현장을 답사하는 '해외강좌여행'도 해마다 실시했다. 류달영은 늘 앞장서서 이 여행에 참여했다. '여행보다 더 좋은 공부는 없다.'고 휘호로 쓸 정도로 이 사업이 값진 교육이라고 생각했기 때문이다.

제1회는 하와이대학 동서문화센터를 방문해 현지 교수들로부터 특강을 들었다. James E. Tiles 교수는 '플라톤: 서구의 변증법과 논리학의 기원'을, Roger T. Ames 교수는 '유교적 세계관의 새 해석' 등의 강의를 들려주었다. 통역은 현지 대학 박사 과정에서 공부하는 유학생들이 맡았다. 성천문화재단 여행단은 다수의 한국 서적을 하와이대학 도서관에 기증하기도 했다.

단순한 관광을 넘어서 문화 체험 교육으로서 해외여행의 전범을 보여 주는 이 사업은 이후 중국 북경대학을 방문해 누우열 교수의 '중국철학에 미친 불교의 영향', 주백곤 교수의 '역학과 중국철학', 허항생 교수의 '도가(道家) 개설', 장대년 교수의 '유교의 현대적 의미' 등의 강의도 들었다. 그 밖에 지중해, 남태평양, 인도, 동구권, 북구권 등 해외강좌여행은 현재까지 30여 회 이어져 오고 있다.

한편 함석헌의 스승이자 우리말로 철학하기의 신기원을 연 사상가 다석 유영모의 사상을 선양하는 '다석사상연구회'도 재단에서 후원해 오고 있다. 해마다 3월 13일 다석 선생 탄신일이면 재단 강의실에서 '추모기념강연회'가 개최된다. 이 행사에는 다석의 제자인 김흥호 교수, 박영호 선생과 다석 연구학자인 정양모, 이기상 교수 등이 강연에 나서고 있다.

그 밖에 1991년부터 3년간 비무장 지대 생태계 학술 조사를 실시해 그 보고서인 《(야생의 보고) 비무장지대》(현암사 간)도 발간했다. 막대한 비용은 이번에도 사업가 박덕준 씨가 부담했다. 학술조사단에는 조류학자 원병오 교수, 식물학자 이영노 교수 등이 8개 분야의 연구반으로 나눠 참여했고, 강화도 교동 끝섬에서 동해안의 간성과 고성 명호리에 이르는 9만여 헥타르의 지구촌 최대 '자연보호 실험장'에 대한 종합 학술 조사를 실시했다.

보람찬 노년

류달영은 만년을 보람되게 살았다. 평소 '사람은 죽어 봐야 제대로 평가할 수 있다.'는 말을 자주 하곤 했던 그로서는 나이 80세에 세운 '한국판 국민고등학교'에서 교장 선생 역할에 충실했다. 강의 중간 중간 수시로 직접 분필을 들었다. 그럴 때면, 수강생들은 '살아 있는 생생한 고전'을 눈앞에 보고 있는 것 같았다. 이 정신 훈화에는 구상 선생도 동참했다.

류달영은 개강식이나 수료식 등 아카데미의 각종 행사에서 축사를 할 때 가장 행복해 했다. 90세가 넘어서도 한두 시간을 꼿꼿하게 서서 열띤 강연을 했는데, 정해진 시간을 넘기는 경우도 잦았다. 사회자가 시간이 넘었다는 쪽지를 건네면, "괜찮아, 괜찮아. 내가 아카데미를 만든 것도 다 이 말을 하고 싶어서야." 그리고 수강생들을 향해 말했다. "지식보다 정신 자세가 더 중요하다는 것을 여러분들은 명심하셔야 합니다." 그러면 객석에서 우레와 같은 박수가 터져 나왔다.

류달영은 아카데미 강좌에서 개근한 사람에게는 이름 한 자씩을 따서 교훈적인 문구를 만들어 직접 휘호를 써 주었다. 이 특별한 개근상을 받는 이는 감격해하며 각자 집에 걸어 놓고 가보로 삼는 이가 많았다. 참 행복한 나날이었다. 사람을 키우는 것만큼 보람된 일은 없다, 특히 류달영에게는. 그는 눈을 감을 때까지 현역으로 재단 이사장 겸 아카데미 원장을 지냈다. 후에 기력이 떨어져 붓을 잡을 수 없게 되었을 때는 본인의 저서에 서명을 하여 나눠 주었다.

류달영은 사재를 사회에 환원해 재단을 설립했기에 가급적 가족들은 재단 경영에 참여시키지 않았다. 하지만 임종 날이 다가와도 마땅히 물려줄 만한 적임자를 찾지 못했다. 적합한 후계자를 구하는 것이 류달영의 최후의 고민이었다. 그는 귀천하기 3년 전 장남 인걸을 불렀다. 그리고 재단을 맡으라고 부탁했다. 하지만 인걸은 재단 일에 얽매이기 싫어 정중히 사양했다. 아버지는 아들을 다섯 번이나 찾아갔다. 부친의 마지막 부탁을 거역할 수 없어서 마침내 인걸은 재단 상임이사로 취임했다.

아버지의 별세 후 재단 이사장으로 취임한 아들은 설립자의 뜻에 동참해 재단의 모태인 평화 농장의 나머지 3,500여 평을 재단에 기부했다. 그리고 재단의 목적 사업과 수익 사업을 더욱 반석 위에 올려놓았다. 생활문화 아카데미의 동서인문고전강좌 등 평생교육사업도 성황리에 진행 중이다. 류달영의 마지막 선택은 대성공을 거둔 것 같다.

아내 이창수 여사

류달영의 아내 이창수(李昌壽) 여사는 1909년에 이근보의 3남 3녀 중 막내딸로 태어났다. 16세인 1924년에 류 씨 댁으로 시집가 보니 남편은 2살 연하의 보통학교 4학년 학생으로 외아들이었다. 보통 시어머니는 외아들을 며느리에게 뺏긴다고 생각해 모진 시집살이를 시키기 마련이다. 하지만 새 며느리는 뜻밖에 시어머니의 극진한 사랑을 받았다. 이 고부간의 보기 드문 사랑은 류 씨 집안에서 대대로 내려오는 전통이었다. 물론 그것은 지금도 류달영의 며느리와 손주며느리까지 이어지고 있다.

남편이 곧 서울로 유학을 가서 시골집에는 날마다 시어머니와 며느리가

(왼쪽) 류달영은 아카데미 강좌에서 사람마다 이름 한 자씩을 따 교훈적인 문구를 만들어 써 주었다.

둘이서 함께 지내며 정을 쌓아 갔다. 당시 송곡리 60여 호의 농가에서 도배 장판한 방은 새댁 이창수가 쓰는 방 하나뿐이었다. 친정에서 도배 장판한 방에서 지냈다는 사실을 시아버지가 알고 특별히 해 주었기 때문이다. 이창수는 부지런하고 손재주도 있어서 어른들의 사랑을 듬뿍 받았다. 문맹인 동네 아주머니들은 밤이면 류 씨 댁으로 모여들어 새 며느리가 읽어주는 이야기를 들었다.

개성 시절에는 시아버지가 중풍으로 몸져누웠는데, 수발을 며느리가 들었다. 남편이 감옥에 잡혀갔을 때는 어린 장남 인걸의 손을 잡고 만삭의 몸을 이끌고 면회를 가곤 했다. 담당 형사 말로는 형무소로 남편 면회를 와서 울지 않는 여성은 류달영의 아내와 한글 학자 장지영의 아내 둘뿐이라고 했다. 그런 아내는 6·25 전쟁 중에는 남편을 피신시켜 납북을 면하게도 했다.

1960년대에 남편이 수원 평화 농장의 문을 열자 아내가 실질적으로 경영하게 되었다. 그녀는 하루 수십 명의 인부를 부리기도 하고, 30여 두의 젖소를 사육 관리하여 매일 밤 10시경에나 서울에 도착해 포장도 되지 않은 상도동 고개 마루턱까지 걸어서 집으로 돌아왔다. 참으로 초인적인 활동이었다. 농장에서 나온 돈을 저축해 5천 평이나 추가로 부지를 늘린 것도 모두 그녀 덕분이었다. 후일 그 농장이 고속도로 인터체인지로 수용되어 성천문화재단이 설립되었기에 아내는 재단의 공동 창립자인 셈이다.

1991년부터 류달영의 아내는 치매 병환이 들었다. 남편은 평생 고생만 시킨 아내에게 빚을 갚는 심정으로 그녀를 정성껏 간호했다. 남편은 아내의 병간호를 13년간이나 했지만, 아이로니컬하게도 멀쩡하던 남편이 아내보다 먼저 떠났다. 두 사람의 결혼 80주년을 불과 며칠 앞둔 때였다. 아내

(오른쪽) 이창수 여사는 평화 농장을 실질적으로 경영했다.
수십 명의 인부와 함께 일하고 젖소도 관리하면서 초인적으로 일했다.

이창수는 남편이 돌아간 이듬해 여름, 8월 16일에 눈을 감는다.

만능인

만년의 류달영은 하루 만 보 걷기를 실천했다. 80대 중반에 잠깐 당뇨가 왔는데, 그는 홍삼과 걷기와 야채 식단으로 극복해 냈다. 90세까지 해외여행을 계속했으니 무척 건강한 노년을 지낸 것이다. 백두산 천지에도 50여 년 만에 다시 올랐다. 약간의 부축을 받기는 했지만 당당히 정상에 올라 발아래 천지를 굽어보기도 하고, 네팔의 불교 사원에서는 수백 개의 계단을 꼿꼿이 서서 내려오기도 했다. 차량이 올라가지 못하는 경북 봉화의 청량사에 오르기도 하고 북한산 승가사까지 걷기도 했다.

류달영은 사회로부터 업적을 인정받아 상허대상, 대산농촌문화상, 월남장, 유일한 상, 도산인 상, 금탑산업훈장, 대한적십자사 금장, 국민훈장 동백장, 자랑스런 서울시민 600인 선정, 이천시 문화상, 애국지사 건국포장 등을 수상했다. 덴마크 정부로부터는 단네보르 기사훈장을 받기도 했다.

학창 시절 지도 받은 선생들마다 인정한 문학적 소질을 발휘해 남긴 수필집도 수십 권에 이른다. 특히 〈사상계〉에 연재했던 '인생노우트'는 당시 장안의 지가를 올렸다는 평을 들은 베스트셀러로 한국 수필문학을 진흥시킨 기념비적인 작품으로 평가받기도 했다. 홍익대 총장을 지낸 이항녕은 류달영의 수필을 이렇게 평가했다.

성천의 자유 신앙을 고백하는 데 있어서는 아우구스티누스의 《고백록》을 읽는 듯한 경건이 있고, 숨김없이 인간적 약점을 토로하는 데 있어서는

(왼쪽) 류달영 부부는 평화 농장의 의자에 앉아 소소한 이야기를 주고받았다.

류달영은 조약돌, 성냥갑, 작은 인형, 불상 등 작고 소소한 물건들을 수집하는 것이 취미였다.

루소의 《참회록》을 읽는 맛이 나고, 차분하게 인생의 기미를 통찰하는 데 있어서는 몽테뉴의 《수상록》을 읽는 기분이다. 그의 글을 읽노라면 성실하고 진지하면서도 결코 엄격하지 않아서 항상 웃음과 유머를 풍기는 그의 원숙한 인품을 대하는 듯하다. 이 각박한 세상에 청류처럼 담담한 우정을 즐겨 산 보람을 찾고자 하는 사람들에게 성천의 글은 크나큰 도움이 될 것이다.

　류달영은 소소한 물건을 다양하게 수집하는 취미도 있었다. 우표에서 시작해 성냥갑과 각종 인형들 그리고 만년의 불상 수집에 이르기까지. 하지만 그의 방에서 값진 물건을 찾을 수 없었다. 어디까지나 수집하는 기쁨 자체를 즐겼기 때문이다. 그중의 백미는 '조약돌 수집'이다. 그는 가는 곳마다 기념으로 작은 돌멩이를 하나씩 모았다. 가급적이면 주먹 크기보다 작되 모양은 둥그스름한 것을 좋아했다.

그는 달의 여러 모습 중에서도 도톰한 반달을 좋아했다. 송편 같은 모습에서 '중용'의 미학을 읽어 냈기 때문이다. 그는 만년에 30년 이상을 살다 간 여의도의 모습이 꼭 도톰한 반달을 닮았다고 좋아했다. 그는 평생 멈추지 않았던 미술관 순례를 통해 대단히 높은 미적 안목을 가졌는데, 그 안목으로 봐서 그런지 송편 모양에서 고대로부터 내려오는 황금비율을 발견했는지도 모른다.

그의 방에는 문은희 화백의 둥근 쟁반 작품이 있는데, 그 안에는 송편 모양의 조약돌이 소복히 쌓여 있다. 돌에는 주운 장소와 날짜가 일일이 기록되어 있다. 마치 전 세계의 바위들이 다 모인 것 같다. 작은 돌들이지만 모아 놓으니 하나의 훌륭한 작품이 되어 작은 것에서 기쁨을 이끌어 낸 지혜에 감탄하지 않을 수 없다. 르네상스 시대엔 다방면에서 유능한 '만능인'들이 출현해 새 시대를 만들었는데, 류달영을 보면 사회과학과 인문과학, 자연과학을 거쳐 예술에 이르기까지 못하는 게 없는 만능인을 연상케 한다.

사람마다 이구동성으로 류달영과 함께 있으면 편안해진다고 한다. 그는 한번 사람을 쓰면 바꾸는 법이 없다. 교육해서 길러 쓰기 때문이다. 그는 가까운 사람을 기르는 가운데 자신도 함께 성장한다는 '교학상장(教學相長)'의 비결을 잘 알고 실천했다. 그는 매사를 교육적 관점으로 보았다. 자연히 인간과 사물을 긍정적으로 바라보지 않을 수 없다. '잘 가꾸면 세상에 자라지 않는 물건은 없다(苟得其養 無物不長).'는 맹자의 말을 그토록 좋아했던 그가 아닌가. 그는 항상 낙천적이었다. 자신의 화를 주위 사람들에게 옮기는 법이 없었다. 그와 함께 일하는 사람들은 모두 행운으로 생각했다. 배우는 바가 워낙 많았기 때문이다.

유머는 인생의 맛을 내는 향신료

류달영은 유머의 대가이기도 했다. 그가 앉은 좌석에선 웃음소리가 끊이질 않았다. 아무리 엄숙한 자리라도 사람들의 마음의 갑옷을 벗겨 무장해제시키는 데는 일가견이 있었다. 그가 유머의 인간이 된 계기는 농대 교수 시절로 거슬러 올라간다. 국가재건국민운동본부장을 사임하고 대학으로 돌아가니 가뜩이나 고참 교수로서 제자뻘이던 젊은 교수들이 어려워했다. 게다가 국무총리급의 정부 요직을 지내고 돌아왔으니 누구 하나 접근하는 사람이 없었다.

특히 서울에서 수원으로 출퇴근하는 버스 안에서는 아무도 그의 옆자리에 와서 앉는 이가 없었다. 그때 외톨이 신세를 벗어나기 위해 짜낸 묘안이 바로 유머로 무장하는 일이었다. 그는 아예 유머집을 구입해 공부했다고 한다. 소위 말하는 Y담도 사양하지 않았으나 그 책을 손에 들기가 아무래도 어색했다. 그래서 대만에서 발행된 한문판을 가지고 보았다. 책상 위에 버젓이 펴 놓아도 알아채는 사람이 없었다. 이후로 가는 곳마다 그의 주변에는 사람이 모여들었다. 버스 안에서도 당연히 가장 인기 있는 승객이 되었다.

류달영은 자신의 유머론을 이렇게 밝혔다. "나는 유머를 더없이 좋아하는 편이다. 유머는 사회생활의 윤활유며 인생의 맛을 내는 향신료라고 할 수 있다. 서로가 잠시나마 함께 웃게 되면 마음이 밝아진다. 그러나 유머라도 너무 저속한 냄새가 풍기는 것은 좋지 않다. 유머는 풍자와는 구별되어야 한다. 찌르는 가시가 있는 것은 아무리 우습더라도 유머의 범주에서 벗어나는 것이다. 유머는 쓸쓸하기보다는 감미로워야 한다. 그리고 언제나 그 내용이 사실과 180도 달라야 한다."

류달영은 친구들과 만나면 먼저 농담을 해서 분위기를 풀었다. 시인 구상은 '구' 씨 성 때문에 수시로 수원의 수의과 병원에 소개해 주겠다는 인사를 받았고, '강'아지와 성이 같은 강영훈 전 총리도 식사 때마다 뼈다귀 타령을 들어야 했다. 이화여대에서 열리던 백인협의회에서 자주 만난 이항녕 교수는 이름의 발음 때문에 만년 '이학년'으로, '언제 철이 나서 3학년으로 진급해 보려나.' 하는 농담을 들어야 했다. 류달영은 유머 수필도 많이 썼다. 예컨대 이런 구절이 있다.

내 아들은 나와 같은 아파트의 같은 동, 같은 층에 살고 있다. 휴일에는 그의 친구들이 떼를 지어 놀러 온다. 저녁 식사는 우리 내외가 늘 아들 집에서 함께 하는데, 어제도 들렀다가 손을 씻으러 화장실에 들어갔다. 그런데 전에 보지 못하던 경고문 벽보가 변기 바로 위에 붙어 있었다. '보시오! 당신의 xx는 자신이 생각하는 것처럼 그리 크지가 못하오. 앞으로 다 가서시오. 주인백.'

극진한 건강 관리

류달영은 본래 약질로 태어났지만 피땀 어린 노력으로 건강을 유지하고 장수하게 되었다고 스스로 밝혔다. 사람들은 그의 건강 비결을 궁금해 했다. 그는 무엇보다 마음의 평화를 첫손에 꼽았다. 그는 쓸데없는 잔걱정을 모르는 사람이었다. 그래서 물어보면 언제나 "글쎄, 걱정을 해서 해결이 된다면 어디 해 보겠지만…." 하고 대답했다.

그는 인생을 살면서 피할 수 없는 첫 번째 화살은 맞지만, 그로 인해 자학하거나 근심걱정에 사로잡히는 두 번째 화살은 맞지 않는 지혜를 터득한 것이다. 실제 건강 관리에 그가 쏟는 관심은 매우 놀라울 정도다. '나의 아침식사'라는 다음의 글에서도 그의 세심한 건강 관리를 엿볼 수 있다.

아침 5시, 일어나자마자 화장실. 다음에 큰 컵으로 자연수 한 컵을 마신다. 한 시간 동안 강변을 산책하고 헬스클럽에서 운동 및 목욕을 하고 집에 돌아와서 8시에 아침 식사를 한다.

1. 검은 콩 많이 든 찰떡 2조각을 꿀을 발라 먹는다.
2. 달걀 반숙한 것 한 개
3. 검은 날콩 물에 불려 식초에 담근 것 한 스푼
4. 자가 양조한 포도주 1/3컵
5. 5~6가지 채소 샐러드 한 대접

찹쌀과 검은 콩은 전통적으로 영양식으로 꼽히는 식품이다. 위의 안벽을 부드럽게 하고 영양도 좋다. 채소 샐러드는 될 수 있는 대로 농약을 안 뿌리고 재배한 것을 다섯 가지 색깔 이상으로 골고루 만든다. 여러 종류의 채소를 골고루 먹으라는 뜻이다. 초를 많이 섭취하고 물도 많이 마신다.

류달영은 자신의 건강 관리를 '청소'에 비유하여 말하곤 했다. 인체도 하나의 기계에 해당하기 때문에 잘 닦아 주고 청소해 주면 오래간다는 것이다. 피 청소를 위해서 맑은 물을 많이 마셨다. 마침 수원 평화 농장의 샘에서 수질 좋은 물이 나와 그 물을 받아다 마셨다. 그는 무엇보다 장 청소에 힘썼다. 장의 내벽에는 음식 찌꺼기가 항상 붙어 있어 그것을 잘 제거해 주는 것이 건강과 직결된다고 했다. 그 방법은 수세미 역할을 하는 섬유소를 많이 섭취하는 것이다.

언젠가 어느 연수원에서 함께 식사를 하는데, 야채가 부족하다며 물을 가져다가 김치를 일일이 씻어 먹는 것을 본 적이 있다. 그만큼 야채 섭취에 신경을 쓰는 것이다. 그리고 정신 쓰레기 제거에도 주의를 기울였다. 항상 명랑한 기분을 유지하려고 애썼고, 식사를 할 때도 가급적 혼자 먹기보다는 친구와 함께 식사하면서 어울리기 위해 노력했다. 만년에는 성천

류달영은 본래 약질로 태어났지만 피땀 어린 노력으로 건강을 유지했다.

아카데미 학생들이 서로 모시려고 해 늘 즐거운 점심 식사를 했다. 그리고 정신을 맑히는 방법으로 독서에 몰두했다. 거의 운명하기 직전까지 손에서 책을 놓지 않았다.

참 잘 되었구만

류달영은 2004년 10월 27일에 별세했다. 이 세상에 올 때는 꽃이 만발한 5월이었고, 갈 때는 단풍이 곱게 물드는 때이니 오고 감의 날짜마저 축복을 받았다고 사람들이 부러워했다.

떠나기 전해 7월에 배에 물이 차서 병원에 입원하고 치료를 받았다. 8월에 퇴원해 집에 돌아온 이후부터 의사의 지시로 물을 덜 마셨더니 눈에 띄게 체중이 줄었다. 그러나 여전히 매일 아침 목욕탕에 다녔고 공원을 산책하며 새 모이 주기를 그치지 않았다.

떠나는 해 봄부터 휠체어를 사용해 공원 산책을 했다. 5월 6일, 자신의 94세 생일이자 성천문화재단 창립 13주년에는 그의 마지막 저서 《남기고 싶은 사연들》을 펴냈다. 평생 동안 가족, 친지들과 주고받은 편지를 정리해 한 권의 책으로 펴낸 것이다. 90세가 넘어서도 매년 1권씩 저서를 냈으니 참으로 놀라운 저작 활동이라 하지 않을 수 없다.

6월에는 치아가 잘 맞지 않는다고 해서 치과에 가서 의치를 다시 했다. 치과에서 돌아오는 길에 재단 사무실의 자신의 방에 들렀다. 휠체어를 탄 채였다. 그는 생전에 자신의 서재를 매우 좋아했다. 여의도 한강변에 위치하여 한강과 남산, 북한산이 바라다보여 전망이 일품이었다. 지금은 생전 모습 그대로 보존해 성천기념관이 되어 있다. 마스크를 하고 하늘색 모자를 쓴 채 아무 말 없이 자신의 서재를 천천히 둘러보고는 "그만 집으로 가자." 하고 말했는데, 그게 마지막 외부 모습이었다.

그래도 휠체어를 탄 채 산책은 계속했다. 가끔 일어나 걷기도 했지만 그때마다 숨이 가빠 힘들어 했다. 산책의 주목적은 참새와 비둘기에게 모이를 주는 것이었다. 새벽에 나가는 대신 햇살이 비치는 아침 시간을 이용했다. 휠체어에 앉은 채로 모이를 주면, 새들이 어깨와 손에 내려앉았다. 그는 그때 가장 기분이 좋다고 했다.

류달영은 마지막까지 눈은 밝았지만, 귀는 몇 년 전부터 어두워졌다. 보청기를 사용했지만 갑갑해서 벗어 버릴 때가 많았다. 그래서 주위 사람들은 고함을 지르듯이 말해야 했다. 8월 말부터 휠체어 산책도 그만두었다. 병원용 침대를 들여오고 간병하는 사람은 욕창이 생기지 않게 신경 써야 했다. 마침 서울시청에서 애국지사 건국포장 시상식이 열렸다. 아들이 대신 가서 훈장을 받았다. 그는 훈장을 받아들고 한참을 만져 보았다.

그날 이후 수시로 훈장을 목에 걸어 보는 것이 낙이었다. "세상 뜨시면 국립대전현충원에 안장되신데요." 하고 옆에서 여쭈면, "그래, 참 잘 되었구만." 하고 흡족해 했다. 얼마 후 종을 사 오라고 해서 필요하면 종을 울렸다. 살이 많이 빠졌고, 힘이 없어 하는 것이 완연했다. 그렇게 서서히 연소되어 갔다.

한번은 "꿈을 꾸었는데 이상한 사람들이 와서 내 손을 잡고 어디로 막 끌고 간다."고 했다. 또 "천장에 무엇이 기어 다닌다."거나 팔을 휘저으며 "눈앞에 뭔가가 다닌다."고 하며 주위 사람에게 치워 달라고 말하기도 했다. 그도 점점 죽음의 공포를 느끼고 있다는 것을 알 수 있었다. 아무리 천하장사라 하더라도 죽음 앞에서는 꼼짝할 수가 없다. 그런 모습을 지켜보는 것이 안쓰러우면서도 오히려 그의 인간적인 모습을 보는 것 같아 친근하게 느껴졌다.

병상에 누워서는 TV를 즐겼다. 일본 스모 씨름 프로와 음식을 만드는 푸드 채널을 즐겨 보았다. 가장 역동적인 스포츠 경기와 기름진 음식에 그의 마지막 관심이 갔다는 것도 재미있다. 사람이 돌아간다는 것은 바로 움직이지 못한다는 것, 그리고 음식을 먹지 못한다는 것 그 이상도 이하도 아니지 않은가. 타고난 생명력에 그처럼 충실했던 류달영은 그렇게 마지막 시간을 소진하고 있었다. 그의 생체 시계는 10월 27일 오후 5시 57분에 멈췄다.

누구와도 흉금 트고

류달영의 지기인 이항녕 교수가 성천의 사후 보내온 '성천 류달영 선생을 기리며'라는 시는 성천의 인물됨을 잘 보여 준다.

1
星辰이 반짝이니
온 천지가 청정하다
원만한 인품에
너그러운 심성 갖춘
한 위인 저 속에 껴서
우리 비쳐주시네

2
泉水처럼 쉴 새 없이
평생 동안 가르치고
동서의 고전에서
최신의 정보까지
인생을 값지게 하는 것은
빠짐없이 골고루

3
柳枝처럼 부드럽게
처신을 하시면서
금석 같은 굳은 신념
감옥도 겁을 안 내
민족혼 지키기 위한
장열하신 그 지조

4
達觀의 경지에서
누구와도 흉금 트고
엄숙한 가운데도
邪氣 없는 靈談 즐겨
사랑과 자비의 지혜로
모든 것을 포용해

5
永久이 남을 것은
무궁화 연구 업적
농심을 바탕으로
문학과 예술까지
겨레와 인류의 큰 스승
류달영 선생이여

후기

김홍근

　막상 그분이 돌아가고 난 뒤에 돌아보니 류달영이란 인물은 생각했던 것보다 훨씬 더 큰 거인이다. 마치 뿌리는 깊은 땅속에 박고, 머리는 구름 위로 내놓은 거목을 보는 듯한 느낌. 그가 살아온 이력을 살펴보면 그를 '인간오케스트라'라고 부르지 않을 수 없다. 다재다능했던 그의 생애는 장엄한 교향곡이 울려 퍼지는 교향악단 같다.

　그의 인물됨을 생각할 때면 '평범한 것이 가장 비범하다.'라든가, '평상심이 도(道)다.'라는 말이 떠오른다. 공자가 말한 '생각에 삿됨이 없다(思無邪).'라는 말도 그에게 적합한 말이다. 그만큼 막힌 것이 없었던 자유인이었다. 철학, 종교, 정치, 경제 등 그 어느 것도 그를 속박할 수 없었다. 그의 음력 생일은 4월 초파일이다. 어쩌면 '사통팔달'하여 툭 트인 성격과 운명이 예정되었는지도 모른다. 유일한 그의 약점은 '선생님'이라는 상(相)이었다. 일종의 명예심이랄까. 그러나 그것마저도 없다면, 우리는 그에게서 친근한 인간미를 느낄 수 없으리라. 그는 큰 인물이었지만, 매우 '인간적인 위인'이었다.

　그는 자신의 아호를 스스로 '성천(星泉)'이라 지었다. 그리고 이름대로 살려고 노력했다. 그는 자신의 아호를 지은 내력을 이렇게 풀이했다. '위로 북극성을 우러러 관찰하고, 아래로 허리 숙여 돌샘의 물소리를 듣는다(仰觀極星 俯聽石泉).' 주역 계사전의 '위로 천문을 읽고, 아래로 지리를 살핀다.'는 구절에서 영감을 얻어 지은 이름이다. 한국 역사상 가장 파란만장했던 시대를 살다 간 한 인물이 스스로를 갈고 닦아 마침내 '별'과 '샘'이 된

라이프 스토리는 감동적이지 않을 수 없다.

  그의 많은 제자들은 수원 서울대 농대 도서관 현관에 걸려 있던 아래의 시구로 그를 기억한다. 이 '젊은 하루'라는 시에 성천이라는 인물을 대입해 보니 구절구절이 손에 잡힐 듯이 그려진다. 그는 젊은 시절 지은 이 시 그대로 살고 간 것이다. 필자는 임종을 맞아 편안히 잠든 그의 마지막 얼굴을 지켜보면서 '뉘우침 없는 인생'이란 이런 것이로구나 하고 실감했다. 우리 곁에 왔다 간 자이언트, 그는 영원히 '인간 상록수'로 기억될 것이다.

그대
아끼게나 靑春을

이름 없는 들풀로
사라져버림도

永遠에 빛날
삶의 光榮도

젊은 時間의
쓰임새에 달렸거니

오늘도
가슴에 큰 뜻을 품고

젊은 하루를
뉘우침 없이 살게나

성천 류달영의 사상 __김홍근

1. 협동과 복지
2. 새 역사를 위하여
3. 조국의 미래상

1

협동과 복지

《협동과 복지사회》

성천 류달영 선생이 생전에 가장 심혈을 기울여 저술한 책은《협동과 복지사회》(1973년)다. 이 책을 집필하게 된 직접적인 계기는 '국민교육헌장'의 제정이다. 1968년 6월, 당시 대통령 박정희(朴正熙)는 문교부 장관 권오병(權伍柄)에게 '국민 교육의 장기적이고 건전한 방향 정립과 시민 생활의 건전한 윤리 및 가치관 확립'을 위해 각계각층의 의견을 총망라해 교육장전(教育章典)을 제정할 것을 지시했다. 문교부에서는 헌장 제정을 위해 기초 위원과 심의 위원을 선정해 박준규(朴浚圭), 이만갑(李萬甲) 등이 제출한 논문을 토대로 초안을 작성했다. 그해 7월부터 청와대에서 대통령 주재로 여러 차례 심의 위원회를 개최했고, 박종홍(朴鍾鴻) 서울대 교수 등이 주축이 되어 헌장 초안을 다듬었다. 이후 11월에 정기국회 본회의에서 만장일치로 통과하고, 12월 5일에 대통령이 '국민교육헌장'을 선포했다.

한마디로 '국민교육헌장'은 대한민국 교육이 지향해야 할 이념과 근본 목표를 세우고, 민족중흥의 새 역사를 창조할 것을 밝힌 교육 지표다. 국민교육헌장 전문은 한 쪽에 불과한 짧은 글이다. 그래서 국민교육헌장 공표 후 이를 보완하는 보다 심층적이고 광범위한 저작물이 필요했다. 이에 당대의 지성인들이 '국민교육헌장 총서, 새 역사의 좌표'란 시리즈 명으로 책을 집필했는데, 《협동과 복지사회》는 이 시리즈의 세 번째 책으로 출판되었다.

《협동과 복지사회》는 성천의 신념인 '나라 사랑' 정신을 집약적으로 담은 사상서다. 당대의 선각자였던 성천은 조국과 동포를 각성시키기 위해 무슨 말을 하고 싶었을까? 성천 사상을 집약하는 두 마디 단어가 있다면, '협동'과 '복지 사회'다. 그리고 그 구체적인 방법은 '교육입국'과 '농촌 운동'이었다. 이야말로 성천이 우리 민족에게 당부하고 싶은 지고의 가치가 아닐 수 없다. 돌에 새겨 후대에 길이 전하고 싶은 말, '서로 도와 잘 살자!'

1961년 국가재건국민운동본부 본부장을 역임했던 성천 선생은 생전에 필자에게 국민교육헌장 제정 당시 당신도 깊이 관여했다고 말했다. 국민교육헌장의 내용이야말로 선생이 한민족에게 전하고 싶은 핵심 교훈이며, 이를 위해 주관자이자 함께 서울대에 재직했던 박종홍 교수와 밤을 새워 토론했다고 한다.

이미 잘 알려져 있다시피 국민교육헌장의 내용은 민족중흥을 당대 한국인의 역사적 사명으로 내걸고 있으며, 초장·중장·종장으로 구성되어 있다. 초장은 우리 국민이 한민족의 일원으로 태어난 것에 대한 높은 긍지와 그에 따른 투철한 사명 의식을 밝혔다. 따라서 우리나라의 자주 독립성을 천명하고, 인류 공영에 이바지할 수 있는 세계 속의 한국인으로서 결의를 다짐했다.

중장은 국민 교육이 나아가야 할 방향을 구체적으로 제시하고 있다. 개인 윤리·사회 윤리·국민 윤리 순으로 국민 개개인이 지키고 실천해야 할 규범과 덕목을 명시해 놓았다. 종장에서는 분단된 조국의 통일을 실현하고, 우리의 힘으로 새로운 역사를 창조해 나아가기 위해 우리 모두가 경제와 민주주의를 발전시켜야 한다고 강조했다. 그리고 후손에게 물려줄 빛나는 유산을 마련하기 위해 국민 각자가 신념과 긍지를 가지고 굳게 매진해 나아갈 것을 다짐하고 있다.

이후 정치 상황이 바뀜에 따라 국민교육헌장은 차츰 잊혀졌다. 하지만 정권의 이념과는 상관없이 이 헌장은 대한민국의 건국 이후 눈부신 산업 발전과 국민 의식을 확립하는 정신적 초석이었다는 점은 마땅히 높이 평가되어야 할 것이다. 오늘날 우리나라의 경제적·문화적 발전은 세계의 모범이 되어 칭송받고 있다. 여기에는 선각자들의 우국 정신과 살신성인의 희생이 있었다는 점을 잊어서는 안 될 것이다.

성천 류달영은 평생을 한국인의 의식 개혁에 몸 바친 사람이다. 선생의 나라 사랑은 동포들에게 국민교육헌장이 정권을 정당화하는 일회성 이념 교육이 아니라 우리가 나아가야 할 새 역사의 좌표임을 확신시키고 싶었다. 이를 구현하기 위해 국민교육헌장의 내용을 심화시키는 보다 자세한 사상서를 집필하게 된 것이다. 그 깊은 사색과 각고의 노력이 국민교육헌장 발표 5년 뒤에 출판된 《협동과 복지사회》로 결실을 맺었다. 그러므로 이 책은 가히 성천 사상의 정수라 해도 손색이 없을 것이다.

서로 돕는 자를 하늘이 돕는다

저자는 머리말에서 이렇게 말한다. "절절한 소원인 평화 복지의 광장을 향해 영광스러운 비약을 할 것인가? 아니면 어리석은 시행착오를 겪으며 역사 바퀴의 거센 회전 속에 그대로 깔려 버릴 것인가?"

《협동과 복지사회》가 집필된 지 어언 50년이 흘렀다. 그동안 어떤 변화가 일어났는가? 1973년 1인당 국민 소득은 400불, 원화로 20만 원이었다. 2021년 현재 국민 소득은 31,500불, 원화로 3천5백만 원 정도다. 무려 78.5배가 올랐다. 세계는 '한강의 기적'과 '모범적인 민주 발전'을 칭송하고 있다.

50여 년 전 선배들이 그토록 절절히 염원했던 조국의 발전을 이룩한 오늘날, 한민족의 저력에는 성천 같은 선각자들의 비전과 헌신이 있었다는 것은 분명한 사실이다. 우리는 역사 바퀴의 거센 회전 속에 깔려 버리지 않고 오히려 그 흐름을 올라타고 선도하며 전 세계가 부러워하는 'K-컬쳐'의 눈부신 확산을 이룩했다. 앞으로 20년을 먹고 살 미래 산업의 쌀로 불리는 반도체, 2차 전지 등의 핵심 기술은 한국 기업이 독점적 지위를 누리고 있다. 한국은 고군분투를 거듭하며 어느새 제조업 강국이 되어 있는 것이다.

우리나라는 블룸버그 혁신 지수에서 '2021년 세계에서 가장 혁신적인 나라'로 선정됐다. 2014년부터 2019년까지 6년 연속 세계 1위였다. 2020년만 독일이 1위를 했고, 2021년에 한국이 다시 정상을 탈환한 것이다. 특히 첨단 기술 집중도와 제조업 부가가치가 다른 나라들에 비해 압도적으로 높았다. 2021년에는 국가 GDP 기준으로 러시아, 캐나다, 이탈리아를 제치고 세계 8위를 차지했다. 비록 한국의 20세기 근현대사는 식민지, 외세의 개입, 분단, 한국 전쟁, 절대 빈곤, 군사 독재의 수난 속에서 민주화의 격랑을 헤쳐 나왔지만, 역경에 맞서 도전하여 하나씩 하나씩 성과를 만들어 냈고, 마침내 21세기에는 전 세계가 부러워하는 빛나는 '성취의 역사'를 이룩했다.

머리말에서 성천은 말한다. "오늘은 민주주의의 시대다. 민주주의 시대의 최고 국민 윤리는 협동이다. '스스로 돕는 자를 하늘은 돕는다(自助者天助).'라는 금언은 수많은 사람들에게 굳은 의지를 심어 주었다. 그러나 더

차원을 높여 흥망의 원리를 살펴보면, '서로 돕는 자를 하늘은 돕는다(相助者天助).'라는 말이야말로 진리라고 할 것이다."

이보다 성천 사상을 잘 표현한 말은 없을 것이다. 협동이 우주와 자연과 인간의 발전 원리라는 굳건한 신념! 서로 돕는 인간을 하늘은 돕는다. 상부상조는 민족 흥망의 원리다.

애국가에 이런 대목이 있다. '하느님이 보우하사 우리나라 만세!' 작사가 미상인 애국가의 정신도 '나라 사랑'이다. 결국 문제는 '어떻게 나라 사랑을 실천할 것인가?'이다. 성천 선생은 그 구체적인 덕목을 제시하고 있다. '서로 돕자!'

성천 선생이 창설한 성천문화재단의 실무 책임자였던 필자에게 성천 선생은 수시로 말했다. "나는 일제 36년을 몸소 겪은 사람이네. 평생 절치부심했던 것은 우리나라가 부강한 복지 국가가 되는 일이지. 한국인 개개인의 소질과 능력은 일본인을 월등히 능가하네. 그럼에도 불구하고 식민지의 치욕을 겪은 것은 단 하나, 상대적으로 협동 정신이 부족했기 때문이야. 나는 우리 민족이 부흥하는 길은 협동이라고 굳게 믿네." 그리고 선생은 그 말을 평생 실천했다. 그의 생애가 웅변으로 증명하고 있다.

성천은 머리말에서 이어 말한다. "우리 조국의 아름다운 미래상은 과도기의 벽을 돌파하는 순간에 더욱 선명해질 것이며, 이 벽을 돌파하는 가장 강력한 무기는 국민의 협동 정신에 의한 상호부조의 지성스러운 실천이라고 할 것이다." '번영의 길은 협동에 있다.'고 확신한 성천은 의식 있는 청춘들에게 새 역사 창조에 분발할 것을 호소했다.

한국인의 선천적인 민족성

《협동과 복지사회》의 제1장은 '한국적 협동과 그 사적 고찰'이다. 제1절에서 선생은 우리 민족의 협동 정신을 다룬다. 먼저 선천적인 민족성과 후천적인 민족성을 구분하는데, 전자는 시대를 초월해 변하기 어려운 기본적인 것이고, 후자는 환경에 따라 변하는 가변적인 것이다. 선생은 중국의 《산해경》 등을 인용해 우리 민족의 선천적인 민족성은 체질이 강인하고, 지능 수준이 높기로 정평이 났노라고 강조한다. 또한 천성이 착하고 신의가 두텁다고 확신했다.

《산해경》은 말한다. "군자의 나라가 그 북쪽에 있다. 그 사람들은 서로 사양하기를 좋아하고 다투지 않는다." 곽복의 《산해경》 찬(讚)에는 "동방의 어진 나라로서 예절 바르고 사양하기를 좋아한다."는 기록이 있다. 성천은 말한다. "우리는 이 글들을 통해 너그럽고, 굳세고, 또 정직하고, 결백하며, 명랑하고, 체구가 큼직큼직한 옛 조상들을 상상하게 된다." 나아가 이렇게 덧붙인다. "용감하고 착하며, 굳세고 너그러우며, 소박하고 강직하며, 의리 있고 예절 바르며, 욕심 없고 슬기롭고 명랑한 성격이다. 이는 중국 문헌에 기록된 우리 민족의 선천적 성품이다."

그리고 어려운 시기를 관통하고 있던 당시의 우리 민족의 양상을 이렇게 한탄했다. "이렇게 근시안적이고, 이렇게 이기주의가 창일하며, 이렇게 금전만능이고, 이렇게 신의가 결핍된 시대는 일찍이 없었을 것이다. 인간의 가치관이 완전히 뒤바뀐 시대가 되었다. 이러한 풍조는 자멸의 증세임에 틀림없다. 이대로 나가면 파멸에서 벗어날 길이 없을 것이다." 동시대를 사는 한국인들의 심리를 걱정하는 선생의 우국 정신이 엿보이는 대목이다. 성천은 이러한 퇴폐적 풍조는 선천적인 것이 아니라 역사적 혼란기에서 나온 후천적 요소임을 지적하며 시급히 탈피해야 한다고 역설한다.

저자는 우리 민족이 협동 정신을 발휘한 역사적 사례를 들면서 "협동을 바탕으로 하지 않는 근대화는 있을 수 없다. 협동 사업을 본격화하지 않고 복지 사회를 건설한 사례는 없다."고 말한다. 그리고 일제 36년 통치 기간과 해방 후의 혼란기는 협동 정신이 훼손된 최악의 시기였음을 회고하며 "일본인들이 세뇌시킨 '한국인의 민족성은 선천적으로 무기력하고 협동할 줄 모른다.'는 그릇된 사고와 관념을 뿌리째 뽑아 버려야 한다!"고 강조한다.

한반도의 지정학적 성찰

제2절은 지정학적 성찰을 다룬다. 성천은 국가 구성의 불가결의 요소는 '국토와 국민'임을 전제한 후 지정학적 위치 때문에 다른 민족의 끊임없는 침략에 시달리면서도 시련을 극복하고 복지 국가를 이룩한 민족의 예를 든다. 덴마크나 노르웨이 등 스칸디나비아반도의 복지 국가들과 스위스는 어려운 자연환경을 극복하고 강인한 복지 국가를 이룩한 모범적인 나라들이란 것. 그리고 우리나라의 지정학적 위치에 대해 소회를 토로한다.

"나도 젊어서 한때는 우리 국토가 지정학적으로 극히 불안한 위치에 있다는 것을 원망한 적이 있다. 그리고 국토가 너무도 비좁고 지하자원도 풍부하지 못한 것에 불만을 드러내기도 했다. 그러나 그 후에 나의 생각이 차차 깊어지면서 젊었을 때와 달리 견해가 근본적으로 바뀌게 되었다. 지금 나의 눈에 비친 한반도는 더없이 아름답고 더없이 쓸모 있는 천혜의 국토다."

성천의 견해가 바뀐 이유는 이렇다. 첫째는 한국의 위치가 북반구 온대 지역의 반도라는 사실이다. 역사적으로 예술과 과학, 철학 등 모든 문화와 문명은 북반구 온대 지역의 반도에서 시작되었고, 그 증거가 그리스와 로마라고 했다. 이런 맥락에서 한반도는 동양의 그리스며 동양의 이탈리아라고 할 수 있다는 것. 성천은 북위 38도를 중심으로 남북으로 펼쳐진 한반도의 절묘한 위치에 감탄한다. 그리고 스승 김교신의 《조선지리소고》를 인용하며 한반도가 동양의 심장에 해당된다고 보았다. 그리고 김교신의 동지인 함석헌의 《뜻으로 본 한국역사》에서 '지리적으로 결정된 한국 역사의 본질'을 인용한다.

그리스나 로마 같은 강자가 반도에 자리 잡고 있을 때 그 반도는 진동의 중심이며 호령의 사령탑이자 지배의 수도가 될 수 있다고 보았다. 하지만 대륙과 섬나라의 중간인 반도에 약자가 있게 되면 양쪽 세력이 팽창할 때마다 수난과 압박의 골짜기가 될 수밖에 없다고 했다. "중간적 위치는 그곳에 자리 잡은 민족이나 국가가 강할 때에는 비길 데 없는 힘의 원천이 되고, 약할 때에는 참으로 처절한 고난의 골짜기가 된다는 것은 역사의 원리처럼 되어 있다." 스승인 김교신과 함석헌이 파악한 한반도의 지정학적 운명에 대해 자각하면서 성천은 한국인이 정신을 차려 역사의 리더가 되어야 한다고 확신한다. 강하면 사령탑이 되고 약하면 침략의 길목으로 전락한다. 과연 우리는 어떤 선택을 해야 하나?

성천은 이렇게 토로한다. "1936년 백두산 천지(天池)에 올라 북으로는 광개토왕, 연개소문 등 조상들이 마음껏 달리던 만주의 시원한 벌판을, 남으로는 원효, 세종, 충무의 슬기와 용기가 피어나던 아름다운 한반도를 바라보았을 때의 감격을 지금도 잊을 수가 없다." 그리고 성천은 조국의 국토관을 이렇게 정의한다.

"닭에게 금강석은 한 알의 모래와 다를 바 없지만 인간에게는 최고의 보물이다. 우리나라 국토를 모래처럼 쓸모없는 것으로 생각하는 근시안적 사람들도 없지 않다. 하지만 우리 국토의 지리적 환경을 더 높은 차원에서 재발견해야 할 것으로 믿는다. 아시아 동부 지역의 유일한 온대 반도, 이모저모로 쓸모 있는 천혜의 조건을 구비한 한반도, 강력한 세력을 서·북·동 세 방면에 둘러치고 그 한복판 중간적 지대에 자리 잡은 이 나라가 자신의 생존을 지키고 다시 발전해 갈 수 있는 길은 오직 한 길, 국민의 힘과 능력을 기르는 것뿐이다."

성천은 우리나라는 힘이 강하면 대륙으로, 대양으로, 온 세계로 마음껏 비약할 수 있는 위치에 있지만, 무능하면 스스로를 지탱하기조차 어려운 고난의 골짜기가 될 수밖에 없는 위치에 있다고 판단했다. 그리고 한반도의 지정학적 성찰에 대해 이렇게 결론을 내리고 있다.

"이러한 견지에서 볼 때 오늘 우리의 단 하나의 활로는 슬기를 겸한 힘의 육성이라고 믿는다. 힘의 육성이란 곧 정신적 문화와 물질적 경제력을 기르는 것이다. 국력을 기를 수 있는 근본적인 요소를 필자는 국민의 협동 정신이라고 믿고 있다. 우리 국민의 협동 정신의 배양 여하가 앞으로 우리 역사를 좌우하는 열쇠가 될 것으로 확신한다. 민주주의 사회에서 협동 정신은 인간의 최고 윤리이며, 힘의 바탕이라는 것은 나의 움직일 수 없는 신념이다."

한국사의 재해석

성천은 제3절에서 한국사를 재검토한다. 우선 역사관을 이렇게 세운다. "역사는 국민의 힘과 슬기의 샘이다. 제 나라 역사야말로 용기와 자부심을 길러 주는 최선의 영양이다." 신라 화랑은 현대 한국군의 모토가 되었고, 충무공 이순신의 얼은 그대로 해군의 지남철이 되었다. 김교신의 지리관과 함석헌의 역사관에서 영향을 받은 성천의 관점은 일제의 영향하에 있던 당시 사학자들과는 사뭇 달랐다.

"오늘날 우리나라 사가(史家)들이 엮은 국사를 읽을 때 나는 많은 회의를 느낀다. 사가들이 전해 준 우리 국사는 과연 올바른 각도에서 본 역사인지 의심하지 않을 수 없다. 일제 강점기의 일인(日人)들의 체취가 그대로 흠씬 남아 있음을 강하게 느낀다. 개척 정신도 없고, 창조성도 없고, 무기럭하고, 무능력한 열등 민족이라는 전제 아래 일인 학자들이 기록한 우리 역사를 우리들은 의심 없이 그대로 받아들였다." 모든 사물은 보는 위치와 각도에 따라 달리 보인다. 나라를 잃어버리고 일제 치하의 가혹한 핍박 속에 살아온 국민들은 일시적으로는 이런 지경에 몰리게 만든 조상들의 무능과 부패를 원망하고 탄식할 수 있다. 하지만 분연히 일어나 패배주의를 떨쳐 버리는 것이 의식이 깨어 있는 사람들의 몫이다. 성천 같은 선각자들은 마땅히 후자를 선택한다. 사자는 양 떼와 달리 식민사관의 속임수에 마냥 속아 살지 않는 것이다.

역사적 패배주의를 극복하는 길은 본질을 꿰뚫어 보는 혜안에 달려 있다. 한국사의 본질은 무엇인가? 전통적으로 정복자의 편에 서서 그들을 미화하는 보수 역사학자들의 주장에 동조할 것인가? 아니면 민족 자주정신의 진취적인 역사관을 바로 세울 것인가? 성천은 단재 신채호의 역사관을 귀하게 여겼다. "단재는 정복자의 편에 서서 쓴 일방적인 사기(史記)에 의존해 역사적 사건을 아무런 의심 없이 다루는 것은 옳지 못하다고 누누이 강조했다." 예를 들어 단재는 《조선사연구초》에서 고려 시대 '묘청의 난'을 국수주의자 김부식 일파가 한낱 요승의 반란이라고 평가 절하했다고 보았다. 단재는 '묘청의 난'을 재평가해 사대주의에 맞선 민족 자주 국풍파의 도전이라고 보았다. 이것은 동일한 역사적 사건이라도 후대의 시각에서 보면 정반대로 평가될 수 있다는 것을 강조한 것이다.

동일한 맥락에서 성천은 영국의 올리버 크롬웰(Oliver Cromwell)을 재평가한다. 크롬웰은 청교도 혁명 당시 민중을 조직한 철기대를 이끌고 왕권 독재자의 군대를 분쇄해 영국에 공화제를 확립한 민주주의의 아버지다. 그러나 그의 사상이 너무나 급진적이어서 그가 죽은 다음해에 왕정 복구가 이뤄졌다. 크롬웰은 전통 역사가들에 의해 폭도로 낙인찍혀 오랫동안 잊혀졌다. 그러나 19세기에 들어와 토머스 칼라일(Thomas Carlyle)이 크롬웰 전기를 집필해 그의 위대함을 재평가하여 영국인들은 다시금 크롬웰의 중요성을 인식하게 되었다.

성천은 말한다. "영국의 청소년들은 교회에서 '크롬웰 같은 폭한이 영국에 다시는 나오지 않게 하소서.' 하고 기도해 왔는데, 그 기도는 '신이여, 영국에 크롬웰을 보내 주신 것에 감사합니다.' 하고 바뀌게 되었다. 일본의 우치무라 간조(內村鑑三)는 크롬웰 같은 대인물은 천 년에 한 명 나올까 말까 하며 그러한 대인물을 배출한 영국이 더없이 부럽다고 했다. 이러한 역사적 사례는 동서양에 걸쳐 허다하다. 여하튼 역사는 보는 각도에 따라 이렇게 달라진다."

역사는 정신적 토양

성천은 이제 대한민국에 대한 부정적 역사관에서 긍정적 역사관으로 전환해야 한다고 역설한다. 일제 강점기나 해방 직후에 한국인들이 스스로를 비하하던 풍조를 통탄했다. "일본에 유학하던 엘리트들조차 한국 사람을 말할 때 '엽전'이라고 통칭했다. 아무짝에도 쓸모없는 물건이라는 뜻이다. 나라 없는 비분강개 속에서 자학적으로 그런 말을 사용했겠지만 자신을 멸시하는 정신적 자세는 적의 그물 속으로 자발적으로 뛰어드는 이적 행위를 초래한다."

성천은 당시에 있었던 《난중일기》 원본 도난 사건을 예로 든다. 어느 사학자가 이순신 장군의 일기 원본을 훔쳐 일본인에게 팔아 호의호식하려고 했다가 적발된 사건이다. 성천의 한탄은 절절했다. "오늘의 대학은 어떠한 교육을 해 왔으며 또 이 민족의 주체를 기르는 교육 사업은 지금까지 무엇을 해 왔는가? 충무공의 철천의 원수에게 충무공의 피가 스며든 일기를 팔아 개인의 물질적 충족을 채우려는 태도는 비분을 넘어 그 비열한 인간성에서 처절함을 느끼게 한다. 인간은 결국 교육의 산물이라고 한다. 우리가 어떠한 교육을 했기에 이 같은 사건이 일어난 것일까? 참으로 큰 충격이며 교육을 위해 이보다 더 큰 경종이 없을 것이다." 교육자 성천의 비분강개한 탄식이 그대로 전해 오는 듯하다. 역사관의 문제는 결국 '교육관'으로 귀결된다. 나라의 흥망성쇠는 국민의 정신적 자세에 달려 있고, 그것은 국민 교육을 통해 결정된다는 것이다.

성천은 말한다. "표본을 다루듯 하는 역사의 고증보다도 생명 발전의 원줄기를 다루는 사관(史觀)이 크게 문제되어야 할 것이다." 진정한 역사는 표피적인 기록물보다 역사의 밑바닥을 흐르는 큰 흐름을 올바르게 파악하는 데 있다. 이런 점에서 당대의 역사학자들에게 올바른 사관이 부족하다고 지적하는 성천의 통찰은 울림이 있다. 학교 교육에 사용되는 역사 교재는 더욱 확고하게 역사의 큰 줄거리를 제시해야 하며, 한민족의 용기와 슬기와 자부심과 사명감을 길러 내는 정신적 토양이 되어야 한다는 것이다.

저항 정신과 시련의 용광로

한반도는 서쪽의 중국, 북쪽의 몽고와 여진, 동쪽의 일본으로부터 영향을 받아 왔다. 그들은 힘이 넘칠 때마다 침략했다. 어느 역사학자의 통계에 따르면 우리나라가 대륙 방면이나 해양 방면에서 침략을 당한 것은 삼국시대 이후만 해도 천 회에 달한다고 한다. 그 많은 침략을 막아 내고 나라를 지켜 온 선조들의 노력에 절로 감사하고 숙연해진다고 성천은 토로한다. 한때 중국 본토를 휩쓸기까지 했던 거란이나 여진족이 오히려 중국에 흡수되어 나라가 사라진 현실에 비하면 배달민족의 역사는 세계사의 기적에 가깝다는 육당 최남선의 언급이 실감난다는 것이다.

유럽의 강대국이라 할지라도 한때 이웃 나라에 정복당하지 않은 나라는 없다. 그만큼 역사는 흥망성쇠의 수레바퀴와 같다. 성천은 일제의 강점도 시대적인 산물이라는 점을 역설한다. "그 당시 열강들 간에 가장 크게 다뤄진 동양의 문제는 러시아 세력의 남하 저지였다. 러일 전쟁이 끝난 다음에 영국과 미국은 일본을 동양의 감시견으로 삼기 위해 한반도를 먹이로 주기로 합의했다. 미국은 식민지 필리핀의 안전을 위해, 영국은 광대한 식민지 인도의 안전을 위해, 프랑스는 인도차이나의 안전을 위해 조선을 희생물로 만들었던 것이다." 당시 조선은 대내적으로 위정자들의 부패와 무능도 큰 문제였고, 대외적으로 세계열강의 정치 역학적 관계로 희생되었던 것도 사실이다. 문제는 국민의 의식이 깨어 있지 못하면 힘의 논리 앞에서 외적에게 굴복하게 된다는 뼈아픈 현실이다.

인간이나 국가의 발전 원리는 동일하다. 붓다는 인생이 고해라고 했고, 공자는 난(難)이라고 했으며, 예수는 고난의 십자가라고 했다. 고난은 개인이나 국가를 성숙시킨다. 문제는 고난 앞에서 얼마나 담대하게 응전하느냐에 달려 있다. 국난을 거치지 않고 부흥한 국가는 지구상에 없다. 이것은 발전의 보편적 원리다. 성천은 이렇게 말한다. "우리는 국난 속에서 잃은 것도 있지만, 반대로 얻은 것도 많다는 사실을 잊어서는 안 된다. 수난 없는 역사는 그 생명을 이어 갈 수 없다. 수난이 없으면 스스로 썩기 때문이다. 오늘날 우리의 과제는 우리 민족의 역사적 시련을 그냥 덮고 묻을 것이 아니라 그 수난을 현재와 미래의 역사적 활력소로 활용할 수 있는 슬기와 용기를 기르고, 또 그 슬기와 용기를 발휘하는 데 집중해야 한다는 것이다. 즉 시련은 의미를 가져야 한다. 의미 있는 시련은 영광의 도전이다."

성천은 비극적인 임진왜란이지만 한국사의 걸출한 두 영웅 충무공 이순신과 서애 류성룡을 낳았다고 했다. 그리고 이분들의 정신은 오늘날의 우리뿐 아니라 자손 대대로 정신적 표상이 될 것이고, 따라서 비극적인 임진왜란이 오히려 한민족의 값진 정신적 유산을 낳는 결과를 가져왔다. 우리가 어떻게 평가하느냐에 따라 부정적인 역사도 얼마든지 큰 긍정을 낳는 좌표가 될 수 있다는 것이다.

역사의 재발견

역사의 재평가에 대한 성천의 관심은 덴마크 부흥사로 이어진다. 1801년과 1807년에 영국 함대는 덴마크를 침공해 수도 코펜하겐을 폐허로 만들었다. 이 해전은 영국 해전사의 빛나는 업적으로 기록되어 있고, 덴마크에는 치욕의 역사로 남아 있다. 1837년 덴마크의 위대한 애국자이자 선각자인 그룬트비는 청년들에게 코펜하겐 해전에서 활약한 해군 장교 윗모스에 대해 강연하곤 했다. 강연장은 청중들이 그룬트비가 작사한 '용사 윗모스의 노래'를 합창하며 뜨거운 애국심의 도가니로 변했다. 이때부터 코펜하겐 해전은 참패한 치욕적인 전쟁이 아니라 덴마크 청년들이 나라를 위해 목숨을 아끼지 않고 싸웠던 애국의 전쟁으로 바뀌었다. 이를 계기로 덴마크에서는 '애국 노래' 운동이 벌어져 수많은 국민가요가 유행하게 되었다. 덴마크의 국민가요는 국민을 단결시켜 나라 발전의 원동력이 되었다.

사실 성천 사상은 덴마크의 선각자 그룬트비에 힘입은 바 크다. 필자가 생전에 성천 선생 댁을 방문할 때마다 거실 한복판에는 흑백의 그룬트비 사진이 걸려 있었다. 일상생활 공간에 걸린 그룬트비의 사진보다 더 성천의 가슴을 뛰게 한 것이 있었을까? 아침에 일어나 거실로 나올 때마다 마주치는 그룬트비를 보고 인사하면서 성천은 얼마나 나라 사랑을 다짐했을까? 나라 사랑을 매일매일 실천한 것이 바로 '공선사후(公先私後)'라는 성천의 일생이 되지 않았는가! 성천을 성천답게 만든 대표작《새 역사를 위하여》(1954년)는 6·25 전쟁 통에 대구에서 집필했는데, 내용은 그룬트비와 달가스를 통해 실현된 '덴마크 부흥사'였다.

성천은 말한다. "성실한 사람에게 제 나라 제 조상의 역사보다 더 뜨겁게 심장을 달구는 연료는 없다. 목사였던 그룬트비는 '크리스천이 되기 전에 먼저 참된 덴마크 사람이 되어라.'고 청년들을 가르쳤다. 한 나라의 발전은 그 나라 국민들의 건전한 애국심의 총화에 정비례한다고 할 수밖에 없다. 나라를 사랑하는 국민이 없는 나라는 지탱할 수도, 존재할 수도 없다. 우리는 일본인이 덮어씌운 식민사관을 빨리 벗어 던져야 한다. 역사를 보는 각도를 우리는 크게 돌려야 한다. 나는 온 국민이 역사를 재발견할 것을 거듭 강조한다."

한국적 협동

성천은 제2장에서 '한국적 협동의 유형과 농경의례'를 탐구한다. 제1절에서는 먼저 '협동의 유례'를 살펴본다. 우리나라는 상고 시대부터 온 마을 사람들이 매년 정기적으로 모여 풍년과 제액을 비는 '동제(洞祭)'를 지내 왔다. 동제에는 신관만 참석하는 '제(祭)'와 모두가 참가하는 '굿'이 거행되었다. 그리고 필요할 때 여러 마을이 함께 모여 지내는 '별신(別神)'도 협동 정신을 다지는 행사였다. '동회(洞會)'는 마을의 규칙을 정하고 대표를 뽑는 행사였다.

'두레'는 지연(地緣) 공동체로 최근까지 이어진 오랜 전통이다. 사람들은 마을에서 행사가 있을 때마다 두레의 상징적 표지인 기(旗)를 선두로 하여 농악을 즐겼다. 신라의 한가위 행사나 화랑도(花郞徒)도 두레에서 비롯되었다고 한다. 성천은 말한다. "두레는 참으로 한국 민중의 소박하고도 강인한 협동 정신의 척추라고 하겠다. 한국 농촌의 길고 긴 역사에서 두레를 중심에 놓은 그들의 생활을 상상해 보면 두레의 역사적 가치를 누구나 쉽게 짐작할 수 있다."

한편 우리나라에는 상가(喪家)의 일을 집전한 '향도(香徒)'가 있었는데, 농촌에서는 '상두군'이라고 불렀다. 백성들은 향도계를 조직해 어려운 일이 일어날 때 서로 도왔다. 또한 가까운 사이끼리 서로 돕는 상호부조와 의리를 바탕으로 한 '품앗이' 제도가 있었다. 그 밖에 새로 집을 지을 때는 온 동네 사람들이 모여 도와주는 '공굴' 혹은 '부군'이라는 제도도 있었다.

제2절에서는 협동체 내의 제재에 대해 다루었다. 우리 민족은 공동체 내에서 일어나는 불의(不義)와 범법 행위를 전통적으로 엄격히 다루었다. 제3절에서는 '농촌 의례'에 대해 다루었다. 대표적인 것으로는 추석 한가위 '가배(嘉俳)'와 '설날'이 있다. 이 둘은 오늘날까지도 국가적 공식 명절로 전해 내려오고 있다. 명절이 되면 전국 각지에 흩어져 살던 가족들이 한데 모여 차례를 지내고 음식을 나눠 먹는다.

다양한 협동의 전통

성천은 제3장에서 우리 민족의 협동 제도로 '보(寶)'와 '계(契)'를 소개한다. '보'는 사회적 공익사업을 위해 기금 조성을 하기 위한 제도고, '계'는 윤리적 화합을 위한 제도다. 제4장은 '향약(鄕約)과 개성상인의 협동'에 대해 소개한다. 향약은 조선 시대에 만들어진 지방의 자치 단체다. 중국 송나라의 여씨(呂氏) 향약을 시작으로 주자(朱子)도 향약을 만들었다. 조선의 향약은 주자학의 영향으로 만들어진 것이다. 퇴계 이황은 고향에서 '예안 향약'을 만들었다. 1558년 22세의 율곡 이이는 예안 도산에 있던 57세의 퇴계를 방문해 이틀간 깊은 대화를 나누었다. 율곡은 37세에 청주 목사(牧使)로 부임해 '서원 향약'을 만든다. 율곡은 후일 처가가 있는 해주로 가서 지내면서 '해주 향약'도 만든다.

조선 시대 개성상인의 상법은 과학적인 부기(簿記)와 철저한 협동 정신으로 이름이 높았다. 고려가 망하고 조선이 건국되자 자존심 강한 개성의 선비들은 정치와 발을 끊고 상인이 되어 살기로 마음을 정했다. 그들은 신의와 조직과 경영에 탁월한 상재(商才)를 발휘하고 부기법 등을 발명해 강력한 협동 조직을 구축했다. 전국에 송방(松房)을 차려 거점으로 삼고, 보부상들이 전국적인 유통망을 형성했다. 또한 개성상인들의 상업 협동 조직은 동지적 영리 수호체이며 자위적 협동체였다. 특히 개성상인들은 동업자끼리 '계'를 조직해 계원을 관리했다.

개성상인의 특별한 점은 자본과 경영을 분리해 자본은 '주인장'이 대고 경영은 '차인(差人)'이 집행한 것이다. 아무리 거부라고 해도 2세를 남의 상점에 사환으로 들여보내 수련시켰다. 후일 그 능력이 인정되면 가업을 물려주거나 자립시켰다. 성천은 말한다. "맹자가 말한 자식을 서로 바꿔 가르치는 역자이교지(易子而敎之)의 교육 원리를 개성상인들은 오랫동안 전통적으로 실천해 온 것이다. 개성상인들의 차인 제도는 자본과 경영을 슬기롭게 분리했고, 상인이 갖춰야 할 상도(商道) 교육을 철저히 했기 때문에 그들은 여간해서 실패하는 일이 없었다. 차인 제도는 자본과 경영의 슬기로운 협동을 신용과 규율을 토대로 꽃피운 것이라고 할 수 있다. 그리고 경제뿐 아니라 갖가지 전통을 가장 오래도록 지켜 온 곳이 개성이었다." 개성 호수돈고등여학교에서 교편을 잡고 살면서 지켜본 개성 사람들의 질박한 성품을 잘 아는 성천이 내린 평가다.

공동체 구성원으로서의 인간

성천이 이 책을 집필하면서 근본적으로 밝히려고 한 문제는 무엇이었을까? 그것은 '인간에게 공동체 의식은 선천적인 것인가?' 하는 문제였다. 맹자는 성선설(性善說)을, 순자는 성악설(性惡說)을 주장했다. 묵자는 타인을 이롭게 하기 위해 자신의 몸을 내주겠다는 겸애설(兼愛說)을 주장했고, 양주(楊朱)는 자신을 위한 일이 아니면 머리카락 하나도 뽑지 않을 것이라고 했다. 여기에 대해 성천은 과연 어떤 생각을 가지고 있었을까? 그의 육성을 직접 들어 보자.

"사람은 성장하면서 조상으로부터 부모에게 전해진 관습을 익혀 간다. 남의 경험을 자신의 경험으로 살리고 또 주어진 환경을 현명하게 활용해 간다. 선천적인 유전적 재능과 후천적인 주변 환경의 영향을 받으면서 인간답게 살아가는 법을 배운다. 인간은 반사회적 본능을 극복하고 이지적인 사회를 만들어 가는 유일한 동물이라고 할 수 있다. 가장 가치 있는 삶은 인간이 지닌 비(非)공동적 반(反)공동적 요소를 현명하게 극복하면서 높은 차원의 사회를 이룩하고, 또 개선하면서 살아가는 것이다."

역시 성천은 긍정적인 사람인가 보다. 성천은 언제나 긍정을 선택했다. 필자에게도 늘 말했다. "나는 언제나 '된다!'는 사람과 일하지 부정적인 사람과는 같이 일하지 않아." 성천은 한결같은 긍정주의자였다. "상호 협동, 상호지지(支持)야말로 인류 역사의 대하(大河)의 주류이며, 인류 최대의 유산이다."

인간 공동체에 관한 성천의 관심은 원시 사회, 미개 사회를 거쳐 중세 도시의 길드 조직으로 이어진다. 중세 유럽의 길드는 민중들이 직업별로 자기들의 권익을 지키기 위해 조직한 일종의 동업자 조합이다. 성천은 또한 중국의 화교 사회에 대해서도 주목했다. "화교의 두드러진 기질은 놀라울 정도로 끈질긴 인내력이다. 그것은 종교적 신앙에서 온 신념도 아니다. 중국 대륙의 자연과 역사의 파란 속에서 길러진 귀중한 기질이다. 화교들은 아무리 험악한 현실 앞에서도 현실과 자신을 저주하지 않는다. 인내와 순응과 투쟁으로 사는 데까지 살아간다."

협동조합 사상

협동조합 운동은 유럽 중세 때 시작되었지만 합리적이고 과학적인 형태는 근대의 산물이다. 아리스토텔레스는 인간을 사회적 동물이라고 했다. 공동 사회에서 합리적인 구성원으로서 생활하려면 적합한 교육과 훈련이 필요하다. 그런데 교육과 훈련은 토대가 되는 사상이 필요하다. 성천은 먼저 플라톤의 이상 국가를 떠올린다. 인간은 능력에 따른 분업을 통해 서로 협력하면서 평화 국가를 설립해야 한다는 사상이다. 아리스토텔레스는 인간의 정치적·경제적 평등을 주장했다. 로마 스토아철학자인 마르쿠스 아우렐리우스 황제는 "인간이 공동 사회를 지향하는 것은 본능이다."라고 말했다.

16세기 초반에 영국의 토머스 모어는 《유토피아》에서 공동 사회의 사회 이념과 비전을 제시했고, 모어와 동시대를 살았던 프란시스 베이컨은 '공상주의 과학 사회의 비전'을 제시했다. 두 사람은 노동의 집단화 및 조직화를 통한 협동 생산과 계급 없는 공유 사회를 주장했다. 이 사회 개혁 사상은 '협동조합의 아버지' 로버트 오웬(Robert Owen)에 의해 생산과 소비의 협동조합으로 구체화되었다. 성천은 말한다. "오웬은 '근세 사회주의'를 처음으로 주장한 사람이며 또 영국에서는 협동조합 사상의 개척자이기도 하다. 그는 스스로 공장을 세워 실천해 보기도 하고 북미 대륙으로 건너가 '뉴하모니'라는 자치 단체를 만들어 열정을 쏟기도 했다. 하지만 그의 생각은 현실과 너무나 동떨어져서 '공상적 사회주의'라고 불리게 되었다."

근세 사회주의를 주장해 협동사회 운동을 제창한 오웬은 영국에서 유치원을 최초로 창립하고, 공장의 노동 시간을 단축했으며, 공장 법을 처음으로 주장했고, 노동 은행을 설립했다. 성천은 특히 자수성가한 오웬의 교육관을 좋아했다. 왜냐하면 자신의 생각과 같았기 때문이다. 오웬은 이렇게 말했다. "인간은 환경의 산물이며 환경을 바꿔서 인간의 소질도 개혁할 수 있다. 모든 인간은 결국은 교육을 통해 자신의 목적을 성취할 수 있다." 영국의 산업 혁명기에 방적 공장을 직접 경영했던 오웬은 청소년 노동자의 교육, 무료 수업, 나이 어린 청소년의 노동 제한, 고임금, 노동 시간 단축, 깨끗한 노동자 주택 건립, 식량의 공동 구입, 환자의 특별 보호, 우수 직공의 포상 제도, 채광과 통풍이 좋은 공장 시설, 최신의 기계 투입 등 당시로는 혁신적인 개혁을 단행해 사업적으로도 큰 성공을 거두었다.

한국의 산업 혁명기 때 새마을 운동의 본보기는 오웬의 협동조합 사회였다. 오웬이 공장을 운영하며 보여 준 근면한 노동자들, 분쟁과 불화가 없는 명랑하고 건전한 공장 분위기는 이익 사회가 아닌 공동 사회의 모습이었다. 위생적인 생활 시설, 포장된 도로, 싸고 다양한 물건들로 채워진 백화점, 근대 시설의 학교, 수업료 없이 가르치는 교육 제도, 자유로운 사고로 스스로 학습하는 노동자들은 오웬과 함께 새로운 사회를 건설했다. 많은 사람들이 오웬의 실험을 지지하는 성명을 발표했다. 이런 긍정적인 분위기는 오웬이 한 강연에서 기성 종교를 비판하면서 바뀌었다.

오웬은 미국으로 건너가 이상 사회를 건설하고자 매진했다. 하지만 오웬의 이상 사회는 인간의 본성 앞에서 패배를 맛보았다. 성천은 헤레네 시몬을 인용해 오웬을 평가했다. "그는 모든 돛을 다 올리고 끝없는 수평선을 향해 배를 저어 갔다. 그러나 그는 인간의 생활이라는 대지에 뿌리를 내리고 있는 인간성을 고려하지 않고 공상주의자로 출발했다. 그가 암초에 부딪친 것은 너무도 당연하다. 그는 실패했지만 인간의 정신세계에 대한 동경과 희망의 꿈을 멀리 던져 주었다." 오웬은 미국에서 일 년 동안 이상 사회 건설이란 실험을 했지만 실패하고 영국으로 돌아왔고, 현실적인 협동조합 구상에 몰두했다. 근세적 의미의 '사회주의' 용어를 처음 사용한 사람들 중 한 명이 오웬이다. 그는 천 회가 넘는 강연, 3백 회가 넘는 논설을 발표해 사회주의 사상을 널리 알렸다.

성천은 오웬의 공과를 이렇게 평한다. "인간은 사회적 환경에 좌우되고, 환경을 개선시키면 인간성이 크게 변하고, 바라는 모든 것은 오직 교육을 통해 달성될 수 있다는 신념은 그의 가장 깊고도 철저한 생활관이었다. 그리고 그는 1841년에 《신도덕세계》라는 책을 출판했는데, 사회 조직을 개선하면 이상적인 윤리 사회가 실현될 수 있다고 주장했다. 그는 열광적인 실천가였다. 하지만 사회 개선을 상층 계급의 자선심에 너무 치중했고, 사회가 진화하고 다양한 인간성을 현실적으로, 과학적으로 통찰하지 못했다. 그러나 오웬은 언제나 협동 사회라는 사상적으로 원천적인 본질을 잃지 않았다. 그래서 후세 사람들이 오웬을 협동조합 운동의 사상적 창시자라고 부르게 되었다."

프랑스에서도 요셉 랑게, 샤를르 푸리에, 생 시몽 등이 생산 협동과 신용 조합 사상을 주장했다. 이후에도 유럽 각지에서는 '협동과 복지 사회'를 지향하는 수많은 사상가들이 활약했다. 성천은 이렇게 말한다. "오늘날의 협동조합 운동은 이렇게 오랜 역사 속에서 사상가, 종교가, 학자, 사회개혁자들의 예언 및 개척 그리고 선구적 이념을 원천으로 해서 허다한 곡절을 거치며 실천해 왔기에 공동 사회 조직인 협동조합이 세계 곳곳에서 전개되었다. 특히 많은 선구자들이 협동조합 운동에서 높은 도덕성을 강조했다는 것을 우리는 기억해야 한다. 협동조합 운동은 행복을 위해 개인은 물론, 한 국가, 더 나아가 세계를 바꾸는 기본 작업이기 때문이다. 그러므로 협동조합의 지도자와 구성원이 어떤 차원의 윤리를 실천하는가에 따라 성패가 결정될 수밖에 없다."

성천은 협동조합의 역사에서 '로치데일 소비조합'을 특별히 주목했다. 그 에피소드가 아름답고 극적이며 매우 감동적이기 때문이다. 영국 산업혁명 기간 동안 자본가는 막대한 이익을 얻었지만, 노동자는 값싼 임금과 기계 문명의 그늘에 묻혀 암흑 속에서 허덕였다. 로치데일은 영국 방적 공업의 중심지였던 맨체스터에서 북쪽으로 25마일 떨어진 지역이다. 1843년 로치데일은 어느 노동자의 집에서 작은 모임을 가졌다. 참석한 사람들 중에는 오웬의 신봉자도 있었다. 그날 모임에서 소비 조합을 해 보자는 취지의 논의가 있었다. '로치데일 공평개척자 조합(Rochdale Society of Equitable Pioneers)'이 결성되었고, 처음에는 조합원이 28명이었다. 28명은 1인당 1파운드를 출자해 28파운드의 기금을 만들었고, 1인당 매주 2펜스씩 기금을 모았다. 이것이 근대적인 첫 협동조합이었다. 28명은 작은 가게를 차려 식료품과 약품을 비롯한 생활필수품을 팔았다. 조합원이 늘면서 가게도 번창했다. 창립 20주년에는 조합원 수가 4,747명이고 자본금은 6,200파운드가 되었다. 협동조합은 더욱 발전해 향후 설립되는 여러 조합의 모델이 되었다. 성천은 말한다.

"로치데일의 협동조합 원칙은 시간이 가면서 차츰 확립되었다. 뿐만 아니라 오늘날까지도 자조적(自助的) 협동조합의 원칙으로 존중받고 있다.

1. 조합은 조합원을 제한하지 않고 널리 문호를 개방해 가입과 탈퇴를 자유롭게 한다. (문호 개방의 원칙)
2. 조합원은 출자의 다소나 성별에 관계없이 1인 1표의 의결권을 가진다. (의결권 평등의 원칙)
3. 조합은 판매하는 상품을 모두 시가로 판매한다. (시가주의의 원칙)
4. 조합은 시가 판매로 얻은 잉여금을 조합원의 구매 액에 따라서 배당한다. (구매 액에 따른 원칙)
5. 상품은 모두 현금으로 판다. (현금 판매의 법칙)
6. 조합은 상품 판매에 있어서 도량형의 정확을 기하고, 품질 본위로 한다. (정확한 중량 및 품질 본위의 원칙)
7. 조합의 자본은 반드시 조합원의 출자로 하고, 출자에 대한 일정률의 이익

배당을 한다. (자조의 원칙)
8. 조합은 잉여금의 일부를 반드시 조합원의 교육 사업에 쓴다.
 (조합원 교육의 원칙)
9. 조합은 정치 및 종교에 대해 엄정 중립을 지킨다.
 (정치 및 종교 중립의 원칙)"

로치데일의 소박한 소비 조합은 이후 전 세계 협동조합의 모범이 되었다. 그들의 정신과 원칙은 전 세계적인 규모로 공감을 일으키며 퍼져 나갔다. 프랑스의 샤를 지드가 로치데일 협동조합 50주년 기념제에서 축사를 했다. 성천은 이 축사를 소개했다.
"개척자 제군, 나는 제군들에게 감사한다. 제군은 수백만의 사람들을 원조하고 그들의 생활 수준 향상을 가능하게 하는 조직을 만들었다. 국민 경제학자들의 견해에 따르면 그것은 19세기에 이뤄진 단 하나의 성공의 예라고 한다. 제군은 우리들에게 참으로 훌륭한 교훈을 남겼다. 우리들이 가진 모든 과학을 축적하고, 우리들이 읽는 책을 저술하고, 인간을 다스리는 법률을 만든 모든 현자나 학자들의 지식도 몇 사람의 소박한 노동자들의 현명한 두뇌와 활동과 비교하면 참으로 변변치 못한 것이다. 이 노동자들은 단지 생활하고 번뇌하고 일할 뿐이다. 또 이 노동자들이 가진 소망이란 직업을 가지는 것, 끼니를 걱정하지 않는 것, 옳다고 믿는 것에 불굴의 신념을 바치는 것이다. 하지만 그 공적은 현자들과 학자들을 능가했다."
축사 내용은 성천이 우리 민족에게 전하고 싶었던 '협동의 놀라운 힘'을 잘 표현하고 있다. 학자들의 거창한 사상이 아닌, 소박한 노동자들의 실천적 지혜에서 비롯된 실용주의가 '하늘은 서로 돕는 자를 돕는다.'라는 진리의 말씀을 증명하는 것이다. 성천이 로치데일 협동조합을 소개하면서 느꼈을 뜨거운 가슴이 그대로 전해지는 듯하다. 성천은 이어서 로치데일 협동조합 운동이 유럽 각국으로 퍼져 나갔던 일화를 소개한다. "영국은 소비 조합의 조국이며, 프랑스는 생산 조합의 조국이며, 독일은 농촌 조합의 조국이다. 근대 협동조합 운동은 이 세 나라의 조합을 원형으로 하면서 세계 각국에서 국가 사정에 따라 발전시켜 온 것이다." 성천은 차례로 독일인 후버와 델리치 그리고 라이파이젠을 소개한다. 이들은 마을금고나 농업 협동조합을 발전시켰다.

성천은 20세기 들어서 대규모 농촌 공동체가 러시아, 중국, 멕시코, 이스라엘 등지에서 실현되었다고 말한다. 그중에서 가장 성공을 거둔 나라는 이스라엘이다. 일생에 걸쳐 농촌 운동에 헌신했던 성천은 농촌 협동 운동의 어려움을 잘 알고 있었다. 그리고 일생에 걸쳐 농촌의 중요성을 역설했다.

"농촌은 국가의 뿌리다. 농촌은 애향 애국의 정신적 근거지다. 농촌은 한 나라의 오랜 전통을 길이 이어 갈 수 있는 유일한 바탕이다. 산업 혁명의 발상지라고 자처하는 영국은 공업화에 있어서 가장 오랜 역사를 가진 나라다. 그러나 그들은 제2차 세계 대전이 끝난 다음에도 막대한 예산을 농촌에 투자해 정권이 바뀌어도 한결같이 농촌 건설에 열성을 보이고 있다. 제1·2차 세계 대전을 겪으면서 농촌의 중요성이 막중하단 것을 깨달았기 때문이다. 농촌 문제는 경제 이전의 문제다."

성천은 농업 공동체 운동의 대표적인 예로 먼저 러시아에서 1920년에 시작된 '콜호즈' 제도를 든다. 콜호즈는 공동 소유와 공동 생산에 그 기초를 두었다. 강력한 중앙 계획 기관의 통제하에 움직였던 콜호즈는 농민의 강제 노동과 수입 악화로 결국 무너지고 말았다. 중공의 '인민공사'는 농업에 국한되었던 콜호즈와 달리 농업, 공업, 수공업을 한데 묶어서 조직했다. 인민공사 역시 정치적인 문제로 국민의 자발적인 참여를 이끌어 내지 못했기에 성공하기가 어려웠다. 멕시코의 '에히도 공동촌'은 1910년 멕시코 혁명 후 경제적·문화적 후진성을 탈피하기 위해 조직된 것이다. 혁명 정부는 대지주의 토지를 몰수해 국유지로 만든 후 농민들에게 이양해 주었지만, 경영 자금이 없어 영세한 농민들은 수확을 제대로 거둘 수 없었다. 이때 등장한 농촌 협동조합이 에히도 공동촌 제도다. 1950년에 이르러 농민의 절반이 에히도 공동촌 조합원이 되었다. 그러나 이 사업도 정부의 시행착오, 농민의 낮은 민도, 직업 훈련 부족 등 생산에 미치는 기본적인 요인의 결함으로 지지부진해지고 말았다.

성천이 보기에 가장 성공적인 농촌 협동조합 제도는 이스라엘의 '키부츠'였다. 이스라엘은 농촌을 눈부시게 발전시켜 국난 타개의 저력을 보여 준 경이로운 나라다.

"키부츠는 '모임' 또는 '그룹'이라는 뜻의 히브리 말인데, 오늘날에는 이스라엘에 정착된 새로운 형태의 공동체 농촌을 통칭한다. 우리나라에서는 러시아의 '집단 농장'과 구별하기 위해서 '협업 농촌'으로 번역되고 있다. 이 키부츠는 한 개인의 탁상에서 만들어진 것이 아니라 이스라엘의 기구하고도 처절한 독립 운동의 역사 속에서 이스라엘의 사막과 불모지에서 솟아난 새로운 형태의 탄생이라고 할 것이다."

1,800여 년간 나라 없이 떠돌던 유대인들은 1948년 건국된 이스라엘로 몰려들었다. 그들은 척박한 지대에서 살아남기 위해 집단 형태로 정착하지 않을 수 없었다. 나라 없이 이방인으로 살다가 비로소 새 나라 건국에 나선 유대인들은 많은 곤경을 뚫고 단합했으며, 키부츠는 단순한 농촌 공동체를 넘어 아랍인의 공격에 대항하는 요새 역할도 떠맡았다. 키부츠는 꿀벌처럼 모든 것을 공유하는 집단 사회였다. 한 부락이 한 가족이라는 신념으로 집단을 이뤄 공동 생산, 공동 소비를 했다. 키부츠의 가장 두드러진 특징은 농민 개개인의 자유였다. 러시아의 콜호즈나 중공의 인민공사의 농민들은 개인의 자유가 없었다. 키부츠의 농민들은 관료화를 철저히

경계했다. 그들은 자본주의도 공산주의도 아닌 제3의 사회를 지향했다. 따라서 지역마다 개성 있는 다양한 조직이 결성되었다. 하지만 기본적인 원칙은 확고했다. 첫째는 자유, 둘째는 평등, 셋째는 자주 협동이다. 키부츠에서 가장 중요하게 여긴 것은 교육이었다. 유년기부터 철저히 교육했다. 또한 문화 활동에 정력을 기울였다. 민족이란 문화 공동체라는 것을 너무도 잘 알았기 때문이다.

한편 1911년 미국에서 건너온 엘리에제 야프는 '인간은 누구나 독립된 상태로 서로 협동할 때 비로소 어떤 형태의 조직보다 큰 힘을 낼 수 있다.'는 신념으로 '모샤브'를 창설했다. 모샤브는 '협동'이라는 뜻이다. 키부츠가 모든 것을 공동 소유하는 데 비해 모샤브는 토지만 공동 소유하고 나머지는 사유 재산이다. 개인의 개성을 살리면서 협동 생활을 하자는 것이다. 이처럼 이스라엘은 창의성을 발휘해 다양한 형태의 협동조합을 만들었고 잘 운영했다. 강력한 독립 정신과 높은 민도가 뒷받침되었기 때문이리라. 성천은 세계 각국의 공동체 농촌을 둘러보고는 이렇게 결론 내린다.

"세계 어디를 가더라도 이스라엘처럼 훌륭한 협동과 상호 부조의 기풍 속에서 다양한 창의성을 발휘해 건설적인 생활을 하는 것을 볼 수 없을 것이다. 이스라엘의 창조적 협동을 통한 사회 건설은 인류 문화사의 영원한 보석으로 남아야 할 것이다."

협동의 외길

성천 선생은 《협동과 복지사회》의 맺음말에서 우리나라의 농업 협동조합을 살펴본다. 구한말 우리나라의 대표적인 협동체는 전국 방방곡곡에 깔려 있던 '계'였다. 일제 강점기에 일인들은 금융 조합 제도를 시행해 나라 경제를 장악했다. 우리 농민들은 조합원이었지만 아무런 실권이 없었다. 일제는 산업 조합령을 발표해 산업 분야의 조합 운동도 통제했다. 해방이 되고 이승만 정권 때에는 금융조합연합회가 활발히 활동했고, 성천도 상임고문이 되어 도왔다. 성천은 인재 양성에 주력했는데, 협회는 정치적인 분란에 휩싸여 2년 만에 와해되고 말았다.

성천은 1960년에 시작한 마을금고 운동을 높게 평가했다. 마을금고는 협동 정신의 뿌리가 민중의 가슴속에서 자라는 진정한 조합이라고 했다. 시작은 초라하나 발전 가능성을 높게 산다고 했다. 성천은 인류학자인 니시무라의 인류 진화 요인을 인용하며 책을 마무리했다.

"'인류의 긴 역사적 과정은 복잡다단하지만 줄거리는 극히 간단하다. 같은 혈속 간(血屬間)의 결합, 같은 부족 간의 결합, 같은 종족 간의 결합, 더 나아가 다른 혈족, 다른 부족, 다른 종족 간의 결합, 더욱더 나아가 동식물과 같은 다른 생물과의 협동으로 나와 너가 서로 이로운 공서(共棲) 생활을 해 온 것이 주원인이다.' 나의 의견은 니시무라와 똑같다. 치열한 경쟁 사회에서 약자가 살아남아 번영할 수 있는 길은 오직 협동의 외길뿐이라고 믿는다. 우리는 역사의 갈림길에서 확신을 가지고 방향을 잡아야 한다. 생존과 번영을 이루는 길은 오직 상부상조의 협동뿐이라는 것을 밝히고자 제한된 시간과 제한된 지면으로 이뤄진 이 미완성의 허술한 저술을 통해 나의 적은 힘이나마 보탰을 뿐이다. 오늘날 민족중흥의 역사를 위해 분투하는 젊은 역군들에게 이 저서가 자각과 발분의 작은 촉매가 될 수 있기를 염원한다."

특히 위의 마지막 호소는 성천이 자신의 피를 뽑아 쓴 '혈서'를 보는 듯하다. '서로 돕는 자를 하늘은 돕는다.' 이 말을 정말 믿고 실천하라! 민족중흥의 길은 상부상조의 협동뿐이다! 인간의 조건인 '소유와 존재의 조화'에서 존재를 잊고 소유의 수렁에 빠져 무조건 자본주의를 추종하며 허덕이는 이 땅의 젊은이들의 귀에 성천의 호소가 가 닿기를 간절히 기원한다.

2
새 역사를 위하여

뜨거운 책

성천 류달영이 혼신의 힘을 기울여 쓴 책이 《협동과 복지사회》라면, 아마도 성천의 펜을 통해 저절로 써진 책은 《새 역사를 위하여》일 것이다. 전자의 책이 머리에서 나온 것이라면, 후자의 책은 가슴에서 나온 것이다. 이 책은 성천이 6·25 피난 통에 대구에서 아무런 참고 서적 없이 그저 하고 싶은 말을 구술하듯이 적은 것이다. 성천 선생은 생전에 필자에게 아침에 잠에서 깨면 그 자리에 그대로 일어나 앉아 천성(天聲)을 듣는다고 말했다. 이 책은 그 '하늘의 소리'를 그대로 받아 적어서 기록한 것이 아닐까? 그만큼 성천의 진심이 녹아 있는 저서다. 그래서 '뜨거운 책'이라고 할 수 있다. 출판의 목적도 간단한 것처럼 보인다. 젊은 독자의 가슴에 불을 지르기 위한 책! 실제로 얼마나 많은 청춘이 이 책을 읽고 농촌 운동에 헌신하였는가!

필자가 여기서 소개하는 책은 '류달영 인생론 전집'에 수록되어 1984년에 다시 출간된 《새 역사를 위하여》(부제: 덴마크의 어제와 오늘)이다. 첫 페이지에 성천이 지은 '황무지의 노래'가 실려 있다.

> 아득하게 끝이 없는 황무지
> 나무 한그루 못자라는 히이드 벌판
> 이것이야말로 창조의 신(神)이
> 용기의 시금석(試金石)으로 주신 선물
> 오늘에 모든 불모(不毛)의 거치른 들판은
> 숲과 목장과 기름진 들로 변하였다
> 오, 느껍다 덴마크의 정신은
> 가슴에 벅찬 소원을 이루었다

성천은 머리말에서 이렇게 시작한다. "뚜렷한 이상, 확고한 이념이 없는 인생을 무엇에 비겨 말하랴. 끝없는 사막에 방향 없이 헤매는 나그네 같다고나 하랴. 우리가 이 같은 인생에서 보람 있는 삶을 바랄 수 없음은 물론이다. 역사적 사명감이 없는 국가나 민족도 또한 그러하다. 자아의식이 불분명하고 우리가 걷고 있는 역사에 대해 올바른 이해가 없다면 밝은 앞날을 향해 전진할 수 없다. 진리의 범주 안에는 결코 우연과 요행이란 없다. 이 겨레가 걸어 온 고난의 역사에 어디 하나 우연이 있었고 요행이 있었던가? 원인은 반드시 결과를 낳고 결과는 다시 새 원인이 되어 역사를 빚어 왔고, 또 빚어 가고 있다."

성천은 한민족의 역사 이념을 확립하기 위해 이 글을 쓰노라고 밝혔다. 성천은 우리처럼 약소민족이면서 무서운 시련을 겪고도 망하지 않고 자주 독립과 부흥의 길을 걸은 본보기로 덴마크를 꼽는다.

"보기 드문 역경 속에서 먼 장래를 내다보고 교육으로 건실한 국가 터전을 만들었고, 약한 힘을 한데 모아 협동하는 슬기를 길러 목적한 복지 국가를 건설한 농민의 나라 덴마크는 우리에게 살길을 지시하는 신의 계시처럼 느껴진다."

이어서 이 책의 목표는 덴마크의 역사가 실증한 민족 번영의 원동력을 밝혀 한국의 농민, 학생, 교사, 우국 청년들에게 전하기 위해서라고 했다.

"새 역사의 선구자적 영광이 젊은 제군들 위에 빛나기를 기원하면서 이 책을 조국의 농촌과 학원과 도시의 성실한 젊은 친구들에게 보낸다. 20여 년 동안 연구해 온 덴마크이지만 저서로 세상에 내놓기에는 아직도 부족한 점이 많은 것을 자인한다. 그러나 전전유랑하던 6·25 전란의 피난 생활 중에 견딜 수 없는 나의 비분과 열정이 미비하지만 집필을 주저치 않게 하였음을 말해 둔다."

성천은 조국 부흥의 모델로 덴마크를 선택한 이유를 이렇게 말한다.

"하늘도 감동케 하는 애국자들의 성실과 소박하고도 우둔한 것처럼 보이는 젊은이들의 꾸준한 분투와 조국의 먼 미래를 내다보는 건전한 슬기와 약자로서 위대한 능력을 발휘할 수 있는 번영의 원리를 그들은 남김없이 찾아내어 도탄에 빠진 조국뿐 아니라 노르웨이, 스웨덴, 핀란드 등 스칸디나비아반도의 여러 나라를 오늘의 복지 국가로 개조하게 된 것이다."

성천의 꿈은 대한민국을 동양의 덴마크, 동양의 복지 국가로 만드는 것이다. 그 염원을 실현하기 위해 매진한 것이 곧 성천의 일생이다. 성천의 고귀한 뜻은 시간이 지날수록 조국 청년들의 가슴에 피어서 결국 동양의 모범적인 복지 국가로 탄생할 것이다. 이런 의미에서 성천 같은 선구자들의 꿈을 이어받은 우리 후학들은 아직도 갈 길이 멀다고 하겠다.

덴마크로의 지향(志向)

동족끼리 싸우는 참상의 혼란 속에서 북한군의 진격에 밀려 근무지 수원을 떠나 남으로 향한 피란길에서 대구에 사는 친지의 단칸방에 몸을 의지했다. 시장에 나가 광고 전단지를 주워 그 뒷면에 혈서를 써 내려가는 심정은 어떠했을까? 전쟁 통에 울부짖는 사람들을 보며 어떻게 이 민족의 가슴속에 희망의 불씨를 심을 수 있을까? 성천의 고민하는 모습이 떠오른다. 그는 지옥의 바닥에서 일어설 묘안을 궁리하고 궁리하다가 우리 민족에게 '덴마크 부흥사'를 선물하기로 마음먹었다. 변변찮은 자료도 없었지만, 양정고보 시절부터 스승 김교신에게 건네받은 덴마크 부흥에 관한 소책자를 읽고 또 읽어 거의 외우다시피 했던 그는 가슴에서 뜨겁게 우러나오는 대로 써 내려가기로 작정했다. 성천은 책의 서두에 '덴마크로의 지향'을 분명히 밝혔다.

"우리는 있는 지성(至誠)과 지혜와 정열을 다해 이 세기적인 큰 재화(災禍)를 참으로 꾸준하게 극복하고, 폐허로 화한 이 국토 위에 새 역사를 창조하고 새 낙원을 건설하겠다는 철석같은 결심을 해야 할 것이다. 이 참혹한 환란의 날에 과연 우리는 희망을 어디서 찾아낼 수 있을 것인가? 우리의 꺾이지 않는 용기를 어떻게 북돋울 수 있을 것인가? 우리가 이렇게 허덕이고 있을 때 멀리 북유럽 변두리에 유난히 반짝이는 덴마크의 찬란한 역사는 우리의 앞을 밝혀 주는 유일한 등대가 될 것이다. 절망의 깊은 골짜기에서 기어이 희망을 찾아내 일찍이 인류 역사상 유례가 없는 눈부신 발전을 이룬 덴마크. 농업 문화의 창조와 복지 국가 건설에 성공한 덴마크의 부흥사가 곧 그 등대라고 나는 확신한다."

덴마크는 지리적으로 너무나 먼 까닭에 우리와 별로 특별한 관계가 없었지만, 6·25 전쟁 때 유엔군의 일원으로 참전해 의료와 병원선을 보내 주어 인류 공동의 자유를 위해 싸웠다. 성천이 이 책을 집필할 무렵 세계인들은 덴마크를 '지상 낙원'이라고 불렀다. 빈곤을 물리쳐 부유하고, 체육을 진흥시켜 국민들이 건강하고 오래 살며, 교육 수준은 세계 최고이고, 복지 국가 건설은 타의 모범이 되었다. 경상도보다 조금 더 큰 국토에서, 당시 360만 명(2021년 현재 580만 명)의 국민들이 굳게 뭉쳐 독일과의 전쟁에서 패한 쓰라린 역사적 상황을 극복하고 일어선 것은 하나의 기적이라고 불린다. 덴마크는 동족상잔의 비극 속에 방황하는 한국인의 입장에서 보면 정말 부럽기 그지없는 희망의 등대였다.

성천은 덴마크 부흥의 열쇠를 이렇게 보았다.

"덴마크는 교육으로 성공한 나라다. 그들의 오늘은 그 독특한 국민 교육이 가져온 것이다. 교육 없는 문화를 우리는 상상할 수 없다. 이러한 의미에서 인류 문화는 곧 교육에서 피어난 꽃이요 열매인 것이다. 인류 역사는 곧 교육의 역사라 해도 지나침이 없을 것이다. 건전한 교육을 떠나서 누가 능히 나라 재건과 민족 번영과 인류 발전을 꾀할 수 있을 것인가? 덴마크는 비상한 정열과 노력으로 확실한 교육 목표와 특유한 교육 제도를 창안해 전 국민을 단기간에 교육시키는 데 성공했다. 이 교육 성공이 덴마크 번영의 근저가 된 것이다."

성천 사상은 나라 사랑이요, 나라 사랑의 방법론은 '교육입국'이다. 성천이 1952년 대구에서 이 글을 쓴 지 70년이 지난 오늘, 대한민국은 한강의 기적을 이루며 경제적·문화적 모범국으로 우뚝 섰다. 그 동력은 역시 전 국민의 교육열이라고 할 것이다. 대한민국의 성공은 교육입국의 성공인 것이다. 이제 남은 것은 성천이 그렇게도 염원하던 복지 국가의 건설이다. 그러기 위해서는 '민도'를 높이는 것이 과제이고, 그 방법은 역시 국민 평생 교육에 달렸다고 할 것이다.

성천은 '교육'과 '농업'을 국가 번영이라는 수레의 두 바퀴로 보았다. 그리고 본인이 평생 동안 농민들의 의식 교육에 힘썼다. 국난의 처참한 바다에서 헤매는 동포들에게 길을 제시하기 위한 가장 좋은 실례(實例)는 거대한 선진국이 아니라 약소국이면서도 참혹한 역경을 극복해 낸 복지 국가가 적당했다. 아무래도 덴마크 부흥의 분투사가 50년대 초반의 한국인에게 비전을 제시하기에 안성맞춤이었다. 지도자의 핵심적인 역할은 비전을 제시하고 길을 열어 주는 것이다. 피난지에서 광고 전단지 뒷면에 적어 내려간 《새 역사를 위하여》는 당시 한국인들을 위한 '신의 한 수'라고 할 것이다.

고난을 딛고 일어서다

덴마크는 한때 북유럽을 호령하던 해상 왕국이었다. 하지만 영국과의 전쟁, 프러시아와의 전쟁에서 거듭 패하면서 19세기 후반 남부의 옥토를 빼앗기고 유틀란트반도의 황무지로 쫓겨났다. 여기서 자라는 유일한 식물은 히드라는 잡초고, 최고 높은 산이라고 해 봐야 남산보다 낮고, 북해에서 일 년 내내 차고 습한 바람이 불어오고, 안개가 많아 음산하고 우울한 날씨가 연중 대부분을 차지한다. 이렇게 일광이 부족하고 척박한 땅에서 농작물이 잘 자랄 수가 없다. 게다가 지하자원도 전무하다.

국민들은 절망의 구렁텅이에 빠져 탄식만 했다. "너의 모든 희망을 버려라." 단테가 《신곡》에서 말한 지옥의 간판이 곧 덴마크 국민들의 집 앞에 내걸린 꼴이었다. 성천은 절망에 빠진 덴마크 백성들의 심정에 백 번 공감하면서 그들이 바닥을 치고 일어선 용기에 주목한다.

"개인이나 국가나 민족이나 역경의 시련 속에서 단련되지 않고서는 이뤄진 위대한 것은 없다. 도가니 속에서 수천도의 열로 달궈지고 망치로 두들겨 맞아 정련되지 않고서는 예리한 보검이 만들어질 수 없다. 그러므로 우리가 수난의 골짜기에서 발밑만 내려다보고 허덕인다면 마지막에 이르는 곳은 멸망의 함정일 뿐이다. 높은 곳을 바라보고 초인적인 힘으로 뛰쳐 나와야 비로소 새로운 광명의 세계를 얻게 되는 것이다. 우리가 처해 있는 현실이 비참할수록 가슴속에 품은 이상은 높아야 한다. 인류 역사를 읽을 때 갈피마다 느끼는 진진한 흥미는 역사적 사명을 다한 민족과 국가들이 감당하기 어려운 시련을 억척스럽게 극복하고 눈부신 발전을 이룩한 대목에 집중된다."

덴마크는 과연 그 역경을 훌륭하게 이겨 낸 본보기다. 고난을 돌려 인류 최고 수준의 복지를 이룩했다. 역사의 수난이 역설적으로 덴마크를 농민의 낙원으로 변모시켰다. 여기에 고난의 의미가 있다. 제자가 붓다에게 물었다. '인생이란 무엇입니까?' 붓다는 대답했다. '고해다.' 공자에게 제자가 같은 질문을 던졌다. 공자는 대답했다. '난(難)이다.' 예수는 인생이 '십자가의 고난'임을 몸소 보여 주었다. 이들이 보여 주고 싶었던 것은 인간은 고난을 통해서만 성숙할 수 있다는 것이었다. 이것이 인생의 아이러니이며 고난의 연금술이다. 고난을 맛보지 않은 사람은 조그마한 성공에 취해 우쭐거리다가 긴 나락에 떨어져 종말을 맞는다. 이것이 비극의 구조다. 희극의 구조는 시작은 암울하지만 극복하고 마침내 정상에 오르는 것이다. 성천은 고난을 딛고 일어선 덴마크 부흥의 비결은 지도자에 달렸다고 보았다. 전쟁은 패했지만 정신은 패하지 않았던 담대한 사람들! 성천은 덴마크의 횃불이 되었던 사람들에 주목했다.

덴마크의 선구자들

성천은 먼저 달가스를 덴마크 부흥의 핵심 인물로 꼽았다. 전쟁에서 패잔병으로 돌아온 달가스는 절망에 빠진 동포에게 이렇게 말하곤 했다. "비록 패했지만 우리에게는 다시 살아갈 희망의 길이 있다. 우리는 밖에서 잃어버린 모든 손실을 안에서 회복해야 한다. 유틀란트반도의 황량한 들을 장미꽃 향기가 풍기는 기름진 들로 바꿀 수 있다." 달가스 대령은 총 대신 괭이를 잡았다.

또 한 명의 지도자는 그룬트비다. 시인, 목사, 역사가, 철학자였던 애국자 그룬트비는 구국의 열사였다. 조국의 수난을 몸소 겪은 그는 산업 혁명 와중에 있던 영국을 시찰하면서 덴마크의 미래상을 확신했다. "덴마크의 갈 길은 이제 확실하다. 영국을 비롯한 여러 공업국과 달리 덴마크는 일치단결해 협동 농업국으로 매진하는 것이 우리가 갈 길이다." 그룬트비는 영국 여행 중에 덴마크 부흥은 농업입국이고 그 첫 발자국은 청년 교육에서 시작해야겠다는 영감을 얻었다.

성천은 말한다. "그룬트비가 절실하게 느끼고 분명하게 깨달은 것은 기독교적 애국 청년이 덴마크를 구하고, 또 영양이 풍부한 좋은 식품을 만들어 세계 각국에 보내는 것이다. 인류를 위한 봉사가 덴마크의 올바른 사명이란 것이다."

이것은 그룬트비가 품은 농업국 덴마크의 기본 비전이다. 그는 농민 교육 특히 청년 교육이 민족 갱생의 초석임을 깨닫고 조국으로 돌아온 즉시 획기적인 교육 운동을 전개했다. 소수 선구자의 확고한 각성과 신념 그리고 실천, 이것이 덴마크 부흥의 핵심이다. 그룬트비의 신념은 애국 청년들의 가슴에 불을 질렀다. 한편 크리스텐 콜은 국민고등교육에 매진했고, 에반스 회그스브로는 덴마크 협동조합 운동의 기초를 닦았다.

성천은 말한다. "우리나라 청년들이 그룬트비, 달가스, 콜과 같은 덴마크 선각자들의 신념을 신념으로, 그들의 이상을 이상으로 한다면 우리의 비전은 통일된 국토 위에 확실히 실현될 것이요, 우리의 문화가 세계에 기여할 날도 반드시 오고야 말 것이다. '신은 스스로 돕는 사람을 돕는다.'고 갈파한 금언은 천고의 진리가 아닐 수 없다. 덴마크의 애국자들은 우리에게 요행을 바라지 말라고 경고한다. 스스로 씨 뿌리지 않은 땅에서 열매를 거두고자 하는 따위의 근성을 버리지 않는 한, 우리가 겪는 역사적 고난을 스스로의 힘으로 해결하고자 하지 않는 한, 우리는 험난한 골짜기를 벗어날 수 없다."

덴마크 선구자들은 다음과 같이 구호를 내걸었다. '밖에서 잃은 것을 안에서 찾자.' '하나님과 가정과 국토에 대한 뜨거운 사랑을 기초로' '덴마크 건설은 광범위한 지식 위에' '국민의 근본적인 부의 원천은 흙에서 온다.' '덴마크 부의 원천을 보호함은 국민의 신성한 의무이자 특권이다.' 가슴에 불이 붙은 국민들은 개척되지 않은 한 치의 땅이라도 개간해 잃어버린 국토를 회복하려고 했다. 사람들이 흙으로 돌아가 분투를 거듭한 끝에 국토는 점점 울창한 숲으로, 풍요한 농장과 목장으로, 아름다운 공원과 마을로 변했다.

황무지 개척

달가스는 '황무지(Heath) 협회'를 조직했다. 그들은 지원자를 모아 농업 기술자를 양성하기 시작했다. 협동으로 뭉쳐 식림 사업, 토지 개량 사업, 소택(沼澤) 배수 사업, 하천 치수 사업, 토탄 사업 등에 정력을 기울였다. 달가스의 농촌 개량 사업은 얼마 지나지 않아 전 국민의 성원을 받아 유틀란트반도의 광대한 지역으로 퍼져 나갔다. 달가스가 죽은 다음에는 그의 아들이 부친의 사업을 이어받아 줄기차게 전진해 나갔다. 패전 국민들은 뜨거운 정열을 장착하고 희망의 불쏘시개를 지펴 나갔다. 달가스와 그 동지들은 국토의 8할에 해당되는 넓은 지역을 개척해 농경지와 공원으로 조성했다.

성천은 이런 교훈을 얻었다. "국민이 대의를 위한 희생과 봉사 정신이 없으면 아무리 간절하다 할지라도 갈망만으로는 참 평화와 행복과 고도의 문화가 우리의 것이 되지는 못할 것이다."

성천이 보기에 한국인이 일신의 이익을 좇아 신의를 헌신짝처럼 버리는 경박성을 버리고 비록 가난할지라도 존경받을 만한 국민성을 기르지 않고서는 미래가 없다는 것을 덴마크 부흥사에서 배웠다. 결론은 시급하게 국민 의식 운동을 펼쳐야 한다는 것이다.

덴마크가 새로 개척한 농지에서 곡물을 생산해 유럽 각국으로 수출할 무렵 미국과 러시아에서는 대자본과 현대적 기계 농업으로 곡물을 대량 생산했다. 도저히 경쟁이 되지 않아 덴마크는 다시 위기에 봉착했다. 하지만 다시 지혜를 발휘해 협동 농장은 작물 농업 외에 축산물 생산에 집중하기 시작했다. 성실과 지혜를 갖춘 사람은 반드시 하늘의 도움을 받게 된다. 덴마크를 보며 성천은 끊임없이 자문했다. 우리 한국인들은 하늘의 축복을 받을 만한 성실성과 지혜를 갖추었는가? 만일 그것이 모자란다면 우리는 오늘 무엇을 해야 할까?

달가스의 조림(造林) 사업은 정말 힘들었다고 한다. 먼저 산림을 조성해 북해에서 불어오는 거친 바람부터 막아야 했다. 숲이 없으면 바람이 표토(表土)를 흩어 버려 농사를 지을 수 없었다. 달가스는 붉은 전나무를 심었다. 그러나 몇 년 후 전나무는 거친 환경 때문에 질소를 흡수하는 능력을 잃어버려 성장을 멈추었다. 그들은 연구를 거듭해 질소 흡수 능력이 뛰어난 알프스 산의 전나무를 혼식하였다. 결과는 성공을 거두어 숲은 다시 푸른빛으로 생명력을 되찾았다. 그 뒤로도 여러 난관이 있었지만, 그때마다 혼신의 연구를 통해 난제들을 차례로 해결해 나갔다. 전나무들의 상록의 푸른빛은 그대로 애국자들의 산 넋의 상징이 되었다. 젖과 꿀이 흐르는 낙원이 현실화된 것이다.

국민들은 앞다투어 '황무지 협회'에 가입했다. 애국과 헌신 집단의 일원이 되는 것은 최고의 영광이었다. 점점 더 많은 사람들이 치수 사업에 투입되었다. 지대가 낮아 습지 투성이인 국토를 개간하자면 먼저 물을 다스리는 치수 사업에서 승부를 봐야 했다. 하천을 곧게 하여 수위를 조정하고 홍수의 피해를 막았으며 동시에 댐을 만들어 농업수를 확보했다. 늪과 못들을 매워 농지로 바꾸고 간척 사업이 꾸준히 진행되었다. 신앙을 등불로, 과학을 무기로, 황무지의 정열은 국토를 완전히 개조했다. 그들은 새 역사를 창조하는 데 성공했다.

협동 사업의 번영

덴마크의 경제적 번영은 협동 사업의 성공에 기인한 바 크다. 덴마크의 거의 모든 사업이 협동조합화했다. 혼자서는 어렵지만, 함께 하면 쉽다. 이 원리를 활용하면 비약적인 발전을 이룰 수 있다. 상인은 생산자와 소비자 사이를 연결해 주는 사회 구성원이다. 하지만 그들이 자본을 축적함에 따라 생산자와 소비자는 자본의 힘에 휘둘리게 되었다. 협동조합은 막대한 부를 축적하는 상인들을 거치지 않고 생산자와 소비자를 직접 연결하고자 하는 조직이다. 협동조합은 산업 혁명의 와중에 영국에서 탄생했다.

덴마크에서 협동조합은 한스 크리스챤 존네와 에반드 회그스브르에 의해 시작되었다. 국민들은 이 제도의 장점을 깨닫고 조합에 가입하기 시작했다. 1870년부터 생산 조합, 판매 조합, 구매 조합, 신용 조합 등 개수는 기하급수적으로 늘어났다. 농민들은 여러 조합에 가입해 수혜를 받았다. 조합원들은 교육을 통해 실용과 단결 그리고 상호 신뢰 정신을 배웠고 자연스럽게 민도가 높아졌다. 오늘의 덴마크 조합원들은 협동조합의 장점을 다음과 같이 설명한다.

1. 소농들이 단결해 소자본을 모아서 대자본을 만들어 협동하여 일하면, 능히 대자본에 눌리지 않고 사업을 발전시킬 수 있다.
2. 소농의 각 개인은 외부의 신용을 얻기 어렵지만 협동하여 단체를 만들면 신용을 얻기가 쉽고, 은행이나 외국과 거래하기가 어렵지 않다.
3. 개인은 생산품의 품질을 균일히 할 수 없고 또 생산과 가공의 모든 비용이 많이 들어 뜻대로 할 수 없다.
4. 협동 사업은 공동의 지도자를 두어 생산을 향상시키기가 쉽다.
5. 중간 상인의 이익이 전부 조합으로 돌아와 조합원들은 최고의 이익을 얻을 수 있다.
6. 소비자에게 좋은 물품을 싸게 공급해 이익을 도모할 수 있다.
7. 생산 자재와 그 밖의 필요한 물자를 싸고 쉽게 구입할 수 있다.

한편 국민고등학교는 협동 정신을 고취하고 건전한 국민이 되기 위한 다양한 기본 교육을 실시했다. "무슨 일을 시작할 때면 미국 사람들은 먼저 기계를 생각하고, 덴마크 사람들은 먼저 조합을 생각한다."는 말이 있다. 농촌에는 심지어 체조 조합, 강연 조합까지 조직했다. 덴마크 농산물들은 조합에서 철저히 관리하기 때문에 외국에 수출하면 최고의 품질과 신뢰를 받는다. 덴마크 조합의 직인이 찍힌 농산품은 최고의 상품으로 대접받는다. 덴마크 협동조합의 최고 장점은 인간에 대한 신뢰가 아닐까? 인간이 신뢰를 만들고, 신뢰는 다시 인간을 만든다.

한국 전쟁 통에 이 책을 저술한 성천은 당시 한국인들이 최악의 상황 속에서 얼마나 영악하고 이기적으로 구는가 한탄하며 진심으로 덴마크인 사이의 상호 믿음을 부러워했다. 그러나 그들도 예전에는 우리보다 더 깊은 구덩이에서 상호 불신으로 신음하지 않았던가! 그들이 할 수 있으면 우리도 할 수 있다. 성천은 그렇게 믿었다. 성천은 절대 긍정주의자였다. 언제나 일을 할 때 절대적으로 성공한다는 신념으로 일했다. 우리 주변에는 얼마나 부정적인 사람들이 많은가? 성천은 긍정주의자들과 함께 일했다. 긍정의 에너지는 주변을 긍정적으로 만든다. 성천은 이 진리를 철저히 믿었다. 또한 성천은 스스로 인격자가 되어 주변 사람들도 자연스럽게 동화되도록 이끌었다. 성천은 도산 안창호의 말도 깊이 신뢰했다. '그대는 조국을 사랑하는가? 그러면 먼저 인격자가 되라.'

다른 나라들의 협동 사업은 주로 도시에서 이뤄졌다면 덴마크에서는 철저히 농촌에서 진행되었다. 영국과 스웨덴에서는 직공들에 의해, 독일에서는 도시 중산층에 의해 조직되었다. 덴마크의 협동조합은 후일 도시로도 퍼져 나갔다. 협동조합이 성공한 비결은 아무래도 국민성이라고 하지 않을 수 없다. 덴마크 사람들은 진실하고 끈기 있고 경박하지 않다. 건실한 국민성은 오늘날까지도 그 명성이 높다. 그들은 영리하기보다 건실하고 무겁고 신의가 두텁다. 자치와 연대 책임에 철저하다. 조합은 1인 1표의 철저한 민주주의 체제로 운영된다. 자본 중심주의가 아니라 인격 중심주의다. 협동조합 운동의 초기부터 의식 교육을 중시한 것도 성공의 중요한 요인이다. 초기 개척자들의 철저한 상호 신뢰와 희생이 전 국민을 감동시켜 단결시킨 것이다. 믿음도 전염된다. 서로 믿는 것보다 더 큰 힘은 없다.

특이한 점은 덴마크에서는 조합이 파산한 적이 없다는 것이다. 조합원들은 무한 책임을 지기 때문에 조합 일을 자기 일처럼 성심성의껏 한다. 덴마크에는 조합에 관한 법규가 없다. 국민들이 필요에 의해 자발적으로 조직하고 운영하기 때문이다. 정부에 등록되지도 않고 법인도 아니다. 사업 정관이나 보고서가 정부에 제출되지도 않는다. 조합의 규칙은 오직 조합원들이 서로 상의해서 만든다. 조합 총회에서 모든 일을 결정하고 집행한다. 진정한 왕국은 법이 없는 왕국이다. 덴마크가 그것을 실제로 보여 준다. 결국 협동조합의 성공은 국민들의 수준에 달려 있다는 것을 보여 준다. 모든 것은 그 일을 하는 인간에게 달렸다. 먼저 인격을 갖추라, 그러면 모든 일이 순조롭게 될 것이다. 이것이 덴마크 협동조합 운동의 성공 비결이다. 모든 것은 의식 교육에 달린 것이다. 바로 이 점을 깊이 통찰한 성천은 일생을 의식 교육에 집중했다. 성천은 직접 '협동의 노래'를 작사했다. 이 노래는 김동진이 곡을 붙여 정식 농림부가(歌)가 되었다.

협동의 햇불 아래 가난을 쓸어내니
웃음의 꽃이 피어 오복이 찾아든다
우리 서로 힘을 모아 억척스리 일해 갈 때
푸른 산 맑은 물에 살기 좋구나 내 고향

협동의 햇불 아래 늘어가는 살림살이
향약의 싹이 터서 줄기줄기 뻗어가면
인생이 즐겁구나 백만사가 풀려간다
푸른 산 맑은 물에 살기 좋구나 내 고향

협동의 햇불 아래 태산도 높지 않아
너와 내가 믿고 끌면 평지처럼 넘어간다
진주 같은 땀방울에 송이송이 꽃이 맺어
푸른 산 맑은 물에 열려 가누나 내 고향

성천은 우리나라의 시급한 과제는 온 국민이 천박한 이기주의에서 벗어나 건전한 사회 윤리를 바탕으로 일치단결하고 협동 공영의 정신적 분발을 실천하는 일이라고 생각했다. 이런 의미에서 독일의 철학자 피히테를 좋아해 자주 인용했다.

"최선의 생활이란 이것이다. 곧 사회와 종족 가운데 자기를 잊어버리고 개인 생활을 전체 가운데 녹여서 전체의 생활에 개인을 바치는 일이다. 최악의 생활이란 이것이다. 곧 개인이 자기 자신 이외에는 아무것도 생각하지 않으며, 자기와 직접으로 관계가 없는 것이면 아무것도 사랑하지 않고, 일생을 오직 개인적 행복을 위해 바치는 것이다. 덕과 선이란 오직 하나밖에 없다. 그것은 자기 자신을 잊어버리는 일이다. 악이란 오직 하나밖에 없다. 그것은 자기 자신만 생각하는 것이다."

성천은 확신한다. 민족 번영을 위한 길이 가장 확실하게 나를 번영하게 하는 원리라는 것을. 그것을 덴마크 부흥을 통해 확신한 것이다. 덴마크는 협동으로 '최대 다수의 최대 행복' 이념을 실현시켰다.

애국자 그룬트비

덴마크 부흥의 2대 동력은 교육과 협동조합이다. 그룬트비는 이렇게 제창했다. '전체는 한 사람을 위해, 한 사람은 전체를 위해' 대지주들이 농지를 독점하던 구조에서 농노 제도가 폐지되고 소작농들이 저리대금을 대출받아 농지를 구입하기 시작했다. 소작농들은 성실히 일하면서 빚을 갚고 안정적으로 정착했다. 농지 개혁은 성공해 대부분의 농민들은 자영농이 되었다. 생산성은 증가했다. 성천은 여기서 우리나라를 돌아본다. 우리도 해방 후 농지 개혁을 단행했다. 대지주들은 정보를 받아 개혁 전에 이미 방매해 버렸고, 소지주들은 주저하다 토지를 수용당해 몰락하고 말았다. 우리의 농지 개혁은 실패로 끝났던 것이다.

덴마크가 농업 부흥에 성공한 이유 중 하나는 농민들의 높은 문화 수준 때문이었다. 공원처럼 아름다운 농촌은 꽃과 노래와 우정으로 가득 찼다. 오늘까지도 1인당 노동 시간은 덴마크가 전 세계에서 가장 낮다. 덴마크는 즐거운 농민들이 주축을 이루는 나라고, 농촌은 국민들의 자부심의 근거다. 덴마크 농민들은 음악과 체조와 유희를 좋아했다. 전통적인 민요와 애국심을 북돋우는 국민가요와 신앙심 넘치는 찬미의 노래는 농촌이면 언제 어디서나 들려온다. 덴마크인들은 혼자면 책을 읽고, 둘이면 대화하고, 셋이면 노래한다.

그들은 또한 도서관 운동을 일으켜 성공했다. 1885년에 스팀버그 교장은 노동자를 위해 학교 도서관을 개방했다. 이 소식이 전해져 전국의 학교들이 시민에게 도서관을 개방해 나갔다. 이동 도서관 차를 만들어 정기적으로 지방을 순회했다. 1905년에는 덴마크 도서관 협회가 조직되었다. 오늘날 덴마크는 전국이 도서관으로 꽉 찬 나라가 되었다. 덴마크인들이 시간이 날 때마다 들리는 곳은 교회와 학교다. 덴마크 교육의 핵심은 의식 교육이었고, 그것은 그룬트비가 세운 국민고등학교에서 이뤄졌다. 성천 류달영에게 가장 깊은 영향을 준 사상가는 그룬트비라고 할 수 있다.

그룬트비는 1783년 개신교 목사의 막내아들로 태어났다. 그는 신앙심이 깊고 자비로운 어머니의 품에서 자랐다. 코펜하겐 대학에서 신학을 전공하며 괴테, 피히테, 쉘링의 사상과 문학을 배웠다. 그리고 이들과 친분이 깊었던 스테펜스 교수를 만나 깊은 감화를 받았다. 그는 문학을 깊이 공부하고 북유럽 신화에 관한 책을 출판해 큰 명성을 얻었다. 그는 목사 시험의 설교문에서 고루하고 교조적인 보수 교회를 신랄하게 비판했다. 기성 목사와 장로들은 그를 맹렬히 비난했다. 24살에 영국 해군이 코펜하겐을 폭격해 조국이 패전하는 것을 지켜보았다. 이 시절 실연의 상처와 조국의 몰락에 깊이 상심한 그는 신앙의 의미를 파고들어 갔다. 그는 고향으로 돌아가 목사 생활을 시작했다. 30살에 코펜하겐으로 다시 간 그는 진실된 신앙으로 돌아가자는 강연을 이어 갔다. 그는 〈덴마크의 보루〉라는 잡지를 발간해 국민정신을 일깨우려고 애썼다. 그는 가난에서 겨우 벗어나자 35살에 결혼했다.

그가 정식 목사가 되어 설교를 시작하자 점차 사람들이 모여들기 시작했다. 그의 설교는 예언자적인 힘이 있었다. 교권을 옹호하는 신학 교수 그라우센과 자유 신앙을 주창하는 그룬트비 사이에 큰 신학 논쟁이 벌어졌다. 이를 계기로 보수 교회는 그룬트비를 교회에서 추방했다. 7년 동안 설교 금지를 당한 그는 교회의 형식주의에 대항해 성서 중심의 자유 신앙을 더욱 깊이 연구했다. 입을 봉쇄당한 그는 글을 써서 발표했다. 그리고 그의 글에 공감하는 평신도들 사이에서 자유 신앙 운동이 일어났다. 국왕은 특사를 베풀어 그룬트비를 정부 기관의 교회 목사로 임명했다. 왕비가 그룬트비의 사상에 감명을 받아 청원했기 때문이다. 왕비는 이후로 그의 설교에 자주 참석했다. 자유 신앙 운동은 요원의 불길처럼 번져 마침내 법으로 보장받게 된다.

그룬트비는 '산 말씀' 운동을 벌여 열정적으로 강연회를 개최했다. 성천이 국가재건국민운동본부장 시절 열정적으로 국민의식을 깨우는 강연회를 개최했던 것도 이 영향이 크다. 정신 교육과 의식 개혁 없이 재건국민운동은 이루어질 수 없었다. 그룬트비는 덴마크인들의 혼을 일깨우는 의식 교육만이 보국의 길이라고 확신하고 잠자고 있던 제도 교육의 혁신에 나섰다. 패배주의에 젖어 있는 국민을 각성시키는 것이 국가 부흥의 열쇠라는 신념은 더욱 굳어졌다.

"먼저 참된 덴마크 사람이 되라. 그 다음에 크리스천이 되라. 조국 덴마크를 사랑할 줄 모르는 사람이 하나님을 사랑한다는 것은 믿을 수 없는 일이다. 그러한 인간에게는 신의 축복은 있을 수 없다."

그룬트비는 고심 끝에 교사 교육에서 실마리를 찾고자 했다. 그는 자유학교를 세워 젊은 교사들의 정신 교육을 하려고 했지만, 편협한 교육 공무원들의 반대에 부닥쳐 또다시 좌절하게 된다. 그는 권력자들을 설득하는 탑다운 방식의 교육을 포기하고, 민중 속으로 들어가 바텀업 방식을 채택했다. 이것이 결과적으로 묘책이 되었다. 이런 과정을 거쳐 사립 국민고등학교가 잉태되었다. "깨어나라, 덴마크의 젊은 용사들이여!" 그룬트비의 외침은 젊은 가슴에 불을 질렀고 교사의 인격이 학생의 인격을 일깨우고 감동시켜야 한다고 역설했다. 그는 젊은 교사들을 각성시키는 데 집중했다. 조국의 역사와 문학에서 애국심의 원천을 발굴해 끊임없이 전달했다. 1848년에는 보통 선거에 출마해 국회의원으로 피선되었다. 그는 의회에서도 보수주의와 싸웠다. 그는 89세로 세상을 떠났다. 하지만 그의 애국 사상은 국민들의 가슴속에서 영원히 살아남았다.

코펜하겐 북쪽에 그룬트비 기념 교회가 있다. 필자도 만년의 성천 선생을 모시고 덴마크를 여행한 적이 있다. 그때 선생이 이 교회의 벽을 어루만지며 이 벽돌들은 그룬트비를 존경하는 사람들이 전국에서 한 장씩 보내어 지었다고 말했다. 자랑스러운 선각자이자 애국자인 그룬트비의 사진은 덴마크 관청마다, 학교마다, 가정마다 걸려 있다. 성천의 거실에도 걸려 있다. 그룬트비는 조국을 넘어 인류의 자랑이 된 것이다.

국민고등학교와 크리스텐 콜

그룬트비가 그토록 주창했지만 생전에 실현을 보지 못한 국민고등학교의 전국적인 성공은 크리스텐 콜이 실현했다. 콜은 1816년에 구두 장사의 아들로 태어났다. 그는 젊은 교사가 되어 현장을 지키면서 진리는 평이한 표현으로 가르쳐야 한다는 신념을 가지게 되었다. 콜의 파격적인 교수법은 기성세대 교육 관리들의 반감을 샀다. 자유사상가 그룬트비처럼 자유교육자 콜도 학교에서 추방당했다. 그는 인류 역사는 자유를 찾아 헤맨 나그네의 역사라고 확신했다. 그는 터키로 떠나는 선교사의 조수가 되어 동행했다. 이국의 땅에서 의미 없이 5년을 보내는 중에 조국과 독일 사이에 전쟁이 일어났다. 이 소식을 듣고 2개월 동안 걸어서 귀국했다.

1849년 덴마크 헌법은 정치적 자유를 광범위하게 인정했고, 콜은 자신을 옥죄던 모든 제약이 사라졌음을 느꼈다. 그는 그룬트비가 역설한 국민고등학교를 직접 세우기로 결심했다. 하지만 수중에 돈이 없었다. 그는 평소에 존경하던 그룬트비를 찾아가 사정을 말하자 그룬트비는 직접 나서서 모금을 해 줬다. 콜은 낡은 농가 한 채를 구입해 마침내 학교를 개교했다.

외형적으로는 빈약한 콜의 교육 사업이 오늘날 이렇게 큰 역사적 의의를 가질 줄은 아무도 생각하지 못했다. 인간에 대한 투자! 이것이 부흥의 열쇠다. 콜은 그룬트비의 이상에 전적으로 공감했고, 그의 뜻을 받아 건전한 국민정신 배양과 인격 교육에 힘썼다. 또한 배운 바를 그대로 실생활에서 활용하도록 가르쳤다. 그리고 교수법은 가장 평이한 방법으로 학생들이 교육의 핵심을 놓치지 않게 했다. 처음에는 그 존재가 미미했지만, 국민고등학교와 자유 교수법은 시간이 흐르면서 덴마크 교육을 완전히 혁신시켰다. 콜의 학교는 점점 커져서 9년 뒤에는 1,300여 명의 학생들이 기숙사에서 함께 생활했다. 여기서 배출된 애국 청년들은 전국으로 퍼져 국민고등학교를 세우고 배운 대로 의식 교육에 몰두했다.

성천이 생전에 즐겨 인용하던 콜의 말씀으로 이런 대목도 있다. "보통 지식이라면 땅속에 토관을 묻은 것과 같아 그 위에 표지를 세워야 곧 찾아낼 수 있다. 하지만 나의 말은 씨를 심은 것과 같아 표지가 필요 없다. 씨를 심은 자리에서는 반드시 싹이 트게 마련이니 깊이 느낀 것은 필요한 때 틀림없이 다시 살아난다." 후일 사람들은 콜을 이렇게 평가했다. "콜은 위대한 그리스의 대철인 소크라테스의 교수법을 상기시킨다. 콜은 그 시절 덴마크의 소크라테스였다. 그의 교수법도 생활도 다 소크라테스를 방불케 한다."

그룬트비가 제안한 의식 교육을 통한 새 역사 창조는 콜에 의해 실천되었고, 또한 크리스천 콜로 같은 이들에 의해 더욱 넓게 전파되었다. 성천은 한 나라의 부흥은 양심적인 교사를 양성하는 데 달렸다고 보았다. 이 관점은 덴마크 교육에서 배운 것이다. '민중대학'이라는 별칭으로 불렸던 국민고등학교는 특히 합창을 강조했다. 성천도 이 점을 착안해 직접 여러 편의 노래를 작사했다. 그룬트비는 수백 편의 노래를 작사했는데, 한국의 그룬트비라고 할 수 있는 성천도 뒤지지 않았다. 성천의 대표적인 노래로는 국민개창운동 추진회 선정 제1호 노래인 '자유의 푸른 날개', 서울대학교 농대 학생의 노래 '상록의 아들', 4H 캠프의 노래인 '에야호오', 대한교육연합회 제정의 '교육의 노래' 등이 있다.

덴마크 농촌의 가정에는 남편과 아내가 국민고등학교에서 수학한 기념 사진이 반드시 있다. 뜨거운 인생 교육이 그들의 평생을 지배하고 있는 것이다. 덴마크의 국민고등학교 제도는 그 가치가 높이 평가되어 이웃 국가인 스웨덴, 노르웨이, 핀란드로 퍼져 나갔다. 북구의 복지 국가들이 그저 만들어진 것이 아니다. 복지 국가 건설의 비결은 국민 의식 교육에 있다는 것이 이렇게 증명된다.

조국의 구원을 교육으로

덴마크 부흥사를 깊이 연구한 성천은 눈길을 자연히 조국으로 다시 돌리지 않을 수 없었다. 덴마크는 저렇게 성공했는데, 우리나라는 어떠한가? 성천은 말한다.

"전 국민은 이 공전절후(空前絶後)의 시련 속에서 각 부면으로 새로운 비약이 없이는 살길이 없다고 절감하고 있다. 어느 누구도 해방 직후의 상태대로 살아갈 수 있다고 생각하지는 않는다. 국민들은 문화, 정치, 경제의 각 부면에 위대하고 청신한 인물을 대망하고 있다. 국민의 종교적 신념, 높은 도덕, 광범위한 지식, 단결과 협동이 절실히 요청된다. 그러나 이것이 자연히 얻어지기를 바랄 수는 없다. 우리는 스스로 새로운 교육 운동을 전개시켜 이를 성취하는 것 외에 다른 길이 없을 것이다. 필자는 덴마크 교육의 연구와 도입을 주장한다. 덴마크 교육은 확실히 우리나라에서 새로운 교육 역사를 전개시키는 데 큰 구실을 담당할 수 있을 것으로 믿기 때문이다."

성천은 덴마크의 경험이 우리에게도 적용될 수 있는 이유를 이렇게 본다. 첫째, 덴마크의 문화가 농업문화로서 최고 수준에 도달한 점이다. 우리나라도 인구의 과반이 당시로는 농민이었다. 농민을 단시일 내에 교육시켜 농업 혁신을 이룩해야만 한국의 미래가 밝아진다는 것은 자명한 일이다. 덴마크식 농민 교육이 중요한 이유는 차고 넘친다. 둘째, 성천은 우리 민족의 큰 결함의 하나는 정신적 기반의 결함으로 보았다. 전통적인 불교와 유교는 시대에 뒤쳐져 낡아 버렸고, 기독교와 서구 사상은 아직 세력을 구축하지 못했다. 정신적인 과도기라 국민의 마음도 혼란스럽다. 기성세대는 청년들에게 어떤 정신적 교훈을 주고 있는가? 정신의 뼈대를 다시 세우지 않고는 모든 노력이 사상누각이 되고 말 것이다. 자국의 역사와 정신을 재발견해 바로 세운 그룬트비의 노력과 성공을 타산지석으로 삼아야 할 것이다. 성천이 일생의 모든 노력을 국민 의식 교육에 경주한 것은 이러한 고뇌의 결론을 실천에 옮긴 것이다.

성천은 말한다. "우리의 현실 타개는 한마디로 건전한 국민 교육으로 그 기초를 삼아야 할 것이다. 청년은 시뻘겋게 달은 철과 같은 것이다. 식기 전에 때려서 연단(鍊鍛)해야 한다. 진리와 민족과 가정을 뜨겁게 사랑하는 정신과 광범위한 지식 탐구의 인생관을 심어 주어야 한다."

대한민국의 국토는 비록 좁지만, 청년들의 머리와 가슴은 경작하기에 족한 넓은 공간이 있다. 간디는 살아 보고 싶은 나라로 덴마크를 꼽았다고 한다. 한국은 과연 세계인이 살아 보고 싶은 나라가 될 수 있을 것인가? 성천이 이 책을 쓴 지 어언 70년이 흘렀다. 성천의 열변이 통했는지 몰라도 요즘은 부쩍 한국에 살고 싶어서 찾아오는 외국인들이 늘었다. 아직 만족할 수는 없지만, 성천의 신념이었던 '청년 교육'은 착실히 그 효과를 거두고 있다고 봐야 할 것이다.

성천은 1936년 26살의 나이에 백두산 천지에 오른 적이 있다. 그때 일을 이렇게 회상한다. "북으로 아득하게 넓은 만주의 대평원은 웅지를 품은 조상들이 말달리던 고구려의 옛 국토이며, 남으로 눈부시게 펼쳐진 남화(南畫) 같은 산천은 신라와 백제의 문화가 무르녹고 세종, 충무가 사시던 한반도라. 일제의 박해가 날로 심해져서 에이는 듯 아픈 젊은 가슴속에 이 벅차오르는 감격이야말로 과연 무엇으로 형용하랴. 아! 가슴이 터질 듯 호대(浩大)한 만주의 큰 평원! 고구려의 그 기개와 그 기상이 수천 년 옛날로 돌아가 지금 내 눈앞에 보이는 듯하다. 아! 명공(名工)의 조화인 듯, 더없이 아름다운 남반도의 강과 산은 봉마다 미요 골마다 예(藝)라."

성천은 천지에서 하느님이 우리에게 주신 바 과연 무엇이 부족한가를 되묻고 또 되물었다고 한다. 결론은 우리 민족이 세상에서 가장 많은 자연 혜택을 받은 사람들이라는 결론을 내렸다. 그 간곡한 심정을 이렇게 토로한다.

"젊은 겨레야, 지금 세계 지도를 펼쳐 놓고 우리들의 조국을 그윽이 바라보라. 아시아 동방에 정기 모여 수려한 산하는 그대로 태평양에 고동치는 동양의 심장이 아닌가. 앞으로 호호망망(浩浩茫茫)한 대양과 뒤로 가없이 펼쳐진 대륙은 모두 다 우리들이 마음껏 약동할 무대가 아닌가. 문화의 찬란한 등대가 이곳에 우뚝 서 빛나 어느 때이고 세계의 갈 방향을 한 번쯤 지시함직한 자리가 아닌가. 아시아 각 민족 중에 남 못지않은 바탕과 예지를 지니면서도, 한 번도 동양의 주인 자리에 서 보지 못한 오직 하나의 민족이 바로 우리가 아닌가? 신이 우리에게 부여한 자리에 부족함이 있다 말라. 마지막 문제는 그 무대 위에 움직이는 민족에게만 있을 뿐이다. 이 겨레가 깊은 잠에서 깨어나 자기 사명을 자각하고 장쾌한 걸음걸이로 견실하게 걷기만 한다면 반드시 역사의 꽃과 향기는 유난히 아름다울 것이며 그 열매는 이 국토 밖으로 넘쳐 나갈 것이다."

성천은 역사의 수레바퀴에 깔려 신음하는 동포들에게 억척스러운 진취의 기상과 험난을 돌파하는 분투와 불굴의 독립 정신을 촉구했다. 요행을 바라지 말고, 스스로 도와야 한다. 대가를 치러야 독립과 통일, 평화와 번영을 쟁취할 수 있다. 성천은 '예산농고 교가'에서 이렇게 청춘의 분발을 촉구했다.

천만년 잠을 자던 조국 산하야 / 얼마나 우리 오길 기다렸더냐 / 청춘의 영광을 노래하면서 / 개척의 큰 쟁기를 힘차게 몰자 // 우리의 땀방울로 젖은 국토에 / 눈부신 새 역사의 꽃이 피리라 / 장부의 품은 뜻이 철석 같으니 / 폭풍도 눈보라도 거칠 것 없다

성천은 이 노래를 지으면서 스스로 벅찬 가슴을 안고 눈물지었다고 토로한다. 오천 년 동안 잠자던 민족도 강산도 이제는 깨어나야 할 때라는 것이다.

이제 이 뜨거운 저술을 마감하며 성천은 마지막으로 조국의 청년들에게 당부의 언약을 남긴다. 이것은 위대한 정신의 유산이자 아마도 그 누구보다도 스스로에게 다짐하는 말일 것이다. 그렇게 평생을 살아보자고. 한 번뿐인 이 인생을 진리의 실험에 바쳐 보자고.

"젊은 겨레야, 우리가 걸어온 가혹한 민족의 시련을 의미 없는 수난으로

하지 말자. 이 전고에 없는 환란을 위대한 역사의 전개를 위한 산모의 진통으로 하자. 하루살이 같은 덧없는 여생을 어리석게 썩히지 말고 새 역사의 영광이 우리들 위에 오도록 투쟁하자. 너와 나, 우리 다 같이 이 수난의 역사에 종지부를 찍도록 하자. 그리고 장쾌한 새 역사의 창조를 위해 억척스럽고 올바르게 행진하자. 언제나 성실하고 억척스럽고 또 슬기로워 진리와 동행하는 자만이 번영의 역사의 주인이 된다는 것을 확신하자."

성천의 덴마크 사랑은 스승인 김교신을 통해 우치무라 간조(內村鑑三)가 달가스의 식림 사업에 관해 쓴 수첩만 한 36면의 팸플릿을 읽은 뒤였다. 이 작은 책자에서 신의 계시처럼 '민족 구원의 원리'를 발견했던 것이다. 그때부터 성천은 덴마크를 아름다운 애인으로 삼고, 탐구하고 또 탐구해 갔다. 성천은 서울대 농대 교수 시절 미국 연수 기회를 이용해 덴마크 '왕립 황무지 공원'을 방문했다. 그때 성천은 눈시울이 뜨거워졌다고 했다. 덴마크인들은 황무지를 하나님의 선물로 받아들였구나! 그들은 황무지를 용기의 시금석으로 삼아 마침내 지상낙원으로 변모시켰구나! 그 현장에서 성천은 얼마나 감격스러워했을지 눈에 선하다. 성천이 그 여행에서 어느 국민고등학교에 들렀을 때, 교장 선생님은 학생들의 체조를 보여 주고 이렇게 말했다고 한다. "농부들은 덴마크 국토를 경작하고, 국민고등학교는 그 농부들을 경작합니다." 성천은 덴마크인들의 씩씩하고 건전한 기풍과 생활상을 직접 보니 더 애정이 갔다고 했다. 그리고 결론을 내린다. 덴마크의 모든 현상에서 우리는 본질을 보자. 본질은 덴마크가 성공한 '개척 원리'다. 그것은 '교육입국'과 '협동조합'이다.

3
조국의 미래상

한국인으로서의 사관 확립

성천은 1972년《조국의 미래상》을 집필한다. 당시 성천은 스스로 주축이 되어 국민윤리학회를 설립하고 대학의 필수 과목으로 국민 윤리 과목을 제정하도록 노력했다. 그리고 그 교육을 위해 권위 있는 교수들이《국민윤리》교과서를 분담해 집필하게 되었다. 성천은 편집 책임을 맡았는데, 교과서의 결론 부분인 '조국의 미래상'은 서울대학교 철학과 박종홍 교수가 맡기로 했다. 그런데 발간이 임박했지만 박 교수는 건강이 악화되어 집필할 수가 없었다. 결국 성천이 원고를 맡아서 쓰지 않을 수 없었다. 전화위복이라고나 할까, 성천은 이 책을 통해 자신의 국가관을 피력하는 기회를 얻었다고 할 수 있다. 성천의 우국 정신은 이 책 한 권에 담겨 있다고 할 것이다.

인간은 예외 없이 역사적 산물이다. 과거와 미래의 연결 고리인 현재를 사는 한국인이 지금 이 순간 주어진 역사적 사명을 자각하지 않는다면, 우리 민족의 미래는 어두울 수밖에 없을 것이다. 이러한 역사적 자각은 내 생명의 개화가 바로 이 역사의 강물에 달려 있다는 신념을 일으킨다. 성천은 과거의 역사가 단순한 사실의 기록에만 국한되지 않는다고 보았다. 역사는 지금 이 시각에도 살아 있어 현재를 밝혀 주는 등불인 동시에 앞을 가리키는 지침이 된다는 것이다. 그러므로 제 나라의 역사를 분명히 모르거나 잘못 알고 있는 것보다 더 큰 무지는 없다. 성천은 '역사'와 더불어 인간을 만드는 중요한 요소를 '교육'이라고 보았다.

"인간은 예외 없이 교육의 산물이다. 그리고 더없이 탁월한 사회적 동물이다. 동물 가운데서 인간처럼 교육 기간이 긴 동물은 찾을 수 없다. 이렇게 긴 교육이 인간의 탁월한 사회적 능력을 육성해 오늘날 지구의 주인으로 등장할 수 있도록 한 것이다. 그러므로 한 나라의 교육 수준이 곧 국력과 문화를 결정하는 요인이며 또 국력과 문화가 한 나라 복지의 척도가 되는 것이다. 그런데 인간 사회 번영의 절대적 요인이 되는 교육은 반드시 제 민족 제 나라의 역사 토양에 깊이 뿌리를 뻗어야 하며, 또 민족의 전통을 중요한 영양으로 하고 자라나야 한다."

성천은 역사와 교육이라는 관점에서 오늘날의 현실을 성찰한 결과 우리가 해결해야 할 가장 중요한 것은 일제 식민사관의 청산이라고 밝힌다. 잘못된 사관을 바로잡는 것이 한국 지성의 시급한 과제라는 것이다. 역사가들이 '세계사의 기적'이라고 부를 정도로 한민족은 파란이 거듭되는 시련의 역사에서 스스로를 억척스럽게 지켜 왔다. 일제가 우리들의 정신을 말살시키려고 국사 교육을 금지시키고, 고등 교육을 제한했던 것은 잘 알려진 사실이다. 우리나라는 구한말부터 교육열이 불처럼 일어나 전국 각지에 수천의 학원이 급속히 세워졌었다. 하지만 일제는 한일 병합 이후에 학원들을 불법으로 규정해 모조리 폐쇄하고 신규 허가는 거의 내주지 않았다. 일제 강점기에는 의무 교육이 폐지되었던 것이다. 나아가 최후에는 한글과 국어 사용을 금지했고, 창씨개명을 강요해 문화와 핏줄까지 말살하려고 들었다. 이 어려운 상황 속에서 애국지사들은 민족정기를 바로 세우는 민족 교육에 헌신했다. 모든 투쟁은 교육에서 성과가 나는 것이다.

식민사관에 중독된 지성인들은 분파성과 사대주의로 자신을 위축시켰다. 일본인들이 당쟁과 사화(史禍)가 한국인의 특징이라고 세뇌시키는 데 말려든 까닭이다. 성천은 먼저 이런 잘못된 식민사관의 폐해가 남아 있는 것을 깨끗하게 청소하고 싶었다. "오늘과 같은 세기적 과도기에서 우리가 우리 민족사와 민족의 성격을 올바로 파악하는 일은 자주 국민으로 제 나라를 바로 세우기 위한 첫 번째 과제라고 할 것이다." 그리고 이 책에서도 다시 한 번 덴마크의 예를 든다. 영국과 독일에 패전한 덴마크의 암울한 시대상을 맞아 선각자 그룬트비는 청년들을 대상으로 하는 공개 강연에서 비운의 수치스런 역사를 새로운 각도에서 다뤄 청중의 자각을 일으켰을 뿐만 아니라 굳센 용기의 원천이 되도록 이끌었다는 것이다. 그 새로운 역사관이 오늘의 복지 국가 덴마크를 만들었다고 강조했다.

성천은 이어서 육당 최남선의 글을 빌려 조선 역사의 연면성과 지구성과 강인력을 피력했다. 함석헌의 글을 빌려서는 조선 역사의 당당한 출발을 소개했다. 또한 중국의 《산해경》을 빌려 조선이 군자의 나라였음을 강조하고, 《동방삭신이경》을 통해 우리 민족이 착하면서도 용기와 의리가 강하여 사회 정의를 중시했다고 했다. 《후한서》의 '동이열전'에서는 "동이족은 체구가 크고 강하고 용맹하면서도 인품이 두터워 남의 땅을 침략해 재물을 노략질하지 않는다. 행인들은 밤낮없이 노래를 좋아하여 소리가 끊이지 않는다. 질박하고 정직하며 강하고 용감한 사람들이다."라고 소개한다.

성천은 말한다. "이상 몇 가지 중국의 고대 문헌을 살펴보는 것만으로도, 우월감과 자존심이 강한 중국인들의 눈에 비친 우리 민족성의 윤곽을 분명히 찾아낼 수 있다. 착하고, 너그럽고, 용감하고, 억척스럽고, 예절 바르고, 의리 있고, 인정 있고, 곧고 소박한 민족! 얼마나 슬기롭고, 든든하고, 정서가 풍부한 명랑한 민족인가! 국토의 수려한 자연 그대로가 잘 반영된 민족의 성격이라고 하겠다. 호대한 만주의 대륙적 성격과 수려한 한반도의 해양적 기질이 잘 조화되어 우리 민족의 선천적 성격으로 정립된 것이라고 믿어진다." 지금처럼 분단된 과도기적 역사의 시련 속에서 분투하는 입장에서는, 무엇보다도 먼저 훌륭한 선천적 민족성을 재발견해 새로운 비전의 밑거름으로 삼아야 한다는 것이다.

성천은 이어서 우리 민족이 얼마나 강인한가를 설명한다. 우리 국토에 침입해 전쟁을 일으킨 이민족에 대항해 싸운 횟수는 역사에 기록된 이후로 삼국시대에 143회, 고려시대에 417회, 조선시대에 360회로 2천 년 동안 총 920회에 이른다. 한반도 특유의 지정학적 위치 때문에 우리 민족은 세계사에서 유례가 없을 정도로 많은 외침에 시달렸다. 거의 2년에 한 번은 외적이 쳐들어왔다. 하지만 우리는 그 시련에 대항해 줄기차고도 슬기롭게 저항했다. 우리는 대륙 세력과 해양 세력의 빈번한 침략을 탁월한 용기와 단결심으로 뭉쳐서 물리쳤다.

어려울 때마다 단결해 극복한 우리 민족의 저력에는 협동과 상호 부조의 오랜 전통이 큰 역할을 했다. 선진국치고 사회 윤리와 협동조합이 없는 나라가 없다. 하지만 우리나라에도 그와 유사한 제도들이 면면히 이어져 왔다. 민중의 '계(契)'는 그 기원이 고려 시대까지 거슬러 올라간다. 우리에게 국민의 성실과 협동에 의한 건전한 사회의식이 자리 잡고 있었던 것이다.

민족의 미래상

성천은 제2장 '민족의 미래상'을 시작하며 새로운 시간관을 소개한다. 일반적으로 시간은 과거에서 현재를 거쳐 미래로 흘러간다고 생각해 왔다. 그래서 인과 관계가 시간의 법칙이라는 것이다. 하지만 AD 400년 전후에 활동했던 성 아우구스티누스는 시간의 화살은 과거에서 미래로 날아가는 것이 아니라 미래에서 과거로 날아가는 것이라고 했다. 현재를 낳는 것은 과거가 아니라 미래라고 주장했던 것이다. 현재의 창조는 고루한 과거의 업에 얽매인 것이 아니라 미래로부터 불어오는 바람에 의해 가능해진다는 신선한 사상이다. 사람은 한 번 보람찬 미래상을 가슴에 품으면 그것을 성취하기 위해 어떤 희생이라도 달게 받아들이게 된다. 가슴은 불타오르고, 정열이 온몸에 가득 찬다. 승리를 확신하는 용사를 막을 자는 없다. 현재의 가능성을 불러일으키는 것은 미래의 강한 인력이다.

성천은 인류의 눈부신 문화 발전은 이상주의자들이 이룩한 것이라고 보았다. 그는 만년까지 본인이 이상주의자이며 낭만주의자임을 밝히는 데 부끄러워하지 않았다. 이상을 현실로 만들려는 분투가 성천의 일생이다. 자랑스러운 미래상이 오늘을 만든다는 신념을 성천은 사랑했다. 성천은 희망찬 미래상과 이미 지나가 버린 과거를 서로 연관시켜 검토하면서 흥미로운 사실을 발견했다. 화석 같던 과거도 현재와 미래에 의해 크게 바뀔 수 있다는 것이다. 예를 들어, 아브라함 링컨의 소년 시절은 인고(忍苦)의 표본처럼 알려져 있다. 그가 위대한 정치가가 되었기 때문에 소년 시절의 고생은 수많은 젊은이들에게 큰 교훈이 되었다. 미래에 의해 과거의 의미가 바뀌는 것이다. 성천은 한 나라의 역사도 이와 다를 것이 없다고 보았다. 수난의 역사는 미래에 따라 전혀 다르게 조명될 수 있다. 수난을 딛고 일어서면 수난은 값진 역사적 교훈으로 새롭게 해석되고 영감의 원천이 된다. 성천은 우리 민족 수난의 역사도 우리의 미래상에 따라 근본적으로 성격이 달라질 수 있다고 강조한다.

성천은 오늘날 한국인의 가장 큰 역사적 과제는 통일이라고 보았다. 한국은 세계에서 하나밖에 없는 분단국가다. 민족의 아픔을 도전의 에너지로 활용하자고 했다. 이 문제는 한민족만의 문제가 아니라 냉전 체제의 완전한 종말을 의미하기 때문이다. 새로운 세계는 한반도에서 열릴 것이다. 가장 고통을 많이 겪은 민족이 가장 놀라운 반전을 만들어 내기 때문이다. 성천은 한국의 미래상으로 첫 번째는 조국통일이라고 했다. 우리는 당당히 이렇게 말해야 한다고 했다. "우리 민족의 통일은 반드시 이뤄야 할 것이고 또 이뤄질 수밖에 없을 것이다." 이것이 우리의 유일한 해답이며 소신이어야 한다고 했다. 우리는 정치, 경제, 문화, 의식 등 각 분야에서 실력을 길러야 한다. 왜냐하면 통일이 올 때 단순히 통일만 오지 않을 것이다. 우리는 무엇보다 실력을 갖추고 있을 것이다. 아무도 우리를 방해할 수 없는 단단한 실력! 우리는 통일의 미래상을 놓치지만 않는다면, 반드시 깨어 있는 민족이 될 것이다.

성천은 한반도의 통일이 시기적으로 자연스럽게 이뤄져야 한다고 믿었다. 풋살구를 억지로 따 먹으면 독성분에 중독되어 배가 아프다. 원숙한 과실을 적기에 따야 맛있게 먹을 수 있다. 민족 통일도 살구처럼 수확의 적기가 있다. 북한을 능가하는 실력만 갖추고 있으면 모든 것은 순조롭게 이뤄질 것이다. 권력과 재력은 부패하지 않고, 국민은 향락과 이기주의를 벗어나야 한다. 무실역행이 통일로 가는 지름길이라는 것을 성천은 확신했다. 그런데 통일의 완성보다 더 중요한 것은 우리가 통일이란 미래상을 잃지 않고 한결같이 지혜롭고 성실하게 분투해야 한다는 사실이다. 그 통일의 역사는 우리의 역사가 될 뿐 아니라 세계사의 귀중한 유산이 될 것이라고 확신했다.

통일이란 미래상은 자연스럽게 복지 국가의 미래상과도 연결된다. 덴마크인은 '한 사람은 만 사람의 행복을 위해, 만 사람은 한 사람의 행복을 위해'라는 구호를 통해 개체와 전체의 조화로운 복지를 이룩했고, 성천은 우리가 이 점을 상기해야 한다고 강조했다. 성천은 인도 힌두교의 경전《바가바드기타》의 한 구절도 인용한다. '내가 밭 갈지 않으면 만 사람이 굶주리고, 내가 길쌈하지 않으면 만 사람이 헐벗는다.' 나와 공동체의 조화, 협동과 복지 사회는 성천의 영원한 주제였다.

"'나'라는 개인은 전체인 우리 조국의 바탕을 만드는 데 아까운 것이 없어야 하겠고, 또 우리 조국은 복지 세계의 이상을 구현하는 데 선도적 구실을 할 수 있어야 하겠다. 통일된 새 조국, 평화 세계의 선도적 구실을 할 수 있는 조국, 세계와 함께 번영해 나가는 조국, 이것이야말로 우리들 가슴속에 한결같이 자리 잡고 있는 자랑스러운 국가관이라 할 것이다."

성천은 우리가 이러한 국가의 주인이 될 만한 힘의 근원은 무엇보다 국민 윤리 실력이라고 보았다. 그리고 이 국민 윤리 교과서의 결론에 부쳐 이러한 당부를 남겼다.

"이 나라 젊은이들이 서로 뭉쳐 이러한 투철한 신념으로 빛나는 앞날을 향해 성실과 슬기와 용기로 분투한다면, 미래의 찬란한 태양은 우리들의 영예로운 조국과 세계 평화를 위해 항상 따뜻한 빛을 아낌없이 밝힐 것이다."

부록

1. 밟아온 날들을 돌아보며
2. 류달영 연보
3. 류달영 저서
4. 류달영 작사 노래

밟아온 날들을 돌아보며

성천 류달영은 다양한 분야에서 사회봉사에 헌신한 만큼 여러 기관으로부터 상도 많이 받았다. 제자들이 스승의 업적을 작성한 '공적 조서' 요지를 살펴보면 성천의 일생에 걸친 활동이 일목요연하게 정리되어 있다.

1. 농촌 계몽과 부흥

류달영 선생은 수원고등농림학교를 졸업한 후 덴마크의 교육과 협동 운동 연구 및 한국의 농촌과 농업을 위한 연구, 교육 그리고 계몽 활동을 해 왔습니다. 서울대 농대 교수로 30여 년간 재직하며 연구 활동과 더불어《나라꽃 무궁화》등 20여 권의 농업 학술서적을 발간하고 20여 년간 농민 대학을 통해 많은 농업 지도자를 육성하였습니다.

중요한 것을 추려 예시하면 사단법인 전국농업기술자협회의 총재로서 농민의 정신 혁명, 농촌의 생활 혁명, 농업의 기술 혁명의 이념을 20여 년간 실천함으로써 농촌 부흥에 많은 공적을 남겼고, 한국유기농업 환경 개선, 농축수산유통연구, 4H연맹, 농어민 후계자 육성 등의 농촌 봉사 활동을 전개하였습니다. 지금의 신용 금고의 모체인 마을금고를 창설해 농촌 경제 발전에 획기적인 기틀을 마련하였습니다. 1937년 농촌 계몽 활동의 동지였던 고(故) 최용신의 활동을 돕고 또 그의 전기인《(농촌 계몽의 선구 여성) 최용신 소전》을 저술해 선생은 농촌 지역 사회 발전을 위해 헌신한 공로로 청년지역사회개발 상록회에 의해 1990년 '인간 상록수'로 추대되기도 하였습니다.

1935년	브 나로드 운동, 수원고농학생운동, 《(농촌 계몽의 선구 여성) 최용신 소전》 저술
1948년	최현배, 장지영 선생과 함께 농업 용어 제정
1952년	한국4H연맹 중앙위원
1963년	마을금고 창설
	YMCA 양곡은행 설립
1972년	사단법인 전국농업기술자협회 총재
1975년	한국4H연맹 명예부총재
	한국원예학회 학회장
1976년	한국유기농업환경연구회 창설, 초대 회장
1983년	사단법인 농축수산유통연구원 창설, 초대 원장

2. 자연보존 운동

평생 자연을 가꾸며 하늘과 땅과 사람 사이의 조화로운 정신을 소중히 하여 '농심(農心)'이란 용어를 만들어 그 정신을 전국에 보급해 온 선생은 우리나라의 무궁화와 잔디의 개발 및 보급은 물론 지난 1992년부터 2년간 비무장 지대 및 인접 지역 자연 생태계를 어류반, 조류반, 곤충반, 포유류반, 식물생태반, 식물분류반, 자연지리반, 오염분석반 등 8개 분과에 걸쳐 학술 조사를 실시하였습니다. 멸종된 것으로 알려진 다수의 천연기념물이 비무장 지대 내에 서식하고 있는 것을 확인한 이 조사 결과는 《(야생의 보고) 비무장지대》라는 보고서로 발간되어 통일 이후에도 D.M.Z. 중요 지역의 생태계를 보존하는 기초 자료로 활용될 것입니다.

1980년	한국포플러위원회 부회장

1985년　　　한국무궁화연구회 창립, 초대 회장
1987년　　　한국잔디연구협회 창립, 초대 회장
1992년　　　DMZ 및 인접 지역 자연생태계 학술조사 주최
1996년　　　DMZ 및 인접 지역 자연생태계 학술조사 보고서
　　　　　　《(야생의 보고) 비무장지대》

3. 사회교육활동

　'호학위공(好學爲公)'을 좌우명으로 삼은 류달영 선생은 그 실천 방안으로 사회 교육에 헌신했습니다. 선생은 해방 직후 수원에서 가난한 학생들을 위해 광명학교를 설립했고, 1961~3년 국가재건국민운동본부 본부장 재직 시에도 진학 못 한 아동들을 위해 민간 학교인 '재건 학교'를 전국에 걸쳐 설립하도록 독려했습니다. 이에 각 지역의 뜻있는 이들의 자발적 참여를 끌어내 진학 못 한 청소년들의 배움에 대한 갈증을 풀어 주게 했습니다. 류달영 선생의 교육 운동은 그가 창설한 민간단체인 재건국민운동중앙회를 이끌어 가면서도 계속했습니다. 국가와 사회의 재건은 가장 먼저 교육에서부터 시작되어야 한다는 그의 신념에 힘입어 재건 학교는 야학의 형태로 들불처럼 전국으로 번졌습니다.

　한편 덴마크 부흥의 핵심인 국민고등학교 사업을 한국에 도입해 연수원 교육을 통해 의식 개혁을 추구하는 사회 교육의 터전을 마련하였습니다. 특히 지도자 정신 교육의 중요성을 절감하고 1991년 사재를 사회에 환원하여 재단법인 성천문화재단을 설립하고 생활문화아카데미를 서울, 대구, 부산에 부설해 지성인의 생활 교육을 실천해 왔습니다. 사회 지도자들의 정신적 뿌리를 길러 주기 위해 '동서인문고전 강좌'를 개설해 동서 성현이 남긴 정신적 유산을 이어 주는 고전 교육을 실시하고, 미래에 대한 비전을

길러 주기 위해 '미래지향문화 강좌'를 개설해 정치, 경제, 사회, 문화 등에 대한 미래학 교육을 실시하고 있습니다. 그간 서울, 대구, 부산에서 대학 교수, 종교인, 각 사회단체 중견 간부, 중소기업체장 등 사회 지도급 인사를 교육해 지금까지 수천 명의 수료생을 배출했습니다.

1946년	수원 광명학교 설립
1961년	전국의 학교 소재지에 재건 학교 설립
	한국 최초로 연수원 교육 시작
1968년	대한교육연구회 위원
1973년	한국국민윤리연구회(현 국민윤리학회) 설립, 초대 회장
1979년	사단법인 한국인간교육원 설립, 초대 회장
	건전생활중앙회 대표의장
1981년	사단법인 한국산업카운셀러협회 창설, 초대 이사장
1991년	재단법인 성천문화재단 설립, 초대 이사장

4. 자원봉사 활동

선생은 '위공(爲公)' 정신에 따라 정부의 힘이 미치지 못하는 사회 각 분야에서 공익을 위한 자원봉사 활동을 활발히 전개하였습니다. 해방 직후 한국 최초의 보이스카우트(금강척후대)을 창설했고, 한국을 세계 유일의 가족계획 성공 국가로 만드는 데 헌신했으며, 전국재해대책위원회 위원장으로서 '사랑의 열매' 운동을 전개하고, 적십자사 운동을 성공적으로 이끄는 등 일생을 통해 자원봉사 활동을 지속해 왔습니다.

1945년	9월 보이스카우트(금강척후대) 창설

	개성지구 자치위원(행정치안 담당, 학병 보병대 고문)
1962년	전국재해대책위원회 창립, 초대 위원장
1964년	사단법인 재건국민운동중앙회 창립, 초대 회장
1965년	세종기념사업회 부회장
	한국보이스카우트 중앙명예회의 위원
1966년	한국 향토건설 이사장
1967년	대한가족협회 회장
1968년	대한적십자 서울지사 상임위원 및 조직위원
1969년	국제 가족계획연맹 이사
1976년	전국재해대책위원회 회장
1982년	독립기념과 건립 추진위원
1985년	대한적십자 서울지사 봉사회 중앙협의회 창립, 초대 의장
1986년	범민족올림픽 추진중앙회 고문
	한국보이스카우트 원로스카우트 추대

5. 공공정책 자문

선생은 민족과 국가 발전의 지향점이 올바른 역사의식과 그 실현에 있음을 강조하고, 공공 정책이 해당 분야에서 현실적으로 적절한 기능을 수행하도록 여러 가지 정책 자문에 능동적으로 참여해 왔습니다.

1961년	국가재건국민운동본부 본부장, 3·1 독립선언기념탑, 4·19 학생공원묘지, UN군 참전기념탑을 전국 모금으로 건립
1966년	서울특별시 도시계획 위원

1967년	서울특별시 문화위원
1974년	국토통일원 고문
1980년	헌법개정 심의위원(평생교육을 헌법으로 제정케 함)
1981년	대한민국 국정자문회의(헌법기관) 자문위원
1998년	민주평화통일자문회의 위원

6. 언론을 통한 국민 계도

선생은 농촌 활동과 국민운동의 지침서인 《새 역사를 위하여》 등 40여 권을 저술하고 〈사상계〉 등의 정론지를 통해 지성인의 정신 계도에 힘써 왔고, 주요 일간지에 많은 옥고를 실어 역사적 고비를 슬기롭게 넘기는 지혜를 예시했으며, 농어민의 계도와 권익 보호를 위해 〈농어민 신문〉을 창간하고 발행인으로 활동하는 등 언론을 통한 국민 계도 활동에 헌신해 왔습니다.

1937년	각종 저술 활동 시작
1957년	〈사상계〉에 '인생 노트' 연재
1960년	일간신문에 국민의식 개혁을 위한 계도문 투고 시작
1968년	한국 잡지윤리위원회 위원
1984년	주간 〈농축수산유통정보〉 창간 발행
	〈한국농어민 신문〉 창간

7. 국제 친선 활동

선생은 국가를 대표하거나 혹은 민간 부문을 대신해 국가 간 관계 개선과 문화 교류 활동을 적극 수행해 왔습니다. 또한, 국제 문제에 대한 올바른 균형 감각을 바탕으로 여러 국제회의에 참석하고 한국의 위상 제고를 위해 노력해 왔습니다.

1962년	유엔식량농업기구(FAO) 기아해방운동 한국위원회 위원장 FAO 제1회 세계식량대회(미국 워싱턴) 초청 연설, 국가 간 자매결연운동 계기 마련
1964년	영국, 이스라엘 정부 초청으로 두 나라 시찰
1965년	한국-덴마크 협회 부회장
1967년	이스라엘·아시아 우호협회 초청으로 이스라엘 및 중동 각국 시찰
1969년	국제인구보건복지연맹(IPPF) 총회에 이사로 참석(아프리카 튀니지)
1970년	서태평양 지역 제2차 대회 참석(일본 동경)
1976년	전 일본 농업자대회 초청 강연
1980년	한국-덴마크 협회 회장
1982년	한국-덴마크 협회 단네보르 기사훈장 받음 국정자문위원으로 프랑스·독일·네덜란드·서베를린 정부 예방 및 국정 시찰
1984년	국정자문위원으로 일본·호주·뉴질랜드·피지·부루네이·싱가포르 등 태평양 지역 국가 예방 및 국정 시찰
1988년	중국 북경 국제포플러협회(IPC) 총회 연설
1990년	대한적십자사 제2회 자원봉사자 멕시코 세계대회 참석
1994년	중국 연변대학교 내에 민족교육원 설립, 초대총재
1996년	터키 자만 신문사 초청으로 터키 지역 시찰

8. 수상 경력

1976년	서울대 교수 정년퇴임(근속 30년)-국민훈장 동백장
	대한보이스카우트 연맹 무궁화금장
1982년	덴마크 단네보르 기사훈장
1990년	청년 지역사회개발 상록회 추대 '인간 상록수'
1991년	건국대학교 상허문화재단 제1회 상허대상(농촌 부문)
1992년	한국평생교육 복지진흥회 제16회 월남장(月南章)
1994년	자랑스런 서울시민 600인 상
1995년	대산농촌문화재단 제4회 대산농촌상(특별상 부문)
	대한적십자사 인도장 금장
1997년	유한재단 제2회 유일한(柳一韓) 상
1998년	농림수산부 금탑산업훈장
2000년	도산아카데미 제5회 도산인(島山人) 상
2001년	인제대학교 인제학원 제3회 인제인성대상
2004년	건국포장, 애국지사(국가유공자 선정)
	이천시 문화상(학술 부문)

류달영 연보

1911년	5월 6일(음 4월 8일)경기도 이천군 대월면 고담리에서 류흥구, 유강릉 부부의 장남으로 출생, 아호 성천(星泉)
1933년	서울 양정고등보통학교 졸업
1936년	수원고등농림학교(서울대 농대 전신) 농학과 졸업
	개성 호수돈고등여학교(호수돈여고 전신) 교사
	조선일보사 백두산 탐험단의 일원으로 백두산 등반
1942년	《성서조선》 사건으로 김교신, 함석헌, 장기려, 송두용 등과 서대문형무소에 투옥됨
1946년	서울대 농대 교수(원예학)
1951년	대구시로 피난 중《새 역사를 위하여(덴마크의 협동과 교육사업)》저술
1956년	미국 미네소타대학 대학원 수학
1961년	국가재건국민운동본부(행정기구) 본부장
1962년	유엔식량농업기구(FAO) 기아해방운동 한국위원회 위원장
1963년	마을금고 창설, 전국재해대책위원회 창립
	YMCA 양곡은행 설립
1964년	재건국민운동중앙회(사단법인) 창설, 초대 회장
1967년	가족계획협회 회장
1972년	명예농학박사(건국대), 국민윤리학회 창설, 초대 회장
	전국농업기술자협회 총재
1973년	서울대학교 교수협의회 회장

1974년	국토통일원 고문
1975년	한국원예학회 회장, 4H연맹 명예부총재
1976년	전국재해대책협의회 회장
	서울대 교수 정년퇴임(근속 30년), 국민훈장 동백장
	대한보이스카우트연맹 무궁화금장
1978년	한국유기농업연구회 창립, 초대 회장
	사단법인 한국유기농업협회 회장
1979년	서울대 명예교수 건전생활중앙협의회 회장
1980년	한국-덴마크협회 명예회장, 대한적십자사 중앙위원
1981년	국정자문위원
1982년	덴마크 단네보르 기사훈장
1983년	인간교육원 명예회장
1984년	농축수산유통연구원 창립, 초대 원장
1985년	한국무궁화연구회 창립, 초대 회장
	대한적십자봉사회 중앙협의회 의장
1987년	한국잔디협회 창립, 창립 회장
1988년	한국산업카운슬러협회 회장
1990년	〈한국농어민신문〉 창간, 초대 회장
	'인간 상록수'(청년 지역사회개발 상록회) 추대
1991년	재단법인 성천문화재단 설립, 초대 이사장
	상허문화재단 제1회 상허대상(농촌 부문)
1992년	한국평생교육 복지진흥회 제16회 월남장(月南章)
	건국대학교 상허문화재단 이사장
1994년	서울시 600년 자랑스런 서울시민 600인 상
1995년	대산농촌문화재단 제1회 대산농촌상(특별상 부문)

	대한적십자 인도장 금장
1997년	유한재단 제2회 유일한(柳一韓) 상
1998년	농림수산부 금탑산업훈장
2000년	도산아카데미 제5회 도산인(島山人) 상
2001년	인제대학교 인제학원 제3회 인제인성대상
2004년	건국포장, 애국지사(국가유공자 선정)
	이천시 문화상(학술 부문)
	대한적십자사 적십자 광무장
	10월 27일 향년 94세로 자택에서 별세

류달영 저서

《(농촌계몽의 선구 여성) 최용신 소전》 1937, 성서조선사

《가정 채소원예》 1948, 국민문고

《채소원예》 1948, 수도문화사

《새 역사를 위하여》 1954, 부민문화사

《인생노트》 1957, 수도문화사

《소심록》 1958, 사상계사

《유토피아의 원시림》 1958, 사상계사

《인간발견》 1962, 어문각

《페닉스의 연가》 1966, 삼중당

《에덴의 교외(사랑의 신록)》 1964, 신태양사

《흙과 사랑》 1965, 농협중앙회, 노벨문화사

《눈 속에 잎 피는 나무》 1968, 중앙출판사

《외롭지 않은 외로운 나그네길》 1971, 삼화출판사

《류달영 인생론집》(전 7권), 1973, 삼화출판사

《협동과 복지사회》 1973, 삼화출판사

《황무지 공원에서》 1976, 범우사

《자연과 사랑과 인생》 1978, 갑인출판사

《내 초록빛 강산》 1978, 갑인출판사

《새벽종》 1979, 갑인출판사

《장미와 호박꽃》 1981, 동화출판사

《나라꽃 무궁화》 1983, 동아출판사

《나라꽃 무궁화》 1987, 학원사

《촛불 아래서 쓰는 편지》 1987, 문음사

《류달영 자연과학논문집》(무궁화 13편, 한국잔디 20편, 기타 18편), 1990, 한국유통연구원 출판부

《하나님의 위대한 실책》 1990, 자유문학사

《짝사랑》 1990, 자유문학사

《행복의 발견》 1994, 청아출판사

《짝사랑의 세레나데》 1994, 성천문화재단 출판부

《한국의 미래상》 1995, 성천문화재단 출판부

《소중한 만남》 1998, 솔출판사

《최용신의 생애》 1998, 성천문화재단 출판부

《값진 인생의 오솔길》 1998, 농어민신문사

《사랑과 함께 가노라면》 2000, 성천문화재단 출판부

《인생의 열쇠꾸러미》 2001, 성천문화재단 출판부

《대추나무》 2002, 성천문화재단 출판부

《만남의 인생》 2003, 성천문화재단 출판부

《남기고 싶은 사연들》 2004, 성천문화재단 출판부

류달영 작사 노래

1) 애향가류(愛鄕歌類) (시·군에서 제정한 것들)
용인 애향가   수원의 노래
평택의 노래   시흥의 노래
여주의 노래   광주의 노래
화성의 노래   이천의 노래
안성의 노래   동두천의 노래

2) 교가류(校歌類)
상록의 아들 (서울대 농대 학생의 노래)
예산 농업전문대 교가
개성중학 교가   수원여고 교가
수성중고 교가   개성호수돈여고 교가 (日文)
평성고 교가   평택고 교가
광성고 교가   남양중 교가
수원공고 교가   여주여중 교가
전국 재건 학교 교가
수원여고의 고별가, 송별가
호산, 매산, 용인, 송현, 남양, 세류, 능원, 남창 (이상은 초등학교 교가)

3) 단체
협동의 노래 (농협중앙회)

교육의 노래 (대한교련)

새 역사의 창조 (새마을연수원)

신용협동조합의 노래 (한국 신용조합)

농민의 벗이 되어 (농촌진흥청)

휘날리는 깃발 아래 (재건국민운동)

4H 캠프의 노래 (한국 4H연맹)

4H 늴리리 (한국 4H연맹)

사랑의 메아리 (대한적십자 봉사회)

만남의 인생 (한국인간교육원)

진리의 벗이 되어 (성천아카데미)

4) 기타
일터로 가자, 한아름 꽃다발, 독립행진곡, 푸른 꿈나무, 여의도의 노래,
청년의 노래, 학도의 노래, 새마을 새마음, 출범(出帆), 알뜰 가족,
정따라 사랑따라, 서희 장군 찬가, 높이 날으자, 모두 다 부처님 등

〈이상의 가사를 작곡한 분들〉
이홍렬, 김동진, 김희조, 김성태, 김세형, 박민종, 김대현, 종성지,
전석환 등